포기할 수
없는
약속

포기할 수 없는 약속

세월호,

그 곁에 남은

그리스도인들의

이야기

416생명안전공원 예배팀 엮음

새물결플러스

2장_연대의 기록

3장_세월호 이후의 나

어둠 속에서 함께 길을 걷는 사람들

조선재

416생명안전공원 예배팀이다.
'청일시' 회원으로 3년간 문재인 정부에
세월호 진상규명 완수를 촉구한 청와대 1인 시위자다.

"가난한 집 아이들이 수학여행을 불국사로 가면 될 일이지, 왜 제주
도로 가다가…."

"하나님이 공연히 이렇게 세월호를 침몰시킨 게 아니다.…이 어
린 학생들, 이 꽃다운 애들을 침몰시키면서 국민들에게 기회를 주
는 것…."

전혀 성경적이지도 않고, 생명을 향한 최소한의 예의도 없는 말
들이 참사 초기 교회에서, 그것도 주로 목사들의 입에서 흘러나왔
다. 세월호 유가족에게 기독교는 결코 '사랑'의 종교가 아니었다.
깨진 옹기 조각으로 몸을 긁고 있는 욥에게 부질없는 '훈수'나 두
던 욥의 친구들처럼 마음을 더 괴롭게 하는 존재였다.

9년이 지난 지금, 세월호의 기독교는 어떤 모습일까? 참사 초기

교회는 유가족에게 상처만 주기 바빴지만, 함께 비를 맞으며 곁을 내어주고 먼 길을 동행해온 이들 또한 그리스도인들이었다. 1년 후면 강산도 변한다는 10주기인데 그 긴 시간 유가족과 어깨동무하며 걸어온 그리스도인들은 무슨 생각을 하며 사는지 궁금해 글을 모아 책을 만들게 되었다.

어떤 이는 세월호 예배와 기도회로, 어떤 이는 416합창단으로, 또 어떤 이는 노란 리본 만들기로, 다양한 모습과 방식으로 세월호 유가족 곁에 함께해온 그리스도인들에게 글을 부탁하며 두 개의 키워드를 드렸다. '기독교'와 '세월호.'

50명에 달하는 저자들의 글을 받아 보니 생각지도 못했던 다양한 내용들이 모였다. 수필, 편지, 시, 설교문, 간증문, 기록문까지 형식은 물론 글의 소재도 각양각색이었다. 반면 행간에 흐르는 공통적인 공감대도 보였다. '이런 생각들을 가지고 그 긴 시간을 함께해 오셨구나.' 한 분 한 분의 경험과 생각을 접하며 큰 감사가 되었다.

글을 요청한 시기가 10.29 이태원 참사가 발생한 지 얼마 안 되었을 때라 이태원 참사를 언급한 분들이 많았다. 세월호 희생자 또래의 젊은이들이 많이 희생된 이태원 참사에서 또 하나의 세월호를 보는 것 같았다. '세월호 사건의 진상규명이 제대로 이루어졌다면 이태원의 비극은 막을 수 있지 않았을까?' 거듭 생각해봐도 아쉬울 따름이다.

국가의 공식 수사, 조사가 끝나고 9년이 되도록 우리는 세월호의 침몰 원인조차 모른다. 아직 우리는 세월호 참사의 진상규명을 하지 못했다. 세월호 참사의 진상규명의 주체는 문재인 정부였다. 박근혜 정부는 세월호의 진실을 감추려고만 했기에 제대로 된 진상규명을 기대하기 어려웠다. 문재인 정부는 수도 없이 '완전한' 진상규명을 약속하고 천명했다. 그러나 문재인 정권 5년의 세월호 성적표는 '완전한' F였다. 9년이 되도록 침몰 원인조차 모르는 '완전한' 진상규명이란 게 있을 수 있는가?

처벌받은 책임자도 없다. '문재인 정부의 검찰총장' 윤석열은 가해자들에게 '무혐의' 면죄부를 남발했다. 문재인 정부는 입으로만 세월호 진상규명을 했다. 문재인 정부의 세월호 성적표를 받아든 이들은 결국 세월호 유가족이다. 낙제점 성적표를 보는 유가족의 마음은 참담하기 그지없다. 아이들의 억울함을 풀어주겠다는 일념으로 거리에서 진실규명을 외쳐온 유가족은 한없이 답답하고 무력할 따름이다. 윤석열 정부에게 기대할 진상규명은 없다.

세월호 진상규명은 이렇게 미완(未完)의 상태로 마무리되는 걸까? 풀리지 않는 미스터리로 또 하나의 과거사가 되는 걸까? 작금의 상황을 그리스도인들은 어떻게 이해하고 행동해야 할까? 이 책에 글을 기고해준 그리스도인들은 어떤 생각을 가지고 있을까?

전도서 저자가 만사에 때가 있음을 강조했던 것처럼 어그러진 것을 바로잡는 것도 때가 있음을 절감하는 나날이다. 세월호의 거짓된 것들을 바로잡을 '골든 타임'을 우리는 놓쳤다. 그렇다고 거짓과 타협할 수는 없다. 우리 손에 쥐어진 수많은 딜레마의 해답을 이 책에서 찾을 수 있다면 더할 나위 없이 좋겠지만, 답을 못 찾더라도 고민하는 그 과정만으로도 충분한 의미가 있다. 하나님의 공의를 사랑하는 그리스도인들이 있기에 여전히 암흑 같은 상황임에도 우리는 한결같이 함께 길을 걷는다.

시간 내서 글을 써주신 모든 분께 깊은 감사의 말씀을 드린다. 책을 출판해주신 새물결플러스 김요한 목사님과 교정과 편집으로 수고해주신 직원분들께도 고마운 마음을 전한다.

416생명안전공원에서 드리는 기도[1]

최순화

416합창단 단장, 416가족협의회 대외협력부서장으로 활동 중이다.
고통에 공감할 줄 모르는 사람들의 교회를 떠났지만,
세상에서 함께 아파하며 연대하는 사람들 가운데서 하나님을 만났다.
세상이 그의 교회다.

아주 오래전
창조의 질서로 혼돈을 물리치셨던 하나님의 말씀은
오늘 여기 화랑유원지 생명안전공원에도
생기로 불어와 있음을 믿습니다.

304명이 사라진
이 참혹한 사건의 주변을 떠나지 못하고 서성이는 우리는
그 말씀의 생기에 붙잡혀 살아가는 당신의 자녀들입니다.

샬롬의 동산이었던 에덴에

---

[1] 2018년 6월 28일에 작성한 기도문.

불신을 심어 결국 쫓겨나게 만들었던 자들은
이곳에서도 억울한 죽음을 혐오로 몰아
주민들을 갈라놓고 이간질하며
죽음은 죽음으로 끝내라고 위협하지만
예수님의 십자가 죽음이 죽음으로 끝나지 않고
오히려 부활하셔서 세상을 구원해낸 것을 믿는 우리는
304명의 죽음 또한 죽음으로 끝나게 해서는 안 된다는
예수 부활정신에 부응하여
이곳에서 예배를 드리며
416생명안전공원 건립을 위해 마음을 쏟고 있습니다.

이곳에 세워질 416생명안전공원은
누구나 자신을 보호할 수 있고 누구라도 함께할 수 있는
도피성이 되게 하시고
시대의 약자들을 품으며 기꺼이 그들의 이웃이 되어줄 수 있는
샬롬의 안전지대가 되게 하시옵소서.

한 번도 가보지 않은 낯선 이 길에도
어김없이 동행해주시는
예수님의 이름으로 기도드립니다.

1장

고통과 교회

빈 무덤을 밝히는 노란 꽃등처럼

조민아

미국 워싱턴에 사는 글 쓰는 사람,
신학자, 교육 노동자다.

예은이 어머니 박은희 전도사님께

전도사님, 2년 전 여름 용산역에서 마지막으로 뵙고, 이듬해 다시 뵐 날을 기대했는데 시간이 속절없이 흘러가 버렸네요. 그때 세월호 7주기를 이야기했는데 어느새 9주기를 바라보고 있습니다. 전도사님을 뵐 때마다 드리고 싶었던 말씀, 그러나 부끄럽고 죄송스러워 꺼내지 못했던 말씀을 이렇게 편지로 담습니다.

블랙홀처럼 일상의 모든 의미를 집어삼켜 버린 2014년 4월의 기억은 저를 춥고 어두운 성당 앞 주차장으로 되돌리곤 합니다. 그날은 성삼일이 시작되기 직전의 수요일이었지요. 그해 한국의 봄은 흐드러진 봄꽃으로 유난히 아름답고 찬란했다지만 제가 살던 미국 미네소타는 아직 겨울이 가시지 않은 채 쌀쌀했습니다. 전부 다 살릴 수 있었던 골든타임도, 혹시나 간절했던 희망도 모두 사라진 주말, 그해의 고난주간도 마무리되고 있었습니다. 부활 전야, 저는 파

스카 성야 미사에 가려고 성당 앞까지 갔다가 주차장에 차를 세우고 한참을 혼자 앉아 있었습니다. 성당에 들어갈 수 없었습니다. 바닷속 심연과도 같은 미사 시작 전 어둠을, 제3독서인 탈출기(탈출, 14,15-15,1)에 등장하는 거대한 물의 이미지를, "그들 가운데 한 사람도 살아남지 못하였다"(탈출, 14,28)는 성경구절을 감히 떠올리는 것만으로도 두렵고 참혹했습니다. 그리고 마침내 밝아올 부활의 빛을 맞으며 "하늘 높은 데서는 하느님께 영광"으로 시작되는 대영광송을 부를 자신이 없었습니다. 그해 성토요일은 영영 끝나지 않을 것만 같았습니다. 그분은 여전히 무덤을 비운 채 진도 앞바다에 계실 것 같았고, 저는 축축한 무덤가에 머무르며 그의 부활이 아니라 그의 죽음을 묵상해야 할 것 같았습니다. 결국 차를 돌려 집으로 돌아왔습니다. 그렇게 그해 4월은 인간의 몸이 되었던 하느님의 말씀이 죽어 사라진 텅 빈 예수의 무덤과 같았습니다. 하지만 부활을 맞고자 한다면 그의 빈 무덤을 그냥 지나칠 수 없듯이, 세월호는 신학자인 제가 늘 기억해야 할, 돌아가야 할, 머물러야 할 상징이 되었습니다.

전도사님, 세월호 참사는 너무도 많은 사람의 삶을 바꾸어 놓았다고 말씀하셨지요. 하루아침에 다른 삶을 살게 된 세월호 가족들, 그리고 그 가족들 곁에서 함께하며 삶의 한 부분을 기꺼이 내어준 고마운 이웃들의 이야기도 해주셨습니다. 그분들의 헌신에 비할 바 없지만, 제 삶도 조금은 바뀌었습니다. 아니, 예은이와 같은 세월호의 희생자들이 제가 오래 잊고 있었던 것을 상기시켜주었다고 하는 것이 더 적절할 것 같습니다.

이십여 년 전, 신학을 더 공부하고 싶다고 마음먹었을 때 저는 좀 다른 지식인이 되고 싶었습니다. 대학 시절 알던 이웃 학교의 어느 교수님은 교수 직함에 아랑곳없이 힘겨운 투쟁을 이어가는 많은 이들의 집회에 자주 참여하곤 하셨습니다. 제자들은 스승이자 동지였던 그가 혹시 학교에 잘 못 보여 정교수가 되지 못할까 염려하곤 했지요. 그러면 그는 "해직되어도 전직 '교수'인데, 여전히 교수 아니냐" 웃으며 막걸리를 건네었습니다. 저는 그처럼 길거리의 지식인이 되고 싶었습니다. 교회와 현장을 오가며 자의식을 드러내지 않고 섞일 수 있는 신학자, 개념어와 일상어의 경계를 허물고 양방 통역할 수 있는 신학자, '삶'과 '사람'과 '운동'을 결코 자신의 논문을 위한 진부한 상투어로 사용하지 않는 신학자가 되고 싶었습니다. 크게 인정받지 못하더라도 "내 공부와 글이 희망을 모두 소진한 단 한 사람에게 살아갈 의미를 줄 수 있다면 그걸로 족하다"고 생각했었습니다.

미국에 유학 와서 학위를 마치고 대학에서 교편을 잡으면서 저는 그 길거리 지식인과 멀어졌습니다. 저는 제가 생각했던 것보다 훨씬 불안하고 나약한 인간이었지요. 경쟁에 쉽게 휘둘리고, 평가에 마음을 뺏기며, 뒤처지는 것을 싫어하고, 비판받는 것을 두려워하고, 따돌려지는 것을 힘들어하는 제 성격은 길거리 지식인을 꿈꾸던 제 의지를 지켜내지 못했습니다. 저는 어느새 '교수'라는 직함에 따라오는 특권과 명예를 즐기고 있었습니다. 문득문득 불편한 옷을 걸치고 있는 것처럼, 입맛에 맞지 않는 음식에 체한 것처럼 부대끼는 느낌이 들었지만, 안정된 삶에 적응하고 싶은 욕심은 그 느낌마저 무디어지게 했지요.

그러던 때에 세월호가 침몰했습니다. 삼백사 개의 우주가 바다에 잠겼습니다. 그와 동시에 제 신학도 바다에 가라앉았습니다. 신학자로서, 아니 그보다 신앙인으로서 그때 느꼈던 절망감을 어떻게 표현해야 할지 모르겠습니다. 그 거대한 상실과 폭력 앞에서 신을 변호한다는 것은, 신의 존재 유무와 신의 정의와 신의 가호를 이야기한다는 것은 비겁하고 잔인한 말장난에 불과했습니다. 모든 가능성이 사라진 끝에 기적처럼 나타나 세상을 구원하는 데우스 엑스 마키나(deus ex machina)는 존재하지 않았습니다. 사랑하는 이들이 잠긴 검은 바다 위로 떠오르는 무심한 태양을 매일 같이 바라봐야 하는 이들 앞에서 신의 무력함을 정당화할 수 있는 논리는 없었습니다. 그 엄혹한 현실 앞에서 과연 무엇을 할 수 있는가를 질문하지 않는다면 신학은 존재할 가치가 없다고 생각했습니다.

참사 이후 일 년이 넘도록, 저는 세월호에 관한 글 외에는 다른 글을 쓰기가 힘들었습니다. 부들부들 떨고 울면서 이를 악물고 썼습니다. 짧은 원고라도 끝내고 나면 감정적인 소모가 너무 커서 며칠은 늘어져 있는 일들이 반복되었습니다. 고통스러웠지요. 하지만 깨달았습니다. 참 오랜만에, 이렇게 전력을 다해 쓰고 있구나. 아이러니하고 죄송스럽게도 그 거대한 죽음 앞에서 저는 살아 있다고 느꼈습니다. 비로소 신학을 '하고'(doing theology) 있다고 느꼈습니다. "하늘 높은 곳"에서 내려와 가장 작고 취약한 생명 중 하나가 되어, 버림받고 매 맞으며 고통을 겪고, 다른 생명의 고통까지 짊어지며 죽어 살아난 그리스도를 말하고자 하는 신학이라면, 고통의 현장을 떠나서는 존재할 수 없구나. 울고 있는 이들과 함께 울지 않는 신학, 몸부림치며 삶과 죽음의 경계를 넘나드는 이들을 외면하는 신학은 껍데기에 불과하구나. 그제야 저는 머리가 아닌 가슴으로, 손끝이 아닌 몸으로 알게 되었습니다. 그 이듬해 저는 학교에 휴직계를 냈습니다. 많은 일이 있었던 몇 년의 시간이 지나 다시 강단으로 돌아왔지만, 제 신학의 자리는 여전히 세월호가 보여준 성토요일의 빈 무덤입니다.

전도사님, 참사 3주기를 열흘 앞둔 간담회에서 성찬에 대해 하셨던 말씀 기억하시지요?

아이를 이렇게 잃고 나서 성찬을 맞는데 빵을 포도주에 묻히니, 제자들이 이 빵에 포도주를 적셔 먹을 때 이게 정말 예수님의 몸이라고 생각했구나 하는 마음이 들었어요. 자기들이 목격했던 십자가상의 예수님과 너무 닮아 있던 거잖아요. 피를 철철 흘렸던 그 몸 말이에요. 그들이 그 빵을 씹어 목으로 넘기면서 그런 생각을 했을 거예요.… '내가 정말 비겁했구나', '이 십자가를 보며 곱씹어서 내 몸 안에 담아야 하겠구나' 하는 생각이요. 저도 성찬식 때 불어 터진 빵을 보면 제 아이가 생각나요. 먹으면서 너무 괴롭고 아프지만 나도 제자들처럼 내 몸에 새겨야겠다, 결코 잊지 않겠다, 잊지 않아야지 견딜 수 있고, 잊지 않아야지 다시는 이런 일이 일어나지 않을 거라는 생각이 들어요.

_박은희(2017년 4월 6일 "세월호 침몰 3주기 간담회", 감신대 백주년기념관 중강당)

전도사님처럼 저 또한 세월호 참사 이후의 시간을 견디는 동안 예수가 떠난 빈 무덤에 남겨진 제자들을 생각했어요. 그리고 질문했어요. 희망이 사라진 그 자리, 믿었던 진리가 그토록 참혹하게 사라진 그 자리에 남겨진 상처를 그들은 어떻게 추스를 수 있었을까. 피에 젖은 빵을 먹어야 하는 그 고통과 수치의 삶을 어떻게 견디며 제자들은 끝내 그의 부활을 선포할 수 있었을까. 세월호 침몰 이후 사랑하는 이들을 떠나보내고 남은 자들이 되어 하루하루를 살아야 하는 가족들의 심정이, 그 곁에서 함께 울고 있는 우리들의 심정이 무덤가 제자들의 심정과 겹치더군요.

전도사님, 저는 그 빈 무덤의 자리가 제가 안산을 방문했을 때 전도사님이 안내해주신 세월호 기억교실과 닮았다고 생각했어요. 시간이 멈춘 듯한 공간이었죠. 아이들이 떠난 자리에 그대로 남아 있는 교실 칠판에는 살아 돌아오라는 기원들로 가득 채워져 있었어요. 마치 당장이라도 아이들이 자기 자리를 찾아올 것처럼 단정하게 줄을 맞춰 놓은 책상에는 피어나지 못한 꿈들이 몽우리 채 박제되어 있었지요. 고운 아이들이 떠난 자리에 아기자기하게 남겨진 기억의 소품들을 만져 보며, 또 아이들의 책상을 반질반질 윤기가 흐르게 관리하고 계시는 부모님들의 손길을 느끼며, 저는 예수가 남긴 사랑의 기억을 버팀목 삼아 절망을 견뎌냈을 빈 무덤가 제자들이 떠올랐어요.

순영 엄마(정순덕)가 단원고 기억교실에서 희생자들을 기억하는 시간을 보내고 있다.

마치 떠난 아이들의 기억이 남은 그 교실들처럼, 빈 무덤에는 떠난 예수가 남긴 사랑의 기억이, 그 사랑으로 인생이 바뀐 이들의 이야기가 남았겠지요. 스승이자 벗인 예수를 품은 바로 그 사랑의 기억 때문에 제자들은 신이 침묵한 세상에서 무너지지 않고, 불의한 힘들에 꺾이지 않고 서로에게 돌아왔어요. 그리고 그들은 서로의 기억에 의지해 그의 부활을 선포했지요. 기억과 기억이 연결되는 한, 진리는 결코 사라지지 않는다는 것을 그들은 깨달았을 거예요. 그래서 고통스럽기 그지없지만 피 묻은 빵을 먹는 의식을 지울 수 없는 전통으로 남기고 그의 이름을 자신들의 정체성으로 삼아 비로소 '그리스도인들'이 될 수 있었던 게 아닐까요.

이처럼 그리스도에 대한 기억은 고통의 기억이면서 동시에 사랑의 기억입니다. 그 기억을 간직해야만, 나날이 되살려야만 그리스도인들은 죽음을 너머 부활의 삶을 살 수 있지요. 그리스도인들의 세월호는 예수의 빈 무덤과 많이 닮았어요. 아이들이 우리에게 남기고 간 고통의 기억으로 우리도 하나가 되고, 사랑의 기억으로 우리가 살아내야 할 삶을 결코 놓지 않은 채 살아갑니다. 제자들이 간직했던 그리스도의 기억이 증언이 되어 복음으로 남아 부활의 메시지가 되었듯이, 세월호도 떠나간 생명들의 기억을 이야기로 옮기고 기록하고 전달할 때 모든 생명의 안전을 위한, 서로가 서로를 돌보는 삶을 위한 부활 선포가 될 거예요.

전도사님, 기억을 품고 살아가는 일이 쉽지만은 않겠지요. 기억을 거부하고, 그것도 모자라 혐오로 기억을 더럽히려는 사람들 때문에 더욱 그럴 거예요. 우리는 지난 9년간, 공감과 소통을 거부하고 폭력의 질서에 자신을 내맡기는 이들을 너무 많이 보았어요. 그중 적지 않은 이들이 교회에 다니는 이들이었죠. 교회 안에서는 그리스도의 사랑을 이야기할 그들이, 또 어느 누군가에게는 정성이 지극한 부모이며 자식이고 친구일 그들이 왜 수백 명의 생명이 바다에 생매장당한 현실을 보면서 아파하지 않을까, 왜 자신들 삶의 좁은 테두리를 벗어난 이들의 고통에 대해서는 저리도 무감할까,

저는 궁금했어요.

철학자이자 소설가인 아이리스 머독(Iris Murdoch)이라면, 세상을 보는 눈의 중요성에 대해 이야기할 것 같아요. 머독은 사람들이 선한 판단을 내리는 기준은 보편적인 도덕적 원칙과 개인의 의지에 의해 만들어지는 것이 아니라, 그보다 앞서 도덕적 비전(moral vision), 즉 세상을 보는 눈에 의해 만들어진다고 이야기했어요. 선한 목적이 선한 사람을 만드는 것이 아니라, 선한 눈으로 세상을 주시해야 선한 사람이 된다는 것이죠. 인간을 선하게 하는 원칙과 규범들을 천명하고 기술하는 데 멈추지 않고, 다른 이들의 삶을 깊이 들여다보고 그들의 슬픔과 기쁨을 느낄 수 있을 때 비로소 우리가 알고 있는 선함에 관한 원칙과 규범들이 의미를 갖게 된다는 것이죠. 자신이 갖고 있는 것만을 지키고 자신의 욕망만을 만족시키기 위해 스스로를 고립시키는 사람들은 타인의 슬픔과 기쁨을 느낄 수 없어요. 이렇게 타인과의 소통과 공감을 거부하고 자아에 갇혀 있을 때 인간은 세상을 삐뚤어진 시선으로 바라보게 되고 끝내는 사랑할 능력을 잃게 되는 것 같아요. 그래서 머독은 "인간은 오로지 사랑을 함으로써 사랑을 배울 수 있다"라고 말해요.

그리스도인들의 믿음도 마찬가지 아닐까요. 십자가의 그리스도는 사람을 살리기 위해 스스로의 삶을 내어주었는데, 오늘날 교회는 자꾸 그의 고통을 사람으로부터 떼어내어 추상화해요. 그의 고통을 기도문을 통해서나 기억할 뿐, 그의 고통과 닮은 고통이 세상에 편재한다는 사실은 외면하죠. 사람의 얼굴과 사람의 체온을 지운 고통은 우상에 불과해요. 오늘날 교회는 그렇게 그리스도의 몸에서 사람의 흔적을 지우고 그의 고통을 우상화하는 일에 열심이에요. 그래서 교회에 다니는 사람들이 오히려 타인의 고통에 무감, 무치, 무례해지곤 하는 것 같아요. 하지만 부서지고 깨어진 삶들을 외면한다면, 그 삶들 속에서 인간이 된 하느님, 그들을 위해 죽은 하느님을 어떻게 만날 수 있을까요? 그 삶들을 위해 기도하지 않는다면, 우리의 기도는 누구에게 닿을 수 있을까요?

사람이 되신 하느님을 외면하는 오늘날의 교회가 안타깝지만, 세월호 참사 이후 9년의 시간은 한편 선한 눈을 가진 사람들이 만드는 세상의 아름다움을 보여주기도 했어요. 고통을 깊게 주시하며 슬퍼하고 아파하는 그 선한 눈길들을 통해 우리는 그토록 울고, 그렇게 노여워하며 하나로 이어졌지요. 십자가를 들고 900킬로미터를 순례하던 아버님들의 뒤를 바라보던 눈길들이 어느새 발걸음이 되어 뒤를 따랐지요. 자식을 보내고 밥을 먹을 수 없다며 곡기를 끊은 아버지들의 여위어 가는 얼굴을 바라보다 내가 뜨고 있는 밥숟가락의 무거움을 느끼게 되었지요. 전 세계에 흩어져 있던 교포들도 이곳저곳에서 모여 추모회를 열고, 집회를 열고, 피켓을 들고 세월호 희생자들을 기억했습니다. 천 개의 바람이 된 세월호의 영령들이 타향에서 우리를 불러 모았던 것이죠. 아직도 우리는 세월호의 이름으로 온라인에서 만나 인연을 이어가며 세월호 희생자들을

기억하고, 또 유가족들을 만나 바뀐 우리 삶에 대해 이야기하곤 합
니다.

　전도사님, 저는 우리가 나눈 그 선한 눈길이 하느님의 눈길이라
고 믿어요. 슬픔에 잡아 먹히기보다 딛고 일어서 큰 사랑을 바라보
게 했기 때문이죠. 너도나도 미워할 대상을 찾는, 미워해야만 정의
로울 것 같은 세상에서 결국 피해를 입는 것은 약자들뿐이라는 것
을 알게 했기 때문이죠. 서로의 아픈 상처를 가만히 주시하고 기도
할 때, 분노와 증오가 변화와 치유의 힘으로 바뀔 수 있다는 것을
깨닫게 했기 때문이죠. 우리는 그렇게 서로의 선한 눈길을 통해 그
리스도를, 사람이 되신 하느님을 만났습니다.

　전도사님, 저는 그렇게 부서지고 깨어진 삶들을 깊이 바라보는
것, 주시하는 것, 그리고 기억하는 것, 그것이 곧 기도라고 믿어요.
기도는 하느님의 말씀을 듣는 것, 하느님과 눈을 마주치는 것, 결국
하느님의 눈으로 세상을 보게 되는 것이니까요. 그리고 우리가 고
백하는 하느님은 부서지고 깨어진 사람들 한가운데로 오셔서, 그보
다 더 잘게 부서지고 깨어져 피 묻은 생명의 빵이 되신 하느님이니
까요. 십자가의 성요한은 "힘겨운 이웃을 바라볼 때 느껴지는 고통
은 우리가 사랑을 통해 하느님과 일치를 이룰 때 더 커진다"고 말
했죠. 기도는 그렇게 부서지고 깨어진 삶들 곁, 하느님 곁에 우리를
멈춰 세우고 머물게 하지요. 그 순간만큼은 나 아닌 다른 것에 온전
히 나를 내어주게 하지요. 그러기에 기도하는 삶은 결코 다른 생명

이 겪고 있는 고통으로부터 자유롭지 않다고 저는 믿어요. 하느님을 향한 사랑이 크면 클수록 이웃의 고통은 더욱더 견딜 수 없을 정도로 우리의 몸과 마음을 옥죄어 온다고 믿어요. 그렇게 우리가 기도할 때 우리는 하느님을 거스르는 세상의 질서에 이질감을 느끼고, 그 질서를 좇아 살려 했던 스스로에게 부끄러움을 느끼는 거겠죠. 그리하여 본회퍼 목사님이 노래한 것처럼, 고통 속에서도 "선한 힘에 고요히 감싸여 놀라운 평화를 누리게" 되는 거겠죠.

전도사님, 그러고 보니 2016년 그해, 성당 앞에서 발길을 돌린 제가 보지 못한 부활의 빛은 끝내 꺼지지 않고 밝아오고 있었네요. 길고 긴 어둠의 터널을 밝혀주는 작은 꽃등과도 같은 노란색 리본들로, 그 리본을 마음에 동여맨 우리들의 선한 눈으로, 그리고 세월호의 영령들이 지켜주고 살려낼 안전한 세상을 위한 바람으로, 밝아오고 있네요. 그 노란 리본을 달고 여름에 또 뵈어요.

'낯선 힘'을 넘어 기억하고 외치기

안홍택

나무를 가지고 세월호 가족들과
만들고, 놀며, 쉬는 고기동 목수다.

"누가 나를 죽였을까, 왜 죽였을까?"

한강의 소설 『소년이 온다』(창비, 2014)를 읽었다. 1980년 5월 광주
에 살았던 중학교 3학년 동호가 겪은 잔혹한 학살의 참상을 풀어내
는 이야기다. 1장은 친구의 죽음을 목격한 소년 동호의 이야기다.
동호는 광주 도청에서 시신을 관에 넣고 번호를 매겨 모신 후 가족
들이 찾아오면 안내해주는 일을 한다. 그러면서 '너는 어떠어떠했
어' 하며 그 소년 이야기를 한다. 처참한 시신에 대한 이야기, 갑자
기 울린 총소리에 놀라 정신없이 도망치다 친구 정대의 손을 놓친
이야기, 그날 밤 정대의 죽음을 실감하며 죄책감으로 괴로워하는
이야기, 밥을 먹는 것조차도 부끄러워하는 이야기다. 2장에서는 죽
은 정대의 영혼이 밖으로 나와 자신의 몸이 썩어가는 것을 본다. 작
가는 죽은 영혼을 불러내어 그 당시 상황을 되새긴다. 오죽하면 죽
은 영혼을 빌려서 이야기를 하겠는가. 그 애절함, 그 간절함을 본다.

아마 세월호 가족들이 그런 마음일 것이다. 그 아이의 영혼은 자기의 몸과 주변을 찬찬히 돌아보면서 독백한다.

누가 나를 죽였을까, 왜 죽였을까?

생각할수록 그 낯선 힘은 단단해졌어. 눈도 뺨도 없는 곳에서 끊임없이 흐르는 피를 진하고 끈적끈적하게 만들었어.

"그 낯선 힘"은 지금도 우리를 억압하려 하고, 자신들의 기득권을 유지하려 한다. 40여 년이 지났지만 여전하다. 이태원 참사에서도 그 낯선 힘은 여실히 드러난다. 이 폭력은 그 죽음을 없던 일로 지워버리려고 한다. 왜 죽였는지 이해가 안 되는 세상을 되풀이하지 않으려면 기억해야 한다. 소설에서 미싱사였던 선주는 진압군이 쳐들어오기 직전 차를 타고 광주 시가를 돌며 메가폰을 잡고 이렇게 외친다.

"불 좀 켜주세요, 여러분." 캄캄한 창문들을 향해, 누구의 기척도 느껴지지 않는 골목을 향해 말했다. "제발 불이라도 켜주세요, 여러분."

복음을 교회가 아니라 세상이 외친다

나는 세월호 침몰이 왜 우리 사회 구성원 모두의 문제일 수밖에 없는지를 가인의 이야기를 통해 본다. 가인이 동생 아벨을 돌로 쳐 죽여 땅에 묻었을 때, 하나님이 가인에게 "네 아우 아벨이 어디 있느냐?"고 물으신다. 가인이 "모릅니다. 제가 아우를 지키는 사람입니까?"라고 하자, 하나님이 또 물으신다. "네가 무슨 일을 저질렀느냐? 너의 아우의 피가 땅에서 나에게 울부짖는다." 세월호는 이와 같다. 폭력, 살인은 원시, 고대 시대부터 줄곧 있었다. 문제는 그 죽음을 어떻게 받아들이는가다. 민주주의의 발전은 그 질문에 얼마만큼 성숙하게 답할 수 있는지로 판단된다. 9년 전 진도 앞바다에서 벌어진 304명의 죽음에 대해 사람들은 잊으려 한다. 그러나 하나님은 땅에서 일어난 일에 대해 "네 아우는 어디 있느냐?", "세월호에 탔던 사람들과 그 가족들이 지금 어디에 있느냐?" 묻고 계신다. 이 질문에 교회가 답하지 않으면 돌들이 소리 지를 것이다.

> 어둠은 빛을 이길 수 없다
> 거짓은 빛을 이길 수 없다
> 진실은 침몰하지 않는다
> 우리는 포기하지 않는다.
> _"진실은 침몰하지 않는다"(윤민석 作)

이 노래를 듣는 순간 부끄러워졌다. '언제까지 지도자인 체하고, 종교 속에 묻혀 살 건가' 하는 생각이 들었다. 정부가 세월호 특별법 시행령을 입법 예고할 때, 내가 살고 있는 용인 지역 시민들은 이 노래에 춤을 추는 플래시 몹(flash mob)을 전국에서 처음으로 시연하였다. 이 노래는 전국으로 퍼져나갔다. 복음을 교회가 아니라, 세상이 외치고 있다.

성찬 의식: 죽음을 선포하라

교회에는 두 가지 의식이 있다. 하나는 세례이고, 또 하나는 성찬이다. 성찬은 예수님이 십자가에 달리기 전에 제자들과 함께 음식을 먹으며 나누었던 '피와 살'을 기념하는 의식이다. 그런데 얼마 전 고린도전서 11:26을 읽으며 새로운 사실 하나를 발견하였다. '성찬 의식'의 본질이 무엇인지 알게 되었다. 성찬 의식은 단지 이 빵을 먹고, 이 잔을 마시며 기념하는 수준이 아니라, 주님이 다시 오실 때까지 예수님의 죽음을 선포하는 것이다. 나는 어느 단체, 모임, 종교에서도 죽음을 선포하라는 이야기를 들어본 적이 없다. 기념하는 것은 있다. 부모가 돌아가시면 기일에 가족들이 모여 돌아가신 분의 생전 모습을 되새기며 추모한다. 어느 단체나 설립자, 탁월한 공을 세운 분을 기념한다. 그러나 죽음을 선포하지는 않는다. 돌아가신 분의 죽음을 선포하는 경우는 종종 본다. 언제인가? 억울한 죽음을 당했을 때다. 지금도 그 죽음을 선포하는 부르짖음이 여전히 들린다. 쌍용차, 용산 참사, 강정 구럼비 바위, 구제역으로 죽어간 가축, 위안부 할머니, 제주 4.3, 그리고 이태원….

2015년 독일의 메르켈 총리가 일본을 방문한 것이 주목을 끌었다. 홀로코스트(유대인 대학살) 등 독일이 전쟁 중 자행한 만행을 적극적으로 사죄해온 메르켈 총리가 아베 총리에게 역사 인식에 대한 언급을 하였기 때문이다. 독일은 제2차 세계대전 이후 유대인 학살에 가담한 사람들을 철저하게 색출해 지금도 이스라엘의 법정에 세우고 있는데, 여전히 홀로코스트는 끝나지 않았고 앞으로도 끝나지 않을 것이다. 그날 「아사히신문」은 "나치 학살에도 독일이 존경받을 수 있는 건 부끄러운 과거와 정면으로 마주했기 때문"이라고 타이틀을 걸었다. 독일은 축구 경기가 있는 운동장에서도 자기 나라 국기를 흔들지 못하게 한다. 자신들의 전체주의적 성향이 어떤 우를 범했는지를 뼈저리게 느끼고, 미리 차단하기 위한 조처다. 그런 것을 보면 독일은 국가 전체가 일상에서 성찬 의식을 베푸는 나라가 아닌가 싶다. 홀로코스트를 통해 죽은 600만 명을 잊지 않기 위해 끊임없이 반복하여 기념하고 선포하는 나라다. 단지 예배당에서 죽은 성찬을 나누는 것이 아니라 사회 속에서, 일상에서 살아 있는 성찬을 나누는 나라는 독일이 유일하다. 독일이 왜 지금 유럽을 선도하고, 지구촌의 미래를 선도해가는지를 알 수 있는 대목이다. 지금도 그들은 그 죽음을 기억하여 선포하고 있다. 잊지 않고 있다.

우리는 국가폭력으로 304명이 죽임을 당하였는데도 국가가 온 갖 방법을 다 동원하여 그 죽음을 잊어버리게 하였다. 우리가 불을 밝히지 않으면 이 낯선 힘은 계속 작동하여 주먹을 휘두를 것이다. 끊임없이 불을 밝혀 계속 기억하여 잊지 말자. 그런 면에서 성경은 죽음에 대해, 특히 폭력적인 죽음에 대해 잊지 말라고 거듭 이야기 한다. 예수님이 로마 제국의 폭력으로 십자가 처형을 당하자 제자 들은 모두 뿔뿔이 흩어졌고, 일부는 두려워서 어느 집에 문을 꼭꼭 걸어 잠그고 모여 있었다. 그런데 그 자리에 예수님이 찾아오셔서 '평화'를 빌어주었다. 제자들은 존경하는 스승이 처형당할 때 저항 한번 해보지도 못하고 도망한 부끄러움에, 그리고 이제 자신들도 예수님처럼 죽을지 모른다는 두려움에 떨고 있었는데, 예수님이 오 셔서 자신의 죽음을 보여주신다. 스승의 죽음을 다시는 생각하기도 싫어 잊어버리려고 했는데, 손과 발의 못 자국과 허리의 창 자국을 보여주며 그 죽음을 상기시켰다. 그러면서 '평화'를 빌어주었다.

공감과 연대의 평화

예수님이 제자들을 위해 빌어준 '평화'의 헬라어 '에이레네'는 '공 감하다', '함께하다', '연합하다'라는 어원에서 왔다. 스승의 죽음으 로 마음이 흩어진 제자들에게 예수님이 '에이레네'를 빌어주었다. 마음을 합하여 연대하라는 것이다. 두려워하고 낙심하여 서로의 얼 굴도 제대로 쳐다보지 못하던 제자들이 예수님이 오셔서 마음을 합하라, 연대하라, 서로에게 공감하라고 말씀하시자 서로의 얼굴을 보기 시작했다. 자책감에 사로잡혔던 제자들이 예수님의 죽음을 구체적으로 보고 마음을 나누며 공감하기 시작하면서 평화가 찾아왔다.

나는 세월호 참사 발생 한 달 후에 행한 유가족 대변인의 첫 발언을 아직도 잊지 못한다. 2014년 5월 21일 오후 5시 15분, 서강대 이냐시오성당에서 열린 세월호 참사 희생자들을 위한 추모미사와 추모제에서였다. 그 유가족은 잊히는 것이 두렵다고 했다. "한 달 뒤에도 잊지 않겠습니다. 1년 뒤에도, 10년 뒤에도, 평생 잊지 않겠습니다. 이렇게 말씀해주십시오." 공감해달라고도 간청했다. 나는 그와 그 가족들의 평화를 간절히 구했다.

나는 2015년 이후 416목공방을 통해 가족들과 함께하고 있다. 처음 시작은 이렇다. 세월호 참사 후 1년이 지나면서 고기교회에 찾아온 다영 아빠가 싸움이 길어질 것 같은데, 우리 세월호 가족도 살아야 하니 살 궁리를 하고 있다고 했다. 세월호 가족 중에 안산을 떠난 분들도 있지만, 많은 분이 아직도 안산에 남아서 함께 의지하며 공동체를 만들어 나가기 위해 생활협동조합, 함께 모이는 다양한 프로그램을 만들고 있다는 이야기를 듣고 오히려 내가 위로를 받았다. "그래 살아야지!" 그래서 목공 기술을 나누며 지금껏 세월호 가족과 함께하고 있다. 부활이 별거인가? 이게 부활이다. 감사하며, 아무쪼록 같이 연대하여, 세월호의 진실을 밝혀 세월호 이전과 이후가 다른 나라가 되기를 바란다.

진상규명, 질문하는 신앙으로

이헌주
목사, 교회개혁실천연대 사무국장

개인구원에만 머물러 있는 천박한 신앙에서 벗어난 이들은 인간과 사회, 국가와 창조세계로 신앙의 영역을 넓혀가면서 그 가운데 일하시는 삼위 하나님을 마주하게 된다. 이 모든 신앙의 성숙은 프란시스 쉐퍼가 말한 "정직한 질문에 대한 정직한 답변"의 형태로 우리에게 다가온다. 진리는 질문하는 이에게 답변하는 방식으로 발견된다. 질문하지 않은 이에게 진리는 먼 곳에만 머물 뿐이다. 신앙은 모든 질문에 대하여 답을 찾는 수고를 마다하지 않는 것이다.

그리고 질문하여 진리를 탐구하는 태도는 신앙의 영역에서뿐만 아니라 일상의 모든 영역에서도 동일하게 적용된다. 진실을 알기 위해 질문하는 것은 당연하다. 타인의 행동이 나의 예측에서 벗어났을 때 그의 의도가 무엇인지 질문을 통하여 답을 듣고 피어오르는 의심과 갈등을 해소한다.

경청의 자세로 질문하는 것은 상호 간 미처 깨닫지 못했던 것을 알게 해주는 중요한 도구다. 이것은 개인적 차원에서뿐만 아니라 사회적·공동체적 차원에서도 꼭 필요하다. 특별히 사회적 참사가 일어난 상황에서라면 우리는 더욱 치밀하게 질문해야 하고, 다시는 이와 유사한 일로 생명을 잃는 일이 일어나지 않도록 탐구하여 변화를 끌어내야 한다. 맹목적 신앙이 아니라 질문하여 진리를 추구하는 신앙인이라면 당연하고 끈질기게 사회적 참사에 대한 '진실'을 물어야 한다. 우리가 하늘의 뜻을 모든 기도의 시간마다 묻듯이 그날의 진실을 묻는 태도를 취해야 한다는 것이다.

이에 대하여 나는 질문을 상실한 사회 현상을 짚어보고, 질문하는 신앙이 불신앙으로 치부되는 교회에 대하여 지적할 것이다. 그리고 왜 우리는 질문이 어려운지 살펴보면서 질문을 어렵게 만드는 특권층에 대한 비판도 함께하려고 한다. '진상규명'이라 함은 질문에 정직하게 답을 주는 것임을 상기하면서 질문하는 신앙을 가진 이가 이후로도 어떤 자세로 신앙과 사회를 대해야 하는지 당부함으로써 글을 마치고자 한다.

사회, 질문을 상실하다

'침묵'은 우리에게 낯설지 않다. 도리어 '질문'이 우리에게 낯설다. 여러 포럼과 세미나를 진행해본 나는 항상 패널이나 발표자에게 질문할 거리를 만들어 준비해야 했다. 행사의 참여자에게 질문이 있냐고 묻지만, 이는 단순한 진행일 뿐이다. 정적이 길게 흐르지 않도록 하는 것은 오로지 진행자의 몫이다. 진행자는 참여자의 생각을 상상하고 훑어 질문을 미리 여러 개 준비한다. 준비된 질문이 어느 정도 오가야 비로소 참여자가 입을 열기 시작한다. 그래서 참여자의 질문 시간은 부족하게 느껴질 때가 많다.

우리는 언제부터 질문 없는 사회에 익숙해진 걸까? 정답지 앞에서 무력해진 삶을 너무 오랫동안 살아서 답지 안에 머물지 않는 상상과 질문은 무용하다는 인식이 생긴 것인지도 모른다. 엉뚱한 답을 써낸 유치원생과 초등생의 답지에 피식 웃고는 '언젠가 바른 답을 적게 되겠지'라는 기대를 아이들의 머리에 쑤셔 넣고 있는 것은 아닌지 모른다. 오차 범위 내의 질문만 허용되는 세상에서 새로운 질문이란 따분하거나, 어이없거나, 시간을 허비하는 어리석은 것으로 생각하는지도 모른다. 그래서 우리는 질문하지 않는 사회, 그저 정답을 알려주면 그것을 따라 베껴내는 사회에 익숙해져 있는지 모른다. 상대를 골탕 먹이기 위한 '덫을 깐 질문'이나 자신을 과시하고 싶은 '욕망의 질문'이거나 아니면 자신의 질문도 제대로 모르는 '무지의 질문'만 우리에게 남은 것은 아닐까.

사회적 이슈에 가장 가까우며 진실을 보도해야 할 기자들조차 질문에 머뭇거리는 상황에서 우리는 과연 세월호의 진실을 끈질기게 물을 수 있을까?

교회, 질문은 불신앙의 표현?

예수 그리스도를 구주로 '고백'한다는 것은 "예수 그리스도가 나에게 어떤 의미인가?"라는 질문에 대한 '답'이다. 우리는 이런 식으로 수많은 질문을 자신에게 던지고 스스로 답한다. 이것을 묶어 '신앙을 고백한다', '신앙을 가졌다'라고 말한다. "예수 그리스도가 나에게 어떤 분인가?"라는 질문은 이후로 나 자신에게 향하여 "예수 그리스도를 믿는 나는 누구이며 신앙인으로서 어떻게 살아야 하는가?"라는 질문을 던지고, 더 나아가 나와 타인에 관한 질문들, 나와 창조세계의 관계에 관한 질문들로 확장해간다. 그리고 수많은 질문에 답을 구하고 정한다. 이런 답은 객관적이거나 보편적이지 않을 때도 있다. 우리는 타인과 아주 일치하지는 않더라도 성경의 경계 안에서 자유롭게 질문하고 답을 찾는다.

성경에 '비추어 생각한다'라는 표현을 사용한다면 그것은 성경에 질문을 던진 이가 성경으로부터 그 답을 얻었음을 의미한다. 일어난 사건과 새로운 것을 선택해야 하는 시점에서 이 모든 것이 어떤 의미가 있는지를 성경에 묻고, 성경 안에 담겨 있는 가치와 지향을 통해 우리는 의미 일부를 발견한다. 이런 행위를 반복하면서 우리는 진리에 가까워진다. 신앙의 질문은 이미 선포된 규정적 진리와 시대와 상황에서 재해석되어야 하는 정황적 요소들 가운데에서 혼란스럽지 않게 도와준다. 진정으로 참되어 더 이상 변할 수 없는 진리와 그렇지 않아 우리에게 위탁된 것들에 대한 요소들을 질문을 통해 얻게 된다. '계시'로서 주어진 성경에 질문하고 답을 찾는 반복의 과정을 통해 얻은 지혜와 믿음에 기초하여 말씀에 순종하는 삶을 터득하게 된다. 이것이 바로 신앙인의 삶이다.

하지만 세례를 통해 거룩한 신자들의 모임에 들게 된 이후로는 더 이상 질문해서는 안 되는 것으로 여긴다. 질문은 미숙한 신앙에서 비롯된다고 생각하는 듯하다. 이미 모든 답이 주어졌으니 더는 질문할 필요를 못 느낀다. 소위 '하나님의 뜻', '하나님의 은혜', '하나님의 섭리'라는 단어를 사용함으로써 질문을 차단하는 데 익숙하다. 의심을 넘어 확신으로 나아가기를 바랐던 예수님과 그의 제자 도마의 이야기는 '의심 많은 도마'의 이야기로 치부되어 "도마가 잘못했네"라고 말한다. 많은 신앙인이 의심하지 않고 묻지 않는 신앙이 존재한다는 망상에 자신을 가두고 있는 것으로 보인다. 의심 없는 신앙, 질문 없는 신앙이 과연 존재하기는 할까?

신앙을 가진 이들이 빠지기 쉬운 함정 가운데 하나는, 자신이 이미 삶에 대한 모든 답을 알고 있는 것처럼 착각하는 것이다. 세상모든 고통과 모든 일상에 대한 답을 아는 듯이 타인의 고통과 일상에 예의 없이 끼어들기도 한다. 그러고는 '하나님의 섭리'라고 적힌 답지를 건네준다. 얄팍한 상술과 다름없다. 이런 저급한 상술에 넘어가는 사람은 스스로 질문하고 답을 구하는 진지한 신앙은 포기하고, 타인이 주는 진통제와 같은 이야기에 혹한다. 나는 성경에서 인생에 대한 모든 답을 찾은 것처럼 행세하는 사람이나 그런 사람에게 머리를 조아리는 자 모두에게 거리를 둔다. 그리 쉽게 단정 지어질 일상도 아닐뿐더러 스스로 질문하기를 멈춘 사람도 위험하기는 마찬가지다.

신앙을 가진 자라면 구하고, 찾고, 두드리는 수고를 마다하지 않아야 한다. 이것이 무엇인가? 질문하는 것이며, 정직하게 답하는 것이다. 진리가 무엇인지, 일상이 무엇인지, 우리는 지금 바로 여기에서 어떻게 행동해야 하는지 계속 질문하는 것이다. 이로써 우리는 진리를 받고, 찾으며, 진리로 향하는 길이 열리는 경험을 하게 될 것이다. 의심과 질문은 불신앙에서 비롯된 것이 아니라, 더 큰 확신으로 가는 통로다. 의심이 갈등이 되고 분쟁으로 가지 않도록 하는 안전장치다. 우리는 질문을 통해 진리와 가까워진다.

힘과 돈이 있는 이가 반드시 이기는 세상에서 하나님 나라는 어떻게 세워져야 하는가를 우리는 질문해야 한다. 고통당하는 자와 억울한 자의 소리가 가진 자의 풍악에 묻혀버릴 때 신앙을 가진 이는 어떻게 해야 하는가를 질문해야 한다. 권력자에 길들어 질문을 잃지 않도록 우리는 계속해서 질문해야 한다.

세월호 참사를 대하는 우리의 태도도 다르지 않다. 질문해야 하고 답을 들을 때까지 멈추지 말아야 한다. 왜 이런 참사가 일어났는지, 왜 구하지 않았는지, 왜 갑작스럽고 빠르게 침몰했는지, 이제 더 이상 이런 참사가 없도록 나는, 우리는, 사회는, 국가는 어떤 조치가 필요한지 질문을 던지고 답을 구해야 한다. 이런 질문을 통해 정의로운 하나님 나라가 이 땅에서 이루어져 가는 희망을 볼 수 있을 것이다.

　망설여서는 안 된다. 문제를 감지할 때 질문하고 저항해야 한다. 교회든 사회든 망설이지 말고 경청의 자세로 정직한 질문을 던져야 한다. 질문하기를 멈출 것이 아니라 밝혀질 때까지, 알게 될 때까지 계속해야 한다. 진리를 구하는 구도자로서의 신앙인이라면 사회적 참사 뒤에 감추어진 것들에 대하여도 같은 자세로 물어야 한다. 질문 이후에 다가올 다양한 불안에 망설인다면 우리는 진리에도, 진실에도 다가갈 수 없다. 질문 이후에 어떤 불이익이 있다 하더라도 신앙을 가진 이는 진리를 구하는 자요, 진실을 밝히는 소명을 가진 이가 아닌가. 이 소명의 길에서 망설이며 머뭇거린다는 것은 참된 신앙인의 태도가 아니다. 아쉽게도 많은 이들이 진리와 진실 앞에서 망설이기도 하지만, 알게 되고 밝혀질 때까지 끈질기지도 못하다. 우리는 그렇게 시간을 보낸다.

진상규명, 신앙인의 소명

질문에 대하여 침묵하는 이들에 대해서는 몇 가지 사실이 존재한다고 믿는다. 진실을 밝히는 것은 권력가의 이익에 반한다는 점, 자기 잘못을 인정할 마음이 없다는 점, 그리고 안전한 사회에 대한 의지조차 없다는 점이다. 이 답답한 상황에서 신앙인의 태도는 무엇이어야 하는가?

먼저 진리를 구하는 태도로 질문하고 진실을 밝혀야 한다. 우리의 질문에 답하라고 외쳐야 한다. 따져서 바로 밝혀야 하고, 맨 아래 바닥에 어떤 일이 있었는지 드러내야 한다. 끈질기게 질문하여 침묵하는 그들에게 답하라고 해야 한다. 물러서지 말아야 한다. 진리를 추구하는 것이 신앙인의 소명인 것처럼 진실을 찾아내어 세월호 참사의 진상을 규명하는 것이 곧 '소명'이다.

두 번째로 질문은 실천으로 이어져야 한다. 나아가 실천은 개인적 요소를 지나 공동체적 실천으로 이어지도록 해야 한다. "예수 그리스도를 믿는 것이 무엇인가?"의 질문 다음은 "예수 그리스도를 따르는 삶이란 무엇인가?"로 이어지고 "예수 그리스도를 따르는 교회는 무엇을 해야 하는가?"로 나아간다. 마찬가지로 "세월호 참사는 나에게 어떤 의미인가?"를 묻고 "그렇다면 나는 어떻게 살아야 하는가?"에 대한 답을 구해야 하며, 나아가 "세월호 참사를 경험한 우리는 어떻게 살아야 하는가?"를 질문하고 결국 "세월호 참사에 대한 국가의 책임과 역할, 그리고 실천은 무엇이어야 하는가?"를 질문해야 한다. 질문하는 사람은 응답을 통해 삶의 상황에 대한 구체적 대안을 마련하려는 것이다. 안전한 사회에 대하여 질문하는 이는 안전한 사회를 이루려 실천하는 이여야 한다.

또 다시 질문하기

2022년 12월 셋째 주 목요일에도 서울시의회 앞에 놓인 세월호 기억공간 앞에서는 "세월호 참사를 기억하며 연대하는 그리스도인"들이 "세월호 참사 진상규명을 위한 그리스도인 월례기도회"로 모였다. 매서워진 날씨와 과거만큼 모이지 못하는 상황에서도 따뜻한 차와 마음을 나누었다. 이제 곧 세월호 참사 9주기를 앞둔 가운데 아직도 밝혀지지 않은 그날의 진실을 우리는 이토록 끈질기게 질문하고 있다. 나아가 그날뿐만 아니라 왜 그날이 있어야 했는지, 그리고 다시 그런 날이 없도록 하려면 어떻게 해야 하는지 질문하고 있다. 답하지 않는 사람들이 주는 무력감과 질문을 멈추라는 강요에 대한 의분을 삼키며 또다시 질문하고 있다. 이 모든 참사의 진실은 무엇이며, 우리와 사회와 국가는 어떻게 나아갈 것인지 묻고 있다. 이해할 만한 답을 듣기까지 우리는 계속 질문할 것이다.

서울시의회 세월호 기억관에 달린 '기억과 빛' 사인. 서울시와 시의회는 기억관을 다른 곳으로 이전할 것을 요구하고 있다.

남은 자, 세월호의 남은 자들!

-이 땅의 미래를 잉태할 사람들-

이정배

교수, 현장아카데미 원장

지난 8년간 세월호 어머니들의 증언을 어느 설교보다 좋게 들었고 잘 기억하고 있다. 한 분 한 분의 증언이 마음을 후벼 파는 멋진 설교였다. 그렇기에 기회가 있을 때마다 오롯이 어머니들을 뵙고 말씀을 듣고자 예배 현장에 있고자 했다. 나뿐 아니라 많은 이가 그렇겠지만 윤석열 정권의 탄생 이후 몸과 마음을 추스를 수가 없었다. 아니 되는 일이지만 눈과 귀를 닫고 살고 싶었다. 지인 목사님은 지난 대선 이후 35일간 세상과 단절한 채 온종일 책 한 권만 번역했다 한다. 나 역시 긴 시간 동안 TV를 끄고 살았다. 이곳저곳에서 설교를 부탁받았지만 응할 수가 없었다. 내가 말하기보다는 치열하게 살았던 이들로부터 위로의 말씀을 듣고 싶었다. 광화문광장에서의 예배가 마지막이 될 수 있다는 소리도 들렸다. 서울 시장이 바뀌자 전 방위로 압박이 밀어닥치고 있어 걱정이다. 정말 달라진 세상을 여실히 마주하게 된 것이다. 지난 8년의 세월도 모자라 향후 4년 남짓한 세월 동안 유족들이 겪을 고통과 절망, 좌절이 얼마나 클지 가늠할 수조차 없다. 윤석열 정권하에서 '세월호'를 기억하고 추모하는 방식이 많이 달라져야 할 것 같다는 생각을 하게 되었다.

벌써 지난해 일이 되었지만, 이런 정황에서 10.29 이태원 거리에서 159명이 압사당하는 사건이 발생했다. 하늘과 바다도 아니고 늘 사람들이 걸어 다니는 도로 위에서였다. 세월호 참사에 면피만을 일삼던 정부를 향해 "이것이 국가인가?"를 물었던 과거가 소환되었다. 윤석열 정부도 과거를 아주 잘 학습한 듯하다. 세월호 참사로 박근혜 정권이 무너졌던 경험을 아주 잘 기억하고 있었다. 이번에는 책임회피를 넘어 조직적으로 희생자를 은폐·분산시켰고, 유족들을 만날 수 없도록 조치했으며, 시민들의 애도를 방해했다. 이름과 사진, 영정이 없는 공간에서 우리는 더 큰 분노를 배우고 돌아왔다. 10.29 이태원 참사의 진상조사가 '세월호' 때와 판박이처럼 진행되고 있음을 봤기 때문이다. 여야 정치인들은 조사 기간과 증인 선택을 두고 싸우고 있고, 수구 보수 단체들이 자유란 이름으로 유족들을 괴롭히며 설쳐댄다. 정부 관료도 경찰도 수수방관 용산만 바라볼 뿐 해결할 의지가 전혀 없다. 생각건대 더 이상의 촛불혁명을 허용하지 않고자 윤석열 정부가 10.29 참사를 완전히 짓밟으려 작심한 탓이다.

하지만 그들 뜻대로 되지 않을 것이다. '군주민수'(君舟民水), 즉 군주는 배고 백성은 물(바다)이란 말이 있듯이 대통령은 성난 물처럼 요동치는 민심에 뒤집어질 수밖에 없다. 아직 때가 조금 이를 뿐이다. 그렇기에 이 정부는 기득권자들에게 이익을 몰아주며 빈부(노사) 갈등, 세대 갈등, 노노 갈등, 남녀 갈등, 종교 갈등을 더욱 부추길 것이다. 대우 조선 하청 노동자들과 운송노조 파업 사건에 임하는 정부의 태도를 보며 들었던 생각이다. 사적 이익의 극대화를 자유로 착각시켜 사람들을 '구조맹'(構造盲)으로 몰아가는 이 정부의 죄가 크다. 이런 현실에서 10.29 참사에서 보듯 세월호의 고통은 거듭될 수밖에 없다. 창세기 말씀처럼 사람들 눈에서 눈물 나게 하면 하늘이 그 아픔을 대신 갚아줄 것이다. 대지를 적신 의로운 피가 하늘에 호소하는 까닭이다.

처음 세월호 사건이 발생했을 때 우리는 매해 5월, 가슴에 붉은 카네이션 대신 세월호의 노란 리본을 달 것을 선언했다. 그만큼 우리는 세월호로 인해 새로운 삶을 경험했다. 세상이 달리 보였고, 국가가 무엇인지 묻게 되었으며, 교회가 고작 이런 것이었는지 절망에 빠지기도 했다. 국가의 총체적 부실을 여실히 경험했고, 진실을 은폐하는 이들의 권력에 온몸으로 저항했다. 가난을 상실한 대형교회들의 막말로 상처를 입었으나 그런 유족들 '곁'이 되어준 '작은' 교회들로 힘을 얻고 함께 울 수 있었다. 그래서 당시 우리는 스스로 '세월호가 낳은' 자식들이라 여겼다. 수많은 아이를 잃었지만 우리가 그 때문에 다시 태어났다고 고백했던 것이다. 세월호가 아니었더라면 경험할 수 없을 세상을 알게 된 까닭이다. 그럴수록 세월호의 진실을 파헤치는 일에 모든 것을 걸어야 했다. 9주기에 이르는 긴 세월이 지났음에도 이런 열정을 품은 벗들이 곳곳에서 지금껏 활동 중이다. 이런 열정과 공감 탓에 그간 우리들 삶은 고통만이 아니라 희망이기도 했다. 비록 새 정권하에서 과거 사건이 이름만 달리하여 재현되고 있지만, 그래도 미래는 우리들 것이다.

10.29 유족 중에 윤석열 정부 탄생을 지지했던 분들이 많았다. 세월호 고통을 자신들 몫이라 생각하지 않고 살아왔던 결과일 것이다. 그렇기에 이분들의 절규가 예사롭지 않게 들렸다. "2번을 뽑았는데 결과가 이것이냐고, 내 아들(딸)이 어떻게 죽었는지도 알려주질 않느냐고, 도대체 책임질 사람이 이토록 없느냐"고 어머니, 아버지들은 항변했다. 이처럼 10.29 유족들의 한 맺힌 절규는 세월호 어머니들의 고통에 잇대어 우리 역사에 나비효과를 만들어낼 것이다. 옛적 5.18 유족들의 고통이 세월호 가족들에게 축적되어 이 땅의 역사를 바꿨듯이 말이다.

그래도 현실은 여전히 암울하다. 세월호의 7시간을 해명하지 못한 박근혜가 방면되었고, 그 시간을 조작했던 자가 국정원장이 되었으며, 오세훈이 재선하여 세월호 정신을 훼손하고 있다. 나라를 상대로 자기 잇속을 채웠던 이명박도 세상 밖으로 나왔다. "잘못했다"는 말 한마디 없이 앞으로 기도하며 살겠단다. 당시 세월호 참사를 방송으로 조작하고자 했던 청와대 수석들도 이 정부가 모두 사면, 복권시켰다. 약속된 안산 기억공간의 건축을 위해 매달 예배하며 기도해온 우리 계획도 어찌 변경될지 걱정이 많다. 그럴수록 5년 내내 희망고문만 하다 미안하단 말 없이 고향 곁으로 내려간 문재인 대통령이 많이 밉고 분노를 일으킨다. 청와대를 떠나는 이별의 순간, 최소한 "미안하다"는 말이라도 유족들에게 남겼어야 했다. 자기 살길 찾고자 멋진 말만 해대는 전 국정원장 박지원의 말도 가관이었다. "조사할 것 다 했다"는 발언을 유족들에게 대못을 박는 말이었다. 세월호 진실을 찾고자 8년을 거리에서 보낸 유족과 우리의 현실이 이렇듯 절망스럽다. 미래가 잘 보이질 않는다. 향후 4년간 어떤 힘으로 지혜롭게 현실과 맞서야 할지 답이 떠오르지 않는다. 유족들이 마주하기에는 너무나도 가혹한 시간이다. 이사야서를 읽으며 마음을 다잡아 본다.

성경은 우리에게 익숙한 두 개의 핵심단어를 보여준다. "제가 여기 있습니다. 나를 보내소서", "그 땅에서 그루터기가 될 것"이란 말씀이다. 본문을 상세히 주석할 수 없어 유감이나 이 말씀을 이스라엘 사람들이 자신들이 죽게 될 처지를 한탄하는 배경에서 나온 말이다. 그 이유를 앞선 본문에서 이렇게 설명한다. "악한 것을 선하다 하고, 선한 것을 악하다 하는 자들, 어둠을 빛이라 하고 빛을 어둠이라 하며, 쓴 것을 달다 하고 단 것을 쓰다"(사 5:20)고 말하는 위정자들 탓이란 것이다. 온통 거짓이 난무하여 나라 자체가 재앙에 빠질 것을 백성들이 두려워하고 있는 상황이다. 가짜뉴스가 난무하고 법 권력을 갖고 바른 소리 하는 이들을 내치며 진리를 어둠

게 만드는 오늘의 현실이 본문과 중첩되며 윤 정권 임기 내내 우리가 맞닥뜨릴 세상이란 생각이 들었다. 바로 이런 상황에서 예언자 이사야는 자신을 그들, 위정자들에게 "보내달라"고 하늘에 청원했다. 이스라엘의 재앙을 막기 위해 거짓과 거짓을 말하는 자들 앞에 나서보겠다는 것이다. 하지만 하늘의 소리는 그의 기대와는 전혀 달랐다. 그들 마음을 둔한 상태로, 지금껏 하던 그대로 내버려 두라는 것이었다. 그들이 더욱 자신들 귀를 막고 눈을 감도록 하여 듣지도 보지도 못하도록 내버려 두라 했다. 위기를 전혀 알아챌 수 없도록, 깨닫지 못하도록, 둔한 상태로 방치하라는 말씀이다. 하나님은 오히려 그들이 선불리 고침을 받고 깨닫게 될 것을 걱정하고 염려하셨다.

의외의 답을 들은 이사야는 거듭 묻는다. 언제까지 그들을 그렇게 둘 작정이신지 말이다. 하늘의 답변이 무섭게 들려왔다. "성읍들이 황폐해질 때까지, 사람이 없어 빈집이 될 때까지, 자연이 황무지가 될 때까지…이곳 땅이 온통 버려질 때까지" 그리할 것이라 말씀하신다. 하늘은 진실을 거짓으로 호도하고 거짓을 진실로 둔갑시킨 위정자들과 그들에게 동조했던 백성들에게 고통을 주겠다고 했다. 한마디로 이런 위정자들의 다스림(정치 행위) 자체를 부정하고 있다. 설령 그들 탓에 더 많은 백성이 고통당할지라도 참고 견뎌내시겠다 한다. 새로운 세상을 위해 하나님도 인내하겠으니 우리도 조금 더 참아낼 것을 요구하셨다. 윤석열 정권하에서 우리가 사는 법을 여기서 찾을 수 있겠다. 당신들 백성조차 벌하시는 하나님의 모진 인내를 배우면서 말이다.

우리 힘으로 이들의 거짓을 밝힐 수 없다. 법까지 독점한 이들의 힘을 이길 능력이 우리에게 없다. 많은 이들이 저항하며 그들과 각을 세우겠지만 섣부른 해결도 얻지 못할 것 같다. 주지하듯 그들은 5.18 추모식에 대거 참석했고 "임을 위한 행진곡"을 따라 불렀다. 그러나 교과서에서는 그 흔적을 지워 버렸다. 북의 만행에 대해 전쟁 불사를 외치며 더 크게 보복하겠다는 만용도 부렸다. 미국과 공조하고, 핵무기를 사용하겠다는 말도 외신이 전한 상태다. 유사시 일본 군대가 이 땅에 발을 들여놓을 수 있는 계기도 만들어놓았다. 우크라이나 전쟁 이후 중국과 러시아와의 관계 복원도 쉽지 않을 전망이다. 더욱이 코로나 사태로 3고(高) 시대에 이른 지금 걱정스러운 기업과 가정이 적지 않을 텐데, 여전히 대기업 위주의 정책을 고집하고 있다. 아무리 진실을 말해도 언론은 보도하지 않는다. 오로지 법을 앞세워 정권 유지에 걸림돌이 되는 것을 치우고자 할 뿐이다.

안타깝지만 눈감고 귀 닫은 채, 법을 멋대로 운용하는 그들 정치를 좀 더 지켜보아야 할 것 같다. 하나님의 계획과 인내를 믿으면서 말이다. 10.29 유족들이 그랬듯이 더 많은 백성 또한 위정자를 잘못 선택한 대가가 얼마나 혹독한지를 처절하게 느껴야만 할 것이다. 향후 우리는 민영화를 통한 경제, 정치, 환경, 의료, 교육, 노동 현실의 몰락을 너무도 아프게 경험할 것이다. 부패한 정권일수록 민영화를 주창한다는 촘스키의 말이 우리들의 현실이 될 것이다. 평화헌법을 부정하며 한반도에 발 딛고자 하는 일본의 야욕도 5년 이내에 실감하게 될 것이다. 무엇보다 대통령을 비롯한 정권에 몸 담고 있는 각료들의 법 우선주의 가치관이 두렵다. 앞으로 세월호 유족들은 물론 10.29 희생자 가족들 역시 지금보다 더 많이 조롱당할 것이다.

하지만 하늘은 '세월호의 자녀'들을 이 땅의 '남은 자'로 세웠고 택했다. 세월호가 낳은 자녀들이 아직도 곳곳에 살아 있다. 붉은 카네이션을 가슴에 달지 못하고 노란 세월호 배지를 품고 사는 이들이 적지 않다. 고통당하는 피조물들이 하나님 아들들의 출현을 기다리듯(롬 8:19) 이 나라가 '세월호' 자녀들을 이 땅의 미래를 위해 불러낼 것이라 생각한다. 나무가 통째로 잘렸더라도 그루터기, 밑동마저 죽는 법은 없다. 예나 지금이나 하늘은 새로운 세상, 미래를 위해 씨앗을 남겨두기 때문이다. '석과불식'(碩果不食)이란 말이 바로 그것이다. 이 그루터기에서, 남겨진 씨앗에서 새싹이 돋아나 이전과는 다른 생명을 잉태할 것이다. 그렇기에 앞으로 4년 남짓한 세월 동안 새로운 것들을 더 많이 배우고 공부하여 자기 것으로 만드는 지난한 과정을 살아내자. '세월호'의 진실을 밝히는 문제로 시작했으나 우리는 나라를 근본에서부터 바로 세우는 과제를 걸머진 존재가 되었다. 예전보다 더 자주 힘껏 만나야겠다. 이제는 곳곳에서 함께 책을 읽고 공부하고 토론하며 새 세상을 준비하는 모임이 만들어질 때다. 거듭 말하지만 우리 '세월호' 가족은 미래를 위해 남겨진 씨앗들이다. 죽은 듯 보이지만 새 생명을 잉태할 힘을 하늘은 우리에게 주었다. 말라 죽지 않도록 온도와 습도를 맞춰가며 우리의 생명력을 키워나가자. 이런 그루터기 신앙만이 10.29 유족들을 품고 위로할 수 있는 자산이라 생각한다.

시편에서도 위로받지 못하는 사람들

박득훈

2017년 여름에 은퇴한 후, 문막 새동네교회 마을 공동체에서 살고 있다.
성서한국 사회선교사다.

"4.16 세월호 참사 가족과 함께하는 성탄예배"를 준비하면서 무슨 말씀을 주제로 삼을까 고민했습니다. 그 말씀을 찾는 게 마치 드넓은 모래사장에서 작은 바늘 하나를 찾아내는 것처럼 힘들었습니다. 요즘은 시편 말씀도 위로가 되지 않더라고요. 그래서 이번 성탄예배 때는 설교자를 모시지 않기로 했습니다. 세월호 희생자 304명의 이름을 부르고 그들의 삶의 이야기를 기억하기로 했습니다. 예수님의 이름처럼 희생자들의 이름에 담긴 뜻과 힘을 믿기 때문입니다.

세월호 참사 유족인 예은 어머니(박은희 전도사님)가 하신 말씀을 생각나는 대로 요약해보았다. 지난 2022년 12월 15일 밤 세월호 기억공간 앞에서 열린 "세월호 참사 진상규명을 위한 그리스도인 월례기도회" 때 하신 말씀이다. 그때 나는 세월호 참사 후 8년여를 돌아보며 소회를 나누는 글을 써달라는 부탁을 받은 상태였다. 그렇지 않아도 무슨 말을 써야 하나, 막막했는데 예은 어머님의 말씀을 듣다 보니 앞이 더욱 캄캄해졌다. 시편 저자와는 비교도 안 되는 한낱 은퇴 목사인 주제에 무슨 글을 쓴다는 게 세월호 유족들에게 위로가 되기는커녕 오히려 상처와 실망이 되면 어떻게 하지 두려웠다. 하지만 끙끙대다 이렇게 글을 쓰고 있다. 침묵해서 실망시켜드릴 바에야 욕을 먹는 한이 있더라도 마음을 다해 무슨 글이라도 쓰는 편이 차라리 낫겠다 싶어서다.

세월호 참사 희생자 이름에 담긴 뜻과 힘

2022년 "4.16 세월호 참사 가족과 함께하는 성탄예배"에 아내와 함께 참여했다. 세월호 참사 희생자 304명 그리고 이태원 참사 희생자 159명 중 이름 공개 동의를 받은 79명의 이름을 모두 불렀다. 낭독자들을 따라 단원고 2학년 아이들의 이름들 그리고 그들의 삶을 기억하고 그리워하는 짧은 글들을 눈으로 하나하나 짚어 갈 땐, 8년 전의 슬픔과 고통, 절절한 그리움이 다시 생생하게 사무쳐왔다. 눈물 젖은 그 한 시간이 어떻게 흘러가는지 알 수 없었다. '아, 우린 아직 치유받지 못했구나', '유족들은 아직도 사랑하는 자녀들을 차마 가슴에 묻을 수 없겠구나' 하는 생각들이 가슴에 박혔다.

그 예배 때 창현 어머니 최순화 님이 말씀하신 것처럼, 예수님이 이름에 걸맞은 삶으로 인류를 선하게 이끌어 오고 있듯, 희생자 아이들은 자신들의 이름을 통해 참사 이전과 이후는 달라져야 한다고 우리를 각성시키고 있음을 깨달았다. 세월호 참사 후 8년이 지났지만 지금 우리는 억울하게 죽임 당한 그들을 더욱 똑똑히 기억해야 한다. 10.29 이태원 참사는 우리가 그들을 잊을 때 어떤 비극이 우리에게 다시 닥쳐오는지를 명백히 보여주었다.

그러나 너무나 많은 국민이 이제는 세월호 참사를 잊어야 한다고 생각하고 있다. 2022년 초반으로 기억한다. 지하철에서 어떤 어르신이 나를 한참 노려보다 내가 내리려고 하자, 나를 붙잡곤 내 가슴에 있던 세월호 배지를 가리키며 이게 뭐냐며 성을 냈다. 한 판 싸우고 싶었다. 하지만 차마 그럴 수가 없어 뿌리치고 내렸다. 그는 틀림없이 진실이 밝혀질 만큼 밝혀졌고, 책임자 처벌도 이루어질 만큼 이루어졌다고 믿고 있었을 것이다. 사악하고 간교한 지배 권력과 주류 언론의 승리다. 그들은 지금쯤 얼마나 좋아하고 있을까?

아직도 밝혀지지 않은 것이 너무나 많다. 이는 세월호 참사와 관련한 그 많은 복잡하고 전문적인 용어들이나 지식이 없어도 확인할 수 있다. 보편적인 상식과 양심만 있으면 된다. 참사 첫날 밤 아직 골든타임이 남아 있을 때 바다는 고요한데, 왜 아무도 구조작업을 하지 않았을까? 유족들이 힘들게 배를 타고 가 그 현장을 찍은 영상을 나는 도저히 잊을 수가 없다. 왜 당시 지배 권력은 철저한 조사와 수사를 그렇게 집요하게 방해한 것일까? 생생한 증거들이 대부분 사라지고 대다수 국민이 피로감을 느낄 때까지 시간을 질질 끌다, 조사와 수사를 할 만큼 했다고 우겨대는 그 사악함을 어떻게 용서할 수 있을까? 왜 최고 권력자들은 책임을 회피하고 말단 꼬리 자르기에 급급했을까? 무엇보다도 세월호를 인양하는 데 왜 3년이나 걸렸을까? 유족의 동의를 얻어 수색을 중단하기로 결정한 2014년 11월 11일부터 계산한다 해도 무려 2년 4개월이 걸렸다. 그렇게 오랜 시간이 걸렸지만 허점투성이 인양이었다. 대한민국의 국력을 생각할 때 도무지 이해가 되질 않는다. 그런데 진실이 인양되었다고? 책임자 처벌이 이뤄졌다고? 세월호 참사 희생자들은 자신들의 고통스럽고 슬픈 이름을 통해 우리에게 단호하게 "아니요!"라고 외치고 있다.

돌이켜 보면 헌법재판소의 박근혜 탄핵 사유에도 세월호 참사에 대한 책임이 포함되지 않았다. 세월호 참사가 그의 탄핵을 요구하는 촛불집회를 촉발했지만, 막상 그의 탄핵은 그 책임과는 무관했다. 심지어 문재인 정권하에서도 별 진전이 없었다. 진실규명과 책임자 처벌이 왜 이렇게 힘들까? 그건 틀림없이 여야를 막론하고 거대한 지배동맹세력이 연루되어 있기 때문이다. 그러니 우리는 다시 주먹을 불끈 쥐고 힘차게 일어서야 한다. 아무리 먼 길이라도 희생자들의 이름이 주는 힘으로 끝까지 가야 한다.

세월호 유족의 신앙을 통해 받은 은혜

세월호 참사 이후 8년 동안 세월호 유족들과 함께할 수 있었던 것은 세월호 유족의 신앙을 통해 받은 은혜가 참 컸기 때문이다. 세월호 참사 후 얼마 안 된 어느 월례 예배 자리에서 박은희 전도사님이 고통스러운 고백을 했다. 자신이 섬기는 교회 행사에서 아이들에게 바울의 믿음과 기지로 함께 배를 타고 가던 276명 전원이 유라굴로 광풍에서 살아남은 성경 이야기를 가르쳐야 했던 것이다(행 27장). 도무지 무슨 말씀을 해야 할지 몰라 너무 고통스러웠다는 말씀을 나누었다. 그 순간이 지금도 기억에 생생하다. 그런 고통과 혼란스러움 속에서도 하나님을 기어이 붙드는 그의 신앙에서 어찌 깊은 감동과 은혜를 받지 않을 수 있겠는가?

2022년 중반으로 기억한다. 그는 또 다른 기도회 자리에서 예수님이 귀신 들린 아이를 고쳐주시는 사건을 읽으면서 곤혹스러웠던 점을 나누어주었다. 특히 마가복음 9:23-24이 불편했다.

예수께서 그에게 말씀하셨다. "'할 수 있으면'이 무슨 말이냐? 믿는 사람에게는 모든 일이 가능하다." 그 아이 아버지는 큰소리로 외쳐 말했다. "내가 믿습니다. 믿음 없는 나를 도와주십시오."

세월호 참사 당시 몇몇 아이들이 그렇게 살려달라고 간절히 기도했는데, 그 기도는 무위로 돌아가지 않았는가? 그런데 예수님은 어떻게 이렇게 말씀하실 수 있을까? 그는 그 아버지처럼 예수님께 응답할 수 없었다. 근데 찬찬히 생각해보니 아버지의 말이 이렇게 들렸단다. "못 믿겠습니다. 하지만 믿습니다." 못 믿겠지만 그래도 예수님의 말씀을 믿지 않으면 죽을 것 같았기 때문이라고 한다. 그 처절한 신앙을 내가 어떻게 따라갈 수 있을까?

어느 글에 보니 박은희 전도사님은 창현 어머니 최순화 님을 좋아하고 사랑하는 '언니'라고 불렀다. 다윗과 요나단의 우애처럼 느껴졌다. 최순화 님에게서도 같은 결과 깊이를 지닌 신앙이 주는 울림을 경험하곤 한다. 그가 세월호 3주년 음악회 당시 드린 대표기도가 너무나 솔직하고 용감하고 은혜롭다.

창조주이시며 전능자라고 불리는 당신께 기도드리는 거 쉽지 않습니다. 3년 전 우리 아이들의 살려달라는 마지막 기도를 외면했으니까요. 당신께 등 돌리고 살고 싶었습니다. 그런데 어디를 가든 당신이 계시더군요.

그는 이어서 이름도 얼굴도 몰랐던 분들이 "눈물 가득 고인 눈으로 다가와서 안아주며 같이 울어주는 따뜻함에서 당신을 느낄 수 있었습니다"라고 고백한다. 그러면서도 이렇게 하나님께 묻는다.

그때 우리 아이들이 살려달라고 당신께 기도할 때 그 기도 좀 들어주시지, 왜 우리 아이들이 없어진 지금 모르는 사람들을 통해 당신을 드러내시나요?

그 질문에 대한 답을 얻지 못한 채, 그 기도문에도 있듯이 "낮은 곳으로, 가장 낮은 곳으로 임하시는 당신의 임재와 사랑을 기다리는" 창현 어머니의 신앙을 옆에서 바라보노라면 말로 표현할 수 없는 은혜를 입는다. 그러니까 그동안 세월호 유족들과 함께하는 예배에 참여하면서 내가 세월호 유족을 위로한 게 아니었던 것이다. 오히려 내가 하나님을 가깝게 만나 그분의 음성을 생생하게 듣는 놀라운 축복을 누린 셈이다. 그들을 통해 나는 억울한 자들의 고통 소리를 들으시고, 그들의 슬픔을 보시고, 온몸으로 알고, 가슴에 새겨서 마침내 해방시켜 새로운 세상으로 이끄시는 해방자 야웨 하나님을 더욱 굳게 붙들 수 있었다.

416생명안전공원 성탄예배에서 참석자들은 이태원 참사 유가족에게 전할 위로의 메시지들을 카드에 적어 전달했다.

고통받은 사람들이 역사의 주체

그동안 진실규명과 책임자 처벌 그리고 안전사회 확립을 위한 운동에 앞장서는 유족을 대할 때마다 늘 송구스러웠다. '우리 그리스도인과 시민들이 먼저 나서야 하는데' 하는 생각 때문이다. 그러나

"2022년 12월 14일 10.29 이태원 참사 그리스도인 추모기도회"를 위한 말씀을 부탁받고 준비하는 가운데 한 가지 깨달은 바가 있다. 그런 생각도 교만일 수 있겠다는 점이다. 말로 표현할 수 없는 슬픔과 고통 그리고 억울함을 직접 겪은 유족들보다 우리가 어떻게 더 큰 목소리를 내고 운동을 끈질기게 더 잘할 수 있겠는가? 가장 큰 아픔을 겪은 사람들이야말로 역사의 주체로 우뚝 설 수 있다. 그 밖의 사람들이 할 바는 그들 곁에 바짝 다가가 지지·응원하고 후원함으로써 굳게 연대하는 것이다. 그들이 거대하고 불의한 지배세력에 맞서 싸우다 지독한 외로움에 지쳐 쓰러지지 않도록 말이다.

새로운 미래를 내다보고 기다리며 긴 싸움에 나선 역사의 주체들과 그 응원자들에겐 놀라운 축복이 임한다. 그건 그 어둡고 절망적인 시대에도 불구하고 메시아를 기다리며 의롭게 살았던 시므온이 경험한 바를 오늘 누릴 수 있다는 것이다. 시므온이 아기 예수를 메시아로 알아보고 그를 자기 팔에 안고 하나님을 찬양하는 모습을 보고 요셉과 마리아는 매우 놀랐다. 완전히 낯선 노인이 여느 신생아와 전혀 다를 바 없는 아기 예수를, 온 인류에게 빛을 던져 주고 이스라엘에게 영광을 가져다줄 구원자요, 메시아로 어떻게 한눈에 알아볼 수 있었는지 너무 신기했기 때문이다. 그게 바로 의롭게 행동하면서 기다리는 사람에게 주어지는 성령의 은총이다.

오늘도 의로운 기다림의 길을 걸어가는 이들은 동일한 축복을 누릴 수 있다. 이들은 성령님의 도우심으로 세상은 결코 볼 수 없는 것을 본다. 역사 속에 임하는 예수님을 영적 가슴으로 포옹해보고, 하나님 나라의 작지만 너무나 아름답고 강력한 숨결을 온몸으로 경험하며 전율한다. 스데반이 순교 직전 성령 충만하여 눈을 하늘로 향하자 하나님의 영광과 하나님 오른쪽에 서 계신 예수 그리스도를 본 것처럼 말이다. 사실 우린 이미 그런 은혜를 누렸기에 오늘 여기까지 올 수 있었다. 그리고 오늘 다시 먼 길을 용감하게 나설 수 있다. 하여 내가 좋아하는 시 한편으로 글을 맺고자 한다. 윤후명의 "사랑의 길"(『새는 산과 바다를 이끌고』, 은행나무)이다.

먼 길을 가야만 한다.
말하자면 어젯밤에도
은하수를 건너온 것이다.
갈 길은 늘 아득하다.
몸에 별똥별을 맞으며 우주를 건너야 한다.
그게 사랑이다.
언젠가 사라질 때까지
그게 사랑이다.

사랑은 진리와 함께 기뻐합니다

조선재

416생명안전공원 예배팀이다.
'청일시' 회원으로 3년간 문재인 정부에
세월호 진상규명 완수를 촉구한 청와대 1인 시위자다.

안산 정부합동분향소 기독교 부스에서는 매주 교회들이 방문해 함께 예배를 드렸는데 예배 때마다 말씀을 전해준 목사님도, 성경 본문도 달랐다. 그중 선한 사마리아인 이야기가 가장 많았다. 세월호 희생자들과 유가족들이 강도 만났다는 것, 그래서 그들에게는 선한 사마리아인이 필요하다는 것이었다. 다른 건 몰라도 강도 만난 것은 분명했다. 많은 교회가 그들에게 선한 사마리아인이 되어주고자 분향소와 생명안전공원 예배를 찾았고 지금도 여전히 연대하고 있다. 9년을 그리 해왔으니 그 사랑과 성실함에 절로 고개가 숙여진다.

그러나 내게는 고난받는 이들의 좋은 이웃이 되어주는 것이 최우선 순위는 아니었다. 세월호 가족들의 고난 속에는 이 사회와 국가의 거짓과 불의가 자리하고 있음을 보았기에 보고도 못 본 체할 수 없었던 것이 지금까지 함께하게 된 더 큰 동기였다. 세월호 사건

속의 수많은 거짓과 왜곡된 사실들을 바로잡는 것이야말로 세월호 희생자들과 그 가족들에게 선한 사마리아인이 되는 길이라고 생각한다.

보통의 사람들은 어떤 사안을 대할 때 그것이 참이냐 거짓이냐보다는 나에게 유리하냐 불리하냐의 관점으로 접근할 때가 많다. 그리스도인이라고 크게 다르지 않다. 모두 '참은 선, 거짓은 악'이 아니라 '이익은 선, 불이익은 악'이라는 뇌구조를 가지고 산다. 한국 기독교도 지금껏 그렇게 가르쳐왔다. 아니라고 부인하겠지만 자세히 들여다보면 그래왔다. 예수님과 성경이 '참'이기 때문에 믿는 다기보다는 예수 믿는 것이 나와 내 가정에 축복을 가져다준다는 기복적 사고방식으로 신앙생활 해온 지 오래다. 이러한 사고방식으로는 세월호 참사의 고난이 설명이 안 된다. "주일예배 잘 드리고 성가대, 주일학교, 새벽기도까지 열심으로 교회 봉사하며 하나님을 섬겼는데 내 아이가 세월호에서 비극적으로 생을 마감하다니요? 하나님 어떻게 제게 이러실 수 있습니까? 배신도 이런 배신이 어디 있습니까? 교회에서 하라는 대로 충성하고 헌신했는데 축복은커녕 이런 저주를 내리십니까?" 세월호는 한국교회의 축복 공식으로는 해답을 구할 수 없는, 한국교회의 축복 공식 자체가 엉터리임을 입증하는 시금석이 되었다. 한국의 많은 교회는 참과 진리, 거짓과 악에는 관심이 없으면서 오로지 예수 축복이란 사탕발림으로 영업해온 종교기업에 불과하다.

성경은 "예수 믿으면 축복받는다" 하지 않고 "예수가 참 하나님이고, 참 진리고, 참 메시아다"라고 말한다. 창세기 에덴동산에서부터 요한계시록까지 성경은 온통 참과 거짓의 싸움 얘기다. 성경의 진의를 알고자 하는 마음이 조금이라도 있다면 이 사실을 모를 수 없다. 인간은 하나님의 형상대로 참되게 창조되었지만 거짓의 꾀임에 넘어가 참의 원형을 잃어버렸고 결국 끝없는 참과 거짓의 싸움터에 내던져진다. 거짓이 권세를 가지고 지배하는 세상에 거짓이 하나도 없는 하나님 아들이 오신 것은 참으로만 가득했던 에덴동산의 아담을 회복하기 위함이다. 그래서 예수님은 친히 두 번째 아담이 되어 잠자는 자들의 첫 열매가 되셨다. 거짓이 없는 참된 사람이자 하나님 말이다. 예수님이 스스로를 '진리'라고 소개하는 이유도 여기에 있다.

나는 신학자도 목사도 아닌 안산의 어느 작은 교회의 집사다. 신학적 배경지식도 짧은 사람이 참, 거짓을 거듭 언급한 것은 거창한 담론을 말하고자 함이 아니라 기독교의 본질이 처음부터 끝까지 진짜와 가짜의 싸움임을 말하고자 함이다. 갈멜산에서 엘리야와 바알 선지자들이 싸웠던 것처럼 여호와 하나님이 진짜인지 바알이 진짜인지 확인해보자는 것이다. 싸움의 모양만 다를 뿐 성경은 죄다 그 얘기다. 무엇이 순도 100% 진실이고, 무엇이 껍데기만 그럴싸한 가짜인가? 따져보고 실험해봐서 하나님이 우주를 창조한 알파이시고, 그 우주를 운행하고 계시며, 마지막 마침표를 찍으실 오

메가라는 진실(진리)을 깨달아 알라는 것이다. 그러므로 참으로만 똘똘 뭉친 하나님을 믿는 그리스도인들이 진실을 사랑하고 거짓을 미워하는 것은 지극히 당연하다. 성도라면 거짓에 대해 결벽증이 있어야 한다. 거짓은 그 모양이라도 버려야 한다. 바로 그 거짓으로 인한 죄 때문에 인류에 죽음이 시작되었고 그 거짓과 죄를 해결하기 위해 하나님의 아들이 오셔서 십자가에 죽어야 했기 때문이다. 모든 죄는 필연 거짓의 DNA를 가지고 있다.

그러나 예나 지금이나 사람들은 참과 거짓에 그리 민감하지 않다. 거짓의 유전자를 가지고 태어난 죄인들이기 때문에 이상한 일도 아니다. 그러나 예수 그리스도를 믿어 거듭난 사람이라면 거짓에 둔감할 수 없다. 내 안에 거하시는 진리의 영이신 성령 하나님은 거짓을 용납하는 분이 아니다. 재물과 하나님 두 주인을 겸하여 섬길 수 없듯 거짓과 참은 공존이 불가하다. 빛과 어두움이 사귈 수 없는 것처럼 말이다.

참 그리스도인이라면 자신의 삶뿐 아니라 대한민국이라는 공동체 안에 있는 거짓되고 불의한 일들에 대해서도 입을 열어 비판해야 마땅하다. 세월호도 예외일 수는 없다. "세월호 진상(진실) 규명!" 지난 9년간 유가족과 시민들이 가장 많이 듣고 외친 일곱 자다. 세월호의 거짓과 참을 명명백백하게 가려내라는 것이다. 아직도 세월호 사건에는 참과 거짓이 혼재되어 있다. 9년이 되도록 정부는 세월호의 시시비비를 제대로 가리지 못했다. "공식적인 국가 차원의 결론이 없다"는 것이 현재까지의 결론이다.

침몰 원인, 모른다. 304명을 죽음에 이르게 한 구조 실패에 대해 책임진 사람들, 없다. 선장과 선원들만이 약간의 형을 치른 것이 전부다. 박근혜 정부, 문재인 정부 8년간 진상규명을 했는데도 손에 쥔 진실은 없다. 문재인 정부에서도 찾지 못한 진실을 윤석열 정부에 기대할 수는 없는 노릇이다. 윤석열 대통령은 문재인 정부의 검찰총장이었고, 세월호 전면재수사의 최고 사령탑이었다. 이 사실 하나만 봐도 무슨 말이 더 필요하겠는가? 문재인 정부의 윤석열 검찰총장은 가해자들에게 '무혐의' 면죄부를 남발했다. 문재인 정부는 입으로만 세월호 진상규명을 했다.

문재인 정부는 수도 없이 '완전한' 진상규명을 약속하고 천명했다. 그러나 문재인 정권 5년의 세월호 성적표는 '완전한' 실패였다. 9년이 되도록 침몰 원인조차 모르는 '완전한' 진상규명이란 있을 수 없다. 문재인 정부의 세월호 성적표를 받아든 이들은 결국 세월호 유가족이다. 낙제점 성적표를 보는 가족들의 마음은 참담하기 그지없다. 아이들의 억울함을 풀어주겠다는 일념으로 거리에서 진실규명을 외쳐온 가족들은 한없이 답답하고 무력할 따름이다.

세월호의 진상규명은 이렇게 미완의 상태로 마무리되는 걸까? 풀리지 않는 미스터리로 또 하나의 과거사가 되는 걸까? 작금의 상황을 그리스도인들은 어떻게 이해하고 행동해야 할까?

세월호의 참과 거짓 외에 한 가지 더 말씀드리고 싶은 것이 있다.

그것은 세월호 가족들에게 진 빚에 관한 것이다. 10년 가까이 세월호 가족들 곁을 지키는 시민들을 관찰하다 보니 공통분모를 가진 몇 개의 그룹으로 자연스레 분류가 되었다. 그중 한 그룹은 바로 '빚진 마음'을 가진 사람들의 집합이다. '부채의식'이 강한 시민들이 끝까지 선한 사마리아인으로 남았다. 실제로 4월 16일 직전에 세월호를 타고 제주 수학여행을 다녀온 아이들의 부모님과 세월호 참사 직후에 세월호를 타기로 예정되어 있던 학교의 부모님들 이야기를 여러 차례 들었다. 불과 하루 이틀, 한두 주 차이로 그 배를 탔거나 탈 예정이었던 부모들의 이야기는 같았다. 내 아이가 죽을 수도 있었다는 것이다. 내 아이의 사진이 단원고 아이들 영정사진 자리에, 내가 세월호 엄마, 아빠의 위치에 있을 수도 있었는데 그야말로 백지장 한 장 차이로 지옥에서 벗어났으니 그들에게 세월호는 결코 남의 일일 수 없었다. "내 아이 대신에 단원고 아이들이 죽은 것 같아 한없이 미안하고 빚진 마음"이라는 어느 엄마의 발언을 기억한다.

참사 초에는 자식을 가진 대한민국 모든 엄마 아빠가 그 빚의 무게를 느꼈다. 그러나 시간이 흐를수록 그 무게는 점점 가벼워져 '0'으로 수렴되고 있다. 복잡하고 분주한 삶 속에서 세월호만 기억하며 살 수는 없으니 자연스러운 현상이다. 그럼에도 불구하고 여전히 참사 초와 비슷한 빚의 무게를 느끼며 세월호 가족들 곁을 지키는 이들이 있고 그들 중 그리스도인들이 많아 얼마나 위로가 되는

지 모른다. 지금까지 세월호에 목소리를 내는 이들은 하나같이 이 일을 '남 일'이 아닌 '내 일'로 인식하고 있다는 공통점이 있다. 이 일이 세월호 가족에게 갚아야 할 빚이기에 시간을 들여, 재능을 기부하며 그 빚을 조금씩 조금씩 상환하고 있는 것이다.

성경에도 '사랑의 빚' 얘기가 나온다. 사람들의 죗값을 변제하기 위해 대신 죽은 예수님께 진 빚 말이다. 대속의 죽음으로 하나님은 죄의 비용을 지불하고 우리를 '샀다' 한다. 그러니 우리는 그 큰 사랑과 은혜의 수혜자요 동시에 채무자다. 사랑의 빚을 지긴 했는데 그 액수가 너무도 천문학적이어서 갚을 엄두도 나지 않는다. 채권자인 하나님이 빚 갚아라, 독촉하지도 않고, 이자도 1원 한 장 안 붙지만 그래도 빚진 자의 채무의식이 있다면 갚으려 하는 것이 인지상정일 것이다. 그 빚의 유일한 상환 창구는 내 이웃이다. 하나님은 당신께 진 빚을 이웃에게 갚게 함으로써 오늘도 또 다른 사랑의 채무자들을 만들고 계신다.

십자가에 일부러 죽으러 오신 예수님의 죽음과, 살고 싶었지만 억울하게 죽은 세월호 승객들의 죽음을 비교하고 싶진 않다. 다만 그리스도인이라면 두 죽음 모두에 빚진 마음을 가져야 한다는 것이다. 우리 사회가 세월호 가족에게 진 빚은 여전히 우리 앞에 남아 있다. "잊지 않겠습니다"라는 말은 이자 정도나 갚는 것이다. 원금을 상환해야 빚의 총량이 줄어든다. 세월호의 거짓된 것들에 빛을 비추어 진실이 온 천하에 드러날 때 그제야 비로소 빚에서 자유로

워지는 희년이 올 것이다.

기독교는 사랑의 종교인 동시에 '공의'의 종교이기도 하다. 이는 전적으로 사랑의 하나님이 공의의 하나님이기 때문이다. "사랑은 불의(거짓)를 기뻐하지 아니하고 진리(참)와 함께 기뻐합니다"(고전 13:6). 이 둘은 상호 필요충분조건이다. 거룩하게 구별됨 없이 거짓에 찌들어 살며 누릴 수 있는 하나님의 사랑과 은혜란 존재하지 않는다. 그런 저렴한 은혜는 빛의 천사를 가장한 거짓된 영으로부터 오는 것이다. 위로부터 오는 신령한 은혜는 반드시 사랑과 공의를 동반할 수밖에 없다.

세월호 사건은 대한민국의 수치스러운 역사가 되었다. 부끄럽고 창피하다고 아무런 결론도 없이 방치한다면 그것은 더더욱 창피한 2차 치욕이 될 것이다. 독일과 일본 두 나라 모두 패전국이지만 전후 두 가해국의 태도는 정반대였다. 독일은 진정한 반성과 행동으로 칭송을 받지만, 일본은 자신들의 흑역사를 왜곡 미화함으로 비난을 받는다. 두 나라 중 역사를 통해 진정한 교훈을 얻은 나라는 하나뿐이다. 마찬가지로 세월호라는 대한민국의 흑역사를 직시하지 않는다면 우리는 독일이 아닌 일본의 길을 걷는 것이다. 우리가 그토록 미워하고 비난하는 일본의 길 말이다. 일본이란 나라에는 소망이 없다. 우리가 일본의 전철을 밟아서야 되겠는가?

시간이 마냥 있는 것이 아니다. 세월호 진상규명의 골든타임은 이미 문재인 정부가 허비했다. 촛불정부를 자임했던 문재인 정부

5년은 진상규명을 오히려 더 어렵게 만들었다. 역사의 아이러니가 아닐 수 없다. 정말 특별한 도움이 필요하다. 거짓을 용납하지 않으시는 하나님으로부터의 신령한 도움 말이다. 나는 긴 시간 동안 세월호 가족 곁에 함께해온 "길가는 밴드"의 노래 가사에 나오는 "빛이 안 보일 때도 기적은 우릴 기다려"라는 대목을 좋아한다. 정말 우리에겐 기적이 필요하다.

세월호를 기억하는 이유

김희헌

향린교회를 섬기며,
한국민중신학회에서 활동하고 있다.

참사 후 9년간 유족들을 통해서 나는 인간이 겪을 수 있는 모든 고통을 보았다. 할 수 있는 모든 투쟁도 보았다. 하지만 그 고통의 깊이와 투쟁의 넓이로도 다하지 못한 진실의 과제가 여전히 많이 남아 있기에 마음이 무겁다. 말문을 열기에 앞서 먼저 그들을 위해 기도드린다. 진실을 향해 맨발의 여행을 해온 이들의 외침을 기억하며, 자신이 겪은 절망의 깊이보다 더 크게 살아온 보랏빛 사랑에 감사한다. 어쩌면 지금은 길었던 지난 투쟁이 새겨놓은 고통의 무늬를 헤아리며 잠시 쉬는 때인지도 모르겠다. 하지만 그들의 존재는 이미 우리 사회의 선물이 되었다. 그렇게 우리 세계는 자기 존재로서 남을 초대하는 아름다움을 아직 잃지 않았음을 확인한다.

이 길은 아직 끝난 게 아니라고

나의 고민은 많은 이들이 이미 말한 것인지 모른다. 참사 후 거대하게 일어난 그 겨울의 촛불혁명, 그 사회적 도약에는 어떤 부름에 응답하려는 갈망이 있었으며, 그것은 개인적인 욕망에 빠져들어 가는 것과는 다른 관심, 이웃의 아픔이 일종의 부름(calling)이 되어 자신을 해방하는 경험에 관한 것이었는데, 그 열기가 식어버린 시대를 지나는 쓸쓸함인지도 모른다. 그건 단지 촛불정권을 자처한 이들에 대한 규탄이나, 극악하게 조롱을 일삼던 이들로 인한 환멸로는 설명할 수 없는 외로움과 그리움이다. 그것 역시 해결되지 않은 물음이다. 어떤 투쟁을 더 해야 진상규명을 할 수 있을까? 모든 진실을 밝힐 때까지 우리는 믿음을 지킬 수 있을까?

예전에는 미래를 희망으로 그렸지만, 지금은 불안이 앞선다. 세계가 찢기고 갈라져 있기 때문이다. 곳곳에서 반동적인 포퓰리즘이 준동하는 현실은 위태롭기만 하고, 민주주의와 정의에 대한 신뢰는 희미해지는 듯하다. 균열의 골이 커진 세계에서 합리적 대화나 도덕적 명령은 존중받지 못하고, 마치 기존의 질서를 경멸하듯 허무주의적 반란이 감행되기도 한다. 사회적 고통을 적대의식으로 표출하는 잠식된 영혼의 몸부림처럼.

극단적 경쟁에 내몰린 사람들은 타자의 불행이 자신에게는 찾아오지 않기를 비는 두려움에 잠기고, 자기 존재가 삭제될지 모른다는 불안에 시달린다. 그렇게 생긴 생각과 행동 사이의 틈바구니에는 소박한 희망만이 아니라 분노와 허영, 복수심마저 자리 잡는 듯하다. 배타적 정치가 마력을 발휘하는 곳에는 혐오가 열정이 되며, 적대가 사명이 된 오인된 좌표가 길을 잃은 시대처럼 무성하다. 그것이 두려움을 떨쳐낼 빠른 길이라는 환상이 유포된다. 이미 지친 삶에 더는 복잡한 노동을 요구하지 않고 손쉬운 확신에 이르게 할 수 있다는 악마의 유혹처럼.

문제는 그 뒤에 내려앉은 무관심이다. 마치 전쟁 상태를 지속하는 세계를 사는 사람들의 생존 기술처럼 무관심이 번진다. 상시적 불안을 떨치기 위해 폭력에 둔감해지는 방식을 선택하는 것처럼, 불편한 양심은 손쉽게 순응의 길을 걸어간다. 욕망이 신이 된 건 아닐까 하는 오래된 의심마저 낡아져 버린 곳에는 이웃의 부름, 그 속에 깃든 신의 부름도 사라진 것처럼 느껴진다.

여기에 세월호를 기억하는 이유, 아니 세월호가 마음속에 살아남아준 고마운 이유가 있을 것이다. 처음에는 그 무엇으로도 보상받을 수 없는 비극을 경험한 사람들에게서 전해진 충격에 몸을 떨며 함께했다. 그리고 긴 시간이 흘렀지만, 여전히 마음속에 되뇐다. 이 길은 아직 끝난 게 아니라고. 아직 푸른 꿈을 안고 거룩한 생명을 지어가는 살아남은 자들이 있다고.

언어의 공백을 채우는 연대

자신을 되돌아보면 연민이 때로는 자족에 머문 이기적 감정에서 멀지 않다는 것을 느낀다. 비극을 경험한 사람의 고통을 상상하는 것과 그 불행에 빠지지 않았다는 안도감 사이에서 연민이 파편처럼 부서지는 것도 경험한다. 타인을 향한 자신의 선행에 관한 느낌이 얼마나 쉽게 무책임으로 추락하는지, 타인의 고통에 대해 잘못하지 않았음을 증명하려는 알리바이가 얼마나 쉽게 솟아나는지를 느끼며 부끄러운 늪에 빠지기도 한다. 하지만 신 앞에서 죄책감을 고백하는 방식으로 우리의 연대를 모독하고 싶지는 않다. 인간의 삶에는 늘 공백이 있고 그 속에 이는 각양의 소용돌이는 우리가 아직 갈 길이 먼 존재라는 사실을 확인하게 하며, 그 시간을 거치며 우리도 다시 태어날 테니까.

참사 생존자와 유족들이 겪은 비극에 대한 연대에는 소중한 무엇이 있었다고 본다. 만일 고통을 당한 사람이 겪는 어려움이 그 고통을 설명할 언어가 없는 것이라면, 그것은 단지 자신의 고통을 기술할 언어가 부족한 무언(無言)의 문제라기보다는 할 말을 잃은 실어(失語)에 가까울 것이다. 행복했던 과거로부터 단절된 고통만이 아니라 끊임없이 피해자다움을 입증해보라는 사회적 시선으로부터 버림받은 고립감에 실어증이 들 때, 연대는 그 언어 부재의 공백을 자기 존재로 채우는 기적의 몸짓이 된다. 그것이 질곡의 사회를 가능성의 세계로 밀어낸다.

참사가 나고 긴 투쟁의 시간을 지나면서 경험한 사회적 잔인함은 생존자와 유족을 조롱하던 폭식 투쟁의 무리에게만 나타난 증상이 아니었다. 어쩌면 불안한 사회의 불길한 관찰, 너의 고통이 진실이라면 계속해서 몸부림쳐 보라고, 인생이 끝난 것처럼 살아야 그 진실을 믿을 수 있을 것 아니냐고 여기는 관찰 사회로의 회귀가 더 끔찍했다. 이때 사회적 연대는 유족들의 위로였을 뿐만 아니라, 고통과 신음에 응답하는 행위의 지속만이 인간의 세계를 지탱하는 근거가 된다는 오래된 지혜를 알려준다. 그것이 인류가 맞은 오늘의 위기, 자연에 대한 약탈, 여성에 대한 남성의 억압, 노동에 대한 자본의 착취, 소수자에 대한 차별과 배제를 극복하는 일과 무관하지 않을 것이다.

교회의 추락과 신의 꿈

한국교회가 세월호 참사에 대처하는 과정에서 추락을 가속화한 것은 불행한 일이다. 역사 속의 종교는 선일 수도 있고 악일 수도 있다. 하지만 비극의 고통을 이념적 대결로 몰고 가기 위해 종교 교리를 사용한 것은 위험한 망상이었다. 일부 목사들의 계속된 폭언만이 아니라 야만적 정신의 마지막 피난처 노릇을 하듯 대다수 교회의 침묵은 종교의 병폐가 되고 말았다. 약자를 짓밟고 희생자를 모욕하는 신학에 순종하는 교회, 운 좋은 자들을 위한 교리에 만족하는 종교는 일시적 순간은 모면하겠지만, 길게 보면 이성이 해체하기에 앞서 스스로 자멸의 길을 걸어간다.

우리 사회는 이미 오래전부터 교회의 분주함과 성실함이 무엇을 위한 것이었는지 의구심을 품어왔다. 특히 신 없이도 가능한 무신론적 삶을 넓혀온 근대 세계에서 교회의 교리는 지도력을 잃어왔다. 교회만의 문제라고 할 수 없을지도 모른다. 인간이 맞은 위기에 대해서 신의 기적적인 개입을 통해 해결할 수 있다고 믿는 유신론이든, 그런 일은 절대 없다고 보는 무신론이든 간에, 삶을 스스로 건사해야 한다는 뼈저린 개인주의로 얼룩진 자본주의 문명을 구해내는 일에는 무력했으니까.

종교란 무엇일까? 인간의 종교적 갈망은 신(神)에 관한 어줍은 사색이 아니라, 가시적 세계의 힘의 논리 너머로 나아갈 수 있는 영적 동력을 소환하려는 갈망에 가까울 것이다. 그것은 고통과 가난 속에 있는 사람에게 주목하는 신학의 특징이기도 하다. 페루의 신학자 구띠에레즈는 신학의 사명을 주로 '가난'에 관한 성찰에서 찾았다. 그가 말한 '가난'의 의미는 종속, 부채, 상실, 무명, 모욕, 수치 등을 망라하는 고통이다. 그는 종교가 빈번하게 겪는 영적 위험은 바로 그 고통에 대한 망각이라고 말한다. 그 위험을 이기는 방법은 가난한 이들을 만나는 것이요, 그들이 당하는 고통 속에서 신의 꿈을 발견하는 상상력만이 인간을 성숙하게 이끌 것이다.

십자가에 매달려 죽는 아들을 본 신의 심정을 감히 헤아려본다. 그가 만일 창조주라면, 그의 창조는 비통한 기억 하나 없는 천진난

만한 행위이거나 고난의 흔적 하나 없는 절대 힘의 자기표출은 아닐 것이다. 세월호 참사를 겪고 난 신학적 씨름이 그것을 더욱 뚜렷하게 해주었다. 과정신학이 오래전 가르쳐 준 교훈처럼, 신은 탄식하는 이들과 함께하는 '고난의 동반자'(fellow-sufferer)요, 절망하는 세계를 부르짖으며 깨우는 우주의 시인(Poet)이라고 말이다.

세상에 일어나는 모든 창조가 이 '부르짖음'에서 비롯된다고 말한 한 소설가의 고백이 새롭다. 니코스 카잔차키스는 자신의 지적 여행을 그린 소설에서 "거대한 호흡"(gigantic breath), "위대한 함성"(great cry)이라는 어휘로 신을 소개한다. "하늘과 땅을 휩쓸며 불어오는 거대한 호흡, 우리들의 마음과 모든 살아 있는 것들의 심장에서 일어나는 위대한 함성, 우리는 그것을 가리켜 신이라고 말한다"(Report to Greco, 291). 그 거룩한 호흡에 참여하고, 그 위대한 함성을 듣는다면, 생명의 도약이 다시 일어날지도 모른다. 그렇다 하더라도 믿음의 사람은 여전히 괴로움을 겪을 수밖에 없을 것이다. 차라리 그 믿음이 없다면 겪지 않을 시련까지 더해서 말이다.

고난 속의 믿음

고난 속의 믿음을 잘 보여주는 이야기가 욥기에 나온다. 주인공 욥은 악마의 장난이라고 할 수밖에 없는 재난을 차례로 당하며 재산과 자식을 모두 잃는다. 아내는 그가 여전히 지키고 있는 믿음을 비난하였고, 위로하기 위해 방문한 친구들은 빗나간 언어로 그의 비극을 설명하며 그를 흔들어놓는다. "욥, 너는 지금 모든 걸 잃었지만, 나중에는 크게 되찾게 될 거야." "아니, 네가 이런 고통을 겪는 것은 감추어진 너의 죄 때문일 테니, 무슨 죄를 지었는지 되돌아보고 회개해!" "아니, 인생이란 어차피 알 수 없는 일로 가득 찬 것이니 무언가 답을 얻으려는 부질없는 노력은 그만두라고."

이런 친구들의 설명은 욥의 고통과 믿음에 대한 해명이라기보다는 그가 겪고 있는 현실의 거대한 장벽에 관한 상징이었다. 욥은 자신이 겪는 고통에 참 의미를 줄 수 있는 길을 찾지만, 현실의 장벽은 더욱 그를 괴로움에 빠뜨리며 탄식하게 만든다. "아, 누가 있어 내가 하는 말을 듣고 기억하여 주었으면! 누가 있어 내가 하는 말을 비망록에 기록하여 주었으면! 누가 있어 내가 한 말이 영원히 남도록 강철 펜으로 바위에 새겨주었으면!"(욥 19:23-24) 욥의 이 탄식은 눈물겨운 투쟁을 하는 모든 고통의 사람들의 심정을 대변한다.

욥은 자신을 둘러싼 세계 전체가 "네 고통의 현실 자체가 신의 형벌"이라고 비난할 때, 아직 동터오지 않은 시대를 향해 가고 있는 자기 믿음을 선언한다. "나는 확신한다. 내 구원자가 살아 계신다. 나를 돌보시는 그가 땅 위에 우뚝 서실 날이 반드시 오고야 말 것이다. 내 살갗이 다 무너져내려도, 난 내 육체를 갖고 하나님을 볼 것이다. 나는 내 눈으로, 다른 누구도 아닌, 하나님을 보고야 말 것이다!"(욥 19:25-27) 이 말에는 동정을 구걸하는 기미가 없다. 오히려 고통을 무기로 삼고 새 삶을 살고자 하는 믿음의 마음을 보여준다.

'욥기'의 가르침은 바로 여기에 있다. 그 책은 주인공이 다시 부자가 되었다는 이야기를 마지막에 붙임으로써 신학적 문제를 해결했다기보다는, 자신의 고통을 안고 믿음의 싸움을 포기하지 않은 곳에 새 삶의 길이 있음을 알림으로써 그 가르침을 완성하고 있다. 세월호의 진실을 밝히려는 믿음의 싸움도 이와 다르지 않다. 그 싸움은 절망 속에 써나가는 우리 시대 믿음의 기록이기 때문이다.

우리가 경험한 거짓의 수명은 생각보다 길다. 그것은 단지 거짓이 필요한 사람들의 힘이 강하기 때문만은 아닐 것이다. 적의 사멸이 곧 진실의 귀환은 아니다. 우리 삶은 대부분 모호함 속에 있고, 거기서 완벽한 식별이라는 것은 불가능하며, 올바른 길을 보장해주는 절대 지침은 없다. 신이라 할지라도 아직 오지 않은 미래를 향해 가는 길이 예정되어 있지는 않을 것이다. 살아 있는 삶이란 진선미의 절대 의미가 박제처럼 보관된 곳이 아니라, 성(聖)과 속(俗)을 다 품은 생사(生死)가 서로 얽혀 혼돈과 생성의 춤을 추는 곳이다. 세월호의 진실을 밝히는 싸움도 그날 그 바다에서 일어난 사태에 국한된 내용만이 아니라 우리 사회가 나아가야 할 더 참된 길에 관한 싸움이기도 하다.

어둠이 짙다고 해도 현실의 비밀스러운 가능성을 품은 믿음을 버려서는 안 된다. 세월호는 참사의 고통으로 시작되었지만, 이제는 우리 사회에 심어진 믿음의 기억이 되었다. 긴 투쟁의 시간을 지나오며 남긴 고통과 눈물은 새로운 시대로 나아가는 믿음의 징검

다리가 되었다. 그것이 이 어두운 시대에 세월호를 기억하는 이유다. 여전히 앞으로 걸어갈 것을 다짐하는 그 애타는 믿음의 사람들에게 머리를 숙인다.

부활 이후, 목숨을 건 추락[1]

이은선

한국信연구소 소장, 횡성과 서울을 오가며
세월호 가족들께 항상 미안한 마음으로 살고 있다.

예수께서 가까이 와서, 빵을 들어서 그들에게 주시고, 또 생선도 주셨
다. 예수께서 죽은 사람들 가운데서 살아나신 뒤에 제자들에게 자기
를 나타내신 것은, 이번이 세 번째였다. 그들이 아침을 먹은 뒤에, 예
수께서 시몬 베드로에게 물으셨다. "요한의 아들 시몬아, 네가 이 사

---

1 이 글은 2018년 4월 12일(목) 세월호 4주기를 맞아서 광화문 4.16 광장에서 드렸던
기억 예배의 설교문이다. 2023년 새해를 맞아 10.29 이태원 참사를 겪고 있는 상황
에서 다시 가져와 새롭게 살폈다. 이 글에서 우리가 문재인 정부를 세웠던 '촛불혁
명'을 세월호 참사라는 죽음에서 부활한 새 부활의 경험이라고 말했지만, 그 '촛불혁
명'도 지나간 시간이 되어서 2023년 오늘 윤석열 정부 아래서 우리의 부활에 대한 믿
음은 다시 흔들린다. 하지만 이러한 부활 이해에 이어서 '부활의 평범성'과 '명멸하
는 부활'을 말하면서 이제 우리 삶에서 '부활의 복수성(複數性)'과 '보편성'을 말해
야 하는 시간으로 들어섰다고 할 수 있다. 부활 이후 다시 목숨을 건 추락이란 한 번
의 부활로 모든 것이 이루어지는 것이 아니라 '명멸하는 부활', 우리가 다시 추락해
서 다시 부활을 소망하는 삶으로 우리의 믿음(信)의 삶을 지속하는 것이다. 그것이
우리의 소명이고, 세월호 유족과 그 곁의 친구들이 지금까지 수행하고 있는 일이다.
우리의 삶과 죽음, 부활이 더욱 인간다워지기를 간절히 소망하면서, 과거 한 시점에
서 세월호 가족들과 더불어 생각했던 부활 이야기를 여기 내놓는다.

람들보다 나를 더 사랑하느냐?" 베드로가 대답하였다. "주님, 그렇습니다. 내가 주님을 사랑하는 줄을 주께서 아십니다." 예수께서 그에게 "내 어린 양을 먹여라" 하고 말씀하셨다.…그때에 베드로는 예수께서 "네가 나를 사랑하느냐?" 하고 세 번이나 물으시므로, 불안해서 "주님, 주께서는 모든 것을 아십니다. 그러므로 내가 주님을 사랑하는 줄을 주께서 아십니다" 하고 대답하였다. 예수께서 그에게 말씀하셨다. "내 양을 먹여라. 내가 진정으로 진정으로 네게 말한다. 네가 젊어서는 스스로 띠를 띠고 네가 가고 싶은 곳을 다녔으나, 네가 늙어서는 남들이 너의 팔을 벌릴 것이고, 너를 묶어서 네가 바라지 않는 곳으로 끌고 갈 것이다"(요 21:13-18).

교회의 부활절과 4.16은 서로 앞서거니 뒤서거니 하면서 항상 같이 온다. 그래서 사람들은 세월호와 더불어 부활에 대해서 많이 이야기한다. 2014년의 세월호에 이어서 2022년 10.29 이태원 참사를 겪은 오늘, 다시 선택한 성경 텍스트도 부활과 관련한 이야기다. 요한복음 마지막 장의 부활하신 예수의 현현 이야기이고, 특히 베드로와 관련한 것이다. 하지만 이번에 집중해보고 싶은 주제는 부활 자체에 관한 것이라기보다는 부활을 경험한 이후의 삶에 대한 것이다.

한국 교회와 사회는 지난 세월호의 일을 겪으면서 이미 한편으로 깊은 부활의 체험을 통과했다. 그것은 지금까지의 통상적인 부활 이야기에서는 그렇게 자주 거론되진 않지만, 오늘의 신학 언어로 '사회적 부활' 또는 '공적 부활'이라고 할 수 있다. 즉 세월호 참사가 일어난 이후 한국 사회와 교회가 그 참사와 더불어 뼛속까지 경험한 비참과 고통, 거기서의 몸부림을 통해서 큰 변환과 전환을 겪은 것을 말한다. 우리가 보통 '촛불혁명'이라고 칭하지만, 이 촛불혁명이야말로 세월호가 촉발시킨 우리 사회와 공적 영역에서의 소중한 부활이었고, 거기서의 보통 사람들과 특히 유족들의 변화와 달라짐은 우리가 '부활'이라는 말 외에는 다른 말로 서술하기 어려운 근본적인 전환과 비약이었다. 한국 사회의 변방이라면 변방이라고 할 수 있는 외진 곳의 보통 사람들이, 특히 그때까지 공적 삶의 경험이 거의 없던 여성들과 엄마들이 중심이 되어서, 막강한 권력을 지닌 국가와 교회와 권위를 뿌리에서부터 흔드는 정의와 진리, 신앙의 전사로 거듭났다. 그것을 어떻게 한국 사회와 교회가 진정으로 경험한 부활의 실제라고 하지 않을 수 있겠는가?

물론 아직도 세월호의 진실은 밝혀진 것이 거의 없다. 더군다나 2022년 말미에 한국 사회는 다시 159명의 젊은 생명을 앗아간 10.29 이태원 참사를 겪었다. 이번에도 어떻게든 진실을 감추려 하고, 참사 유족들에 대한 비방과 왜곡이 여전히 넘치는 것을 들어서 다르게 이야기할 수도 있겠다. 한국 사회는 이명박·박근혜 정부를 넘어, 문재인 정부를 세웠으나 큰 실망과 좌절을 남긴 채 마무리되었고, 다시 오늘의 윤석열 정부에 이르렀다. 그 모든 일을 겪으면서 유족들은 저항적 삶의 중심으로 거듭났고, 공적 물음의 주체와 주관자가 되어서 각종 활동을 펼치며 세월호를 현대 한국의 삶을 앞뒤로 가르는 중요한 좌표가 되도록 했음은 부인할 수 없는 사실이다. 그것은 분명 우리가 경험한 소중한 부활의 실재이고 체험이다.

그러나 오늘 더 집중하고 싶은 물음은 그 이후의 일에 관한 것이다. 위에서 읽은 신약성경 텍스트에 따르면 부활해서 현현하신 예수는 베드로에게 나타나시어 정말로 나를 사랑하느냐고 세 번씩이나 연거푸 물으신다. 그러면서 만약 네가 그러하다면 이제는 "내 양을 치라"고 하신다. 그리고 "네가 젊어서는 스스로 띠를 띠고 네가 가고 싶은 곳을 다녔으나, 늙어서는 남들이 너의 팔을 벌릴 것이고, 너를 묶어서 네가 바라지 않는 곳으로 끌고 갈 것"이라고 예고하신다. 즉 부활을 경험한 베드로가 그 이후 살아갈 삶은 결코 어떤 영광이나 정의, 평화의 삶이 아니다. 오히려 그 반대로 거기서부터 더욱 멀어진 삶, 고통이나 고난이 없는 자유로운 삶이 아니라 그와는 달리 극도의 부자유와 비주체와 목숨까지도 내놓아야 하는 끝없는 나락의 삶이다. 다시 이야기하면, 그것은 오히려 '목숨을 건 추락'의 일이라고 할 수 있다. 부활이란 보통 말하듯이 '목숨을 건 비약'이 아니라 오히려 '추락'으로 나아가는 길이다.

그동안 세월호 참사의 주기가 더해지면서 그 진실을 밝히려는 고된 과정에서 한껏 드러난 세상의 온갖 불의와 싸우면서 한국 사회와 특히 유족들은 일종의 주체 됨을 경험했다. 변방의 목소리가 경청되는 경험과 스스로의 힘으로 싸워서 세상이 조금씩 변화해가는 것을 보면서 나름의 자존감과 자신감도 회복했다. 그렇게 부활의 실재를 경험한 것이다. 하지만 그러한 부활의 경험조차도 힘을 잃을 수 있다. 세월호의 아픔으로 세워진 문재인 정부에서도 진실 규명의 외침이 외면당했다. 점점 더 크게 들려오는 전방위적인 사실의 조작(fake)과 날조 앞에서, 그리고 그러한 진실의 왜곡과 더불어 내부에서도 들려오는 함께해온 사람들 간의 불신과 상호비난, 다툼의 소리 앞에서 부활의 경험은 힘을 잃고 만다. 특히 앞으로 긴 날을 살아갈 희생자들의 젊은 형제와 자매 유족들이 겪는 비방과 진실 왜곡의 소리는 이들을 다시 절망과 무력함의 나락으로 떨어뜨린다.

세월호뿐 아니라 점점 더 세게 우리 사회를 무차별적으로 강타하고 있는 사실 날조와 거짓의 죽임 앞에서 우리가 무엇을 할 수 있을지 묻지 않을 수 없다. 오늘날 한국교회는 페이크 뉴스의 진원지이고, 기득권의 선봉에 서 있다. 종교와 교회가 '믿음'(信)과 '진실'(복음)을 자신의 일로 삼아야 하나 현실은 그 반대다. 이러한 아이러니 속에서 세월호 물음과 관련해서도 그렇고 오늘 우리 공동체적 삶을 그 근본에서부터 말라 죽게 하는 이 사물의 왜곡을 어떻게 할 것인지, 어디에서 그 극복의 돌파구를 찾을 수 있는지, 성경은 무엇이라고 말하는지를 묻고자 한다.

오늘 성경의 이야기는 우리의 부활 경험 이후에 오히려 '목숨을 건 추락'을 요청하는 말씀이다. 이제 부활을 경험하고서 하나의 '주체'로 선 내가 기대할 일이란 나의 주체를 더욱 공고히 하는 것이 아니라 오히려 포기하는 것이다. 가고 싶은 데로 가는 것이 아니라 사람들이 묶어서 끌고 가는 데로 가면서 팔을 벌리는 일도 마다하지 않으며 자기를 버리는 '비주체'(無我)의 사람이 되라는 것이다. 이는 철저히 자신을 내려놓는 삶을 말한다. 스스로를 제로로 만들면서 주체가 아니라 오히려 배경이 되는 일을 요청하신 것이다.

여기서 바로 그러한 일을 요구하는 이유는 그렇게 주체와 자아가 죽고, 나의 사적 감정에 고삐가 물리고, 개인적인 욕구와 이해타산의 추구가 그칠 때 '사실'과 '진실'과 '세상'과 '객관'이 더욱 온전하고 뚜렷하게 살아날 수 있기 때문이다. 나와 자아의 욕구와 욕심에 의해서 훼손되고 왜곡되었던 '사실적 진리'가 치유되고 밝혀지면서 다시 그것이 우리 행위의 참된 근거가 될 수 있기 때문이다. 인간의 삶이란 말과 행위, 약속과 용서의 '믿음'(信)의 일로 가능해진다. 그러므로 만약 그 인간적인 행위의 기초가 되는 사물과 사실의 세계가 소름 끼치는 동요(動搖) 속으로 전락하게 되면 우리 삶은 지속될 수 없고 유지되기 어렵다. 베드로가 부활의 주님을 만나고 복음의 그루터기가 된 근거는 바로 그렇게 자아를 버리는 목숨을 건 추락을 통해서 스스로 세상의 사물이 되었고, 복음의 진실을 위한 반석이 되었기 때문이다. 그래서 주님은 베드로에게 네가 만일 진정으로 나를 사랑한다면 너를 제로로 만들어 돌처럼 되어야 한다고 청하신다. 긴 세월의 풍상과 부침에도 쉽게 흐트러지지 않는 돌과 같이 너를 제로로 만드는 일을 통해서 '사실'과 '진실'을 간직하고 보존하고, 이어주면서 세상과 그 앙을 위한 '토대'(그루터기)가 되라고 하신다.

오늘 우리는 진리가 수천 가지의 모습으로 패러디될 수 있고, 무한한 활동의 장을 가질 수 있는 '포스트 진리'(post-truth)의 시대를 살고 있다. 그러므로 진리를 단지 한두 번의 말로만 가르고, 스스로를 그 진리와 진실의 담지자로 내세우는 방식을 통해서는 시대의 진정한 동참을 얻어내기 어렵다. 우리가 자긍심의 기초로 삼아왔던 진리와 진실은 거기서 더 나아가서 우리 자신의 제로 됨을 요청한다. 그렇지 않고서는 그 진실이 온전히 드러나지 못하고, 그렇게 될 때 우리 자신도 자칫 투명하지 못한 거짓과 위선과 교만의 다툼에 빠지게 된다. 그래서 오늘 우리의 시대는 참으로 두려운 시대이고, 전전긍긍(戰戰兢兢)하지 않을 수 없는 시대이며, 온 마음과 정성과 뜻을 다하여서 사물과 사실의 각개(各個)를 더욱 분명히 알아가도록 겸허해져야 하는 시대다. 또한 때를 맞추어 '물러나는 것'(退)을 귀하게 여겨야 하는 시대이기도 하다.

이렇게 우리가 '사실' 앞에 겸허히 자신을 내어놓고, 그것을 우리 욕망과 권력으로 덧칠하는 것이 아니라 온전히 그 '존재 자체'(thereness)로 드러나도록 하는 일, 그래서 그것의 진실이 우리 삶의 진실한 그루터기가 되도록 하는 일, 그것을 베드로가 요청받았고, 베드로는 그 일을 이루어냈으며, 그래서 교회의 반석이 되었고, 오늘의 우리도 그 덕택에 복음을 얻게 된 것이다.

진리는 수천 가지의 모습을 할 수 있다. 사실을 진리로 증거하는 일도 인간이 하기 때문이다. 또한 "사실적 진리는, 만약 그것이 특정 집단의 이득이나 쾌락에 반하는 경우라면, 다른 어느 때보다도 더 심한 냉대를 받기" 때문이다. 그러므로 사실을 진실로 기억하고, 말로 전하고, 행위와 열매로 증거 해내는 것은 참으로 귀한 인간적 일이다. 그 일을 계속할 수 있는 사람은 비록 소수이지만, 그 일을 하는 사람이 없이는 사회가 지속할 수 없고, 바로 설 수 없다. 오늘 우리 시대는 어느 때보다도 그 일을 더욱 절실히 필요로 하고, 인간보다도 사물과 세계의 소외가 더욱 심각하다. 우리가 당면해 있는 현실은 현재를 넘어서 과거까지 온통 사악한 의도로 손을 대서 우리 생명의 미래를 통째로 앗아가려는 악의 평범성이 판치는 세상이다. 그래서 우리는 돌과 같은 지속성으로 자기 비움과 추락의 부활을 통해서 생명과 삶의 영속성을 이어나가도록 요청받고 있다. 그것이 세상과 삶의 '신뢰의 그루터기'가 되는 일이다. 나는 오늘 세월호의 진실과 부활이 바로 이 지경까지 나아갈 것을 기대하고, 그것이 또다시 지속적으로 드리는 예배의 참 의미라고 생각한다.

그러나 우리 삶의 그루터기가 되는 일이 최종적으로는 우리 자신에게만 달린 것은 아니다. 만약 그 일이 오직 우리에게만 달려 있다고 한다면 그것은 너무도 지난해질 것이고, 거기서 우리는 다시 의지(意)의 폭군이 되기 쉽다. 그래서 마지막의 언어로 고백하기를, 우리의 진리 파지(把持)는 목숨을 건 추락으로 나아가는 것이지만, 동시에 그 사실적 진리 안에 선험적으로 놓여 있는 '진리의 선험성' 덕분이고, 그런 의미에서 그것은 하나의 '기적'이다. "진리는 그 자체 안에 강제의 요소를 가지고 있다"는 말이 그에 대한 한 믿음의 표현이라고 할 수 있다. 이렇듯 진리가 수천 가지의 인간적 의견과 억견으로 왜곡되고 조작되고 흔들려도 진리는 그 자체 안에 스스로 강제의 요소를 가지고 있어서 그 완고성과 견고성에 있어서 어떠한 권력보다 우수하고, 사람들로 하여금 그것을 알아보게 한다. 그래서 그 진리를 외면하고 보지 않고 택하지 않고는 사람들의 마음이 편할 수 없고, 삶이 즐거울 수 없다. 그렇게 날조와 왜곡과 폭력을 통해서라도 취하고자 하는 행복과 쾌락도 헛것임을 알아보게 하는 눈과 마음이 있다. 이것을 나는 '진리의 선험성'이라고 부르고 싶고, 그것이 하늘이 우리에게 내려주신 선험적 은총이라고 부르고 싶다.

이 진리의 선험성에 대한 믿음이 부활에 대한 우리의 원초적인 믿음일 것이다. 그러한 믿음을 다시 동아시아적인 언어로 "인간의 본성은 선하다"라는 말로써 '聖(善)의 평범성'을 지시한다고도 생각해본다. 동아시아 유교 전통에서 후세의 증언가들은 맹자의 가장 위대한 행위로 "모든 사람은 선하다"는 그의 말을 꼽았다. 그것은 그가 살았던 전국(戰國)시대의 비참뿐 아니라 그 이후의 시간 속에서도 이 언술에 의지해서 시대의 어떠한 비참과 폭력에도 굴하지 않으며, 삶과 생명에 대한 기본적인 방향타를 잃지 않고 헤쳐나올 수 있도록 했기 때문이다. 동서의 두 신앙의 전통을 모두 가지고 있는 한국 사회와 교회는 오늘 이 말로 다 할 수 없는 세월호의 비극에도 불구하고 그것을 넘어서 다시 인간 삶을 위한 새로운 그루터기로 거듭날 수 있을 것이라 믿는다. 우리에게 남겨진 일은 이제 우리 각자가 어떻게 세월호의 진실과 사실 앞에서 스스로를 비울 것인지, 그것이 비록 한없는 추락이 된다고 하더라도 어떻게 그 일에 용기를 내어서 함께 참된 부활의 증거자가 될 것인지를 묻는 것이다. 2014년 세월호와 2022년 이태원 참사 앞에서 스스로가 돌이 되는 것이 무슨 의미인지, 돌은 비록 죽은 것 같고, '사실'은 아무것도 말하고 있는 것 같지 않지만, 그들은 죽은 것이 아니고 소리가 없는 것이 아니다. 다음의 시가 그것을 우리에게 잘 가르쳐준다. 이 사실과 진실에 대한 선한 믿음(信)이 우리의 그루터기와 인도자가 된다.

사실(事實) II

아무리 부정하고 부정해도
그것이 사실이니 좋습니다.

어떤 증거를 하나라도

세울 수 없어도

그것이 사실이니 좋습니다.

모든 사람이 부정하고

부정해도

그것이 사실이니

좋습니다.

모든 사람이 부정할 뿐 아니라

모든 사람들이 그 사실을 잊어버렸어도

그것이 사실이니

좋습니다.

내가 그 사실을

잊었을 뿐 아니라

나도 내가 한 일을

모른다고 할지라도

그것이 사실이니

좋습니다.

좋습니다.

좋습니다.

그것이 사실이니

좋습니다.

남이 몰라도

좋습니다.

그것이 사실이니

좋습니다.

좋습니다.

좋습니다.

그것이 사실이니

좋습니다.

내가 잊어버렸어도

그것이 사실이니

좋습니다. (1968년)

　_이신,『李信詩集 돌의 소리』(이경 엮음, 동연, 2012), 59-61.

하나님은 잔인하고 정의롭다

김미경

세월호를 기억하는 토론토 사람들 회원,
토론토 생태희망연대 운영위원,
캐나다 토론토에 사는 이주노동자.

"당신은 그리스도인입니까?"라는 질문을 받았을 때 거침없이 "예"라고 대답하던 시절이 있었다. 어린 시절 나는 교회에서 대부분 시간을 보냈다. 신앙생활을 잘하려고 애썼고, 성경을 잘 외웠으며, 성경퀴즈대회에서 문제를 잘 맞췄다. 40대 초반에 장로가 된 아버지가 무척 자랑스러웠다. 내가 고등학생이 되던 해 사업보다 교회와 기독교 학교 재단 운영에 더욱 관심이 많았던 아버지의 사업이 망하고 갑자기 가난해졌지만 아무렇지 않았다. 나의 재물은 천국에 쌓여 있을 거니까.

대학교에 입학하던 1986년은 민주화운동이 치열하게 불타오르던 시절이었다. 친구들이 운동권 학생이 될 때 나는 기독청년운동에 뛰어들었다. '독재타도' 대신 '하나님의 심판'이라는 구호를 써서 전단지와 플래카드를 만들고 집회에 나가서 최루탄을 맞았다. 6월항쟁이 끝나고 기독청년회관에 모여 있던 운동권 사람들이 각

부문 운동을 찾아 떠났을 때 나는 기독청년운동에 남아 『정의, 평화, 창조질서의 보전』(대한기독교서회, 1989)을 나의 신앙고백으로 받아들였다. 그때 나는 세계 기독교 공동체의 행동에 참여하는 일원이 되고자 했다. 사회생활을 시작한 곳은 청주YWCA다. 어떤 이들은 자유분방한 내 성격과 안 맞는다고 했고, 어떤 이들은 "딱 네 자리"라고 했다. 잘했든 못했든 20년이 조금 못 되는 시간을 밤낮없이 그곳에서 일하면서 40대를 맞았고, 환경, 여성, 청소년, 문화, 지방자치 등 무수한 이슈들을 기독교 운동으로 대응하면서 살았다.

캐나다로 이주한 후 몇 군데 교회를 들락날락하다가 마침내 교회 가기를 멈췄다. 자존감이 바닥을 치고 분노와 원망으로 가득 차 도저히 사람들을 쳐다볼 수가 없었다. 결국 교회를 떠났을 때 나는 그리스도인이기를 포기했을까? 아니다. 오히려 진정한 그리스도인이 되기 위해 교회를 떠난다는 날 선 결단이 내게 있었다. 세월호 참사가 터지고 이곳 캐나다 토론토에서도 뭔가 해보자는 움직임이 일어날 때 나는 몇몇 친구들과 양로원에 봉사활동을 나가고 있었다. 은혜양로원의 운영자인 오 목사님은 세월호 참사를 지켜보며 가슴을 치며 아파했다. 양로원 사람들과 함께 나는 "세월호를 기억하는 토론토 사람들"로 연결되었다. 그때부터 지금까지 오래도록 함께 활동해오고 있으니 그들과 나는 신앙이 이어준 동지들이라 할 수 있다. 이렇게 장황하게 설명할 만큼 평생 그리스도인인 내가 왜 "당신은 그리스도인입니까?"라는 질문 앞에 대답을 머뭇거리게 되는 것일까?

그것은 내가 아직도 기독교 신앙이 말하는 죽음을 이해하지 못하기 때문이다. 성경이 표현하는 천국을 믿을 수가 없다. 예수님의 고난과 죽음, 이해할 수 없는 욥의 고난, 자식의 목숨을 제물로 바칠 결단을 하는 아브라함이 이상하기만 하다. 세월호 참사로 자녀를 잃은 부모의 애타는 모습을 볼 때, 이태원 참사로 목숨을 잃은 젊디 젊은 이들을 볼 때, 광주에서 제주에서 전 세계 곳곳에서 총칼에 쓰러져가는 사람들을 볼 때 나는 하나님의 뜻을 생각할 수 없다. 거기서 하나님의 뜻을 헤아리는 것조차 너무 버겁고 미안해 도저히 해서는 안 되는 일인 것 같다. 동물들은 또 어떤가. 환경 파괴와 기후변화로 인해 죽어가는 생명들과 살처분되는 닭과 가축들의 죽음에 대해 기독교 신앙은 뭐라고 말하고 있는가. 천국이 있다면 그들에게도 자리를 내어줄지 의문이 든다.

죽음을 구체적으로 생각하게 된 건 아버지가 돌아가셨던 10여 년 전이다. 아버지는 암으로 1년이 채 못 되는 기간을 투병하다가 돌아가셨는데 죽음을 앞두고 천국과 영생에 대한 해석이 달라졌다. "내가 죽으면 어디 멀리 있는 천국에 가는 게 아닌 것 같다. 영생을 얻는다는 게 몸이 살아 있고 어떤 형상을 가지고 있는 것은 아니지 않냐. 그렇다면 그냥 자연의 일부인 나무도 되고 흙도 되어 어딘가 너희와 멀지 않은 곳에 있을 것 같다"라는 말씀이었다. 신앙심 깊은 막냇동생은 아버지가 몸이 아프셔서 이상한 소리를 하신다며 화를 냈지만 내게는 평생 교회에서 들었던 죄지으면 지옥 가고 잘 믿으면 천당 간다는 천국론보다 더 믿음이 가는 해석이었다.

코로나19 전염병으로 온 세상에 죽음의 그림자가 덮쳤던 그해 나는 세상에서 가장 소중한 사람을 잃었다. 넋을 잃고 울며불며 몇 달을 보냈다. 죽음과 삶이 혼돈되었고, 현실과 죽음 이후의 세상이 혼재되었으며, 절망과 삶의 의지가 수시로 교차했다. 잃었지만 잃지 않은 것이었고, 따라가고 싶지만 따라갈 수 없는 곳이었으며, 늘 곁에 있지만 만질 수 없는 상실이었다. 그렇게 오락가락하는 시간 동안 깨달은 것은 아직 죽지 않은 우리는 변한다는 것이다. 죽음을 맞이한 사람은 거기에 멈춰서 우리를 보고 있다. 그러나 우리는 거기에 있을 수가 없다. 우리가 그 사진 앞에 계속 머물러 있게 놔두질 않는다. 상실과 함께 살아가는 일은 새로운 세상이 열렸다는 점에서는 천국이라고도 할 수 있겠지만 결코 기쁘고 충만한 천국은 아니다. 그렇다고 해서 지옥 불에 떨어진 듯한 아픔이라고 하기에는 너무 아름답고 소중한 추억을 간직한 아픔이니 그 표현도 적절하지 않다. 그러고 보니 천국과 지옥이 죽은 이들에게 있는 것인지, 남은 이들에게 주어지는 것인지조차 헷갈렸다.

어쨌든 나는 살아남아서 여기에 있고 내가 생존할 수 있게 지켜준 사람들이 있다. "세월호를 기억하는 토론토 사람들"이 많은 위로와 도움을 주었다. 또 나보다 먼저 상실의 아픔을 경험한 분들의 이후 삶이 나에게 좋은 지지가 되었다. 나는 "416기억저장소"를 찾아가서 돌아보고, "416합창단"과 함께 노래를 불렀다. "세월호 기억의 숲"에 나무를 심으면서 함께한 사람들로부터 위로와 지지를 얻었다. 가족이나 가까운 이웃 친구들은 말할 것도 없고 말이다. 그렇게 버티다 보니 격한 슬픔의 감정은 옅어지고 죽음이 무엇인지에 대한 생각이 깊어졌다.

얼마 전 TV에 나온 한 성직자가 "인간은 모두 예외 없이 죽음을 맞이하기 때문에 평등하다"고 말하는 걸 보았다. 맞는 말이다. 모든 사람은 언젠가 죽는다. 평등하게. 그러나 현대사회의 죽음은 많은 경우 불평등과 모순의 결정판이다. 우리는 신성하게 죽어갈 권리를 빼앗겼다. 공권력의 무능과 자본주의의 폐해가 우리를 존엄하게 죽을 수 없게 한다. 뉴스를 보면 너무나 많은 안타까운 죽음들이 나온다. 막을 수 있었던 참사들이다. 안타까운 사고로 가까운 사람을 잃은 경험이 있다면 이런 뉴스를 마음 편히 볼 수 없을 것이다. 더 나아가 이들은 죽음을 부르는 사회적 모순에 민감해진다. 스스로 사수하지 않으면 안 되는 인간의 기본적인 권리를 지키기 위해 나서게 된다. 세월호 희생자 가족들과 그 참사를 함께 겪은 많은 사람이 세월호 이전과 이후의 삶이 달라졌듯이 말이다.

다른 한편으로는 보낸 사람들의 회한이 있다. 가까운 사람이 떠나면 누구나 '진작 좀 더 잘할걸' 하는 후회를 한다. '내가 좀 더 잘했더라면 그 죽음을 막을 수 있지 않았을까' 하는 터무니없지만 절박한 생각도 든다. 얼마 전 10.29 이태원 참사로 아들을 잃은 분은 인터뷰에서 그 주말에 서울에 있는 아들을 보러 갔더라면 이 죽음을 막을 수 있지 않았을까 하고 후회한다고 했다. 나는 그 말씀이 너무 공감이 간다. 이랬더라면 저랬더라면 하는 생각으로 수많은 날을 보낼 가족들의 감정이 전해져 가슴이 뻐근하다. 이런 때에 하나님은 나를 만나주셨다. 생명을 좌지우지하는 것은 신의 영역이라는 누군가의 조언이 나의 머리통을 때렸다. 아주 잔인한 하나님을 만났고 그제야 하나님이 얼마나 위대하고 준엄한 존재인지 알게 되었다.

이 두 가지 깨달음은 나의 두려움을 없애주었다. 평생을 사회운동과 시민운동의 언저리에 살았던 나에게 가장 큰 두려움은 '내가 이런다고 세상이 달라질까? 이 복잡하고 거대한 모순이 해결되는 데 한 치의 도움이라도 되는 것일까?' 하는 생각이었다. 어쩌면 이런 불안감이 직업 활동가의 길을 접고 이민을 택하게 했는지 모르겠다. 나의 두려움은 현실이 된 듯하다. 한국 사회는 역사를 거슬러 언론인이 구속을 두려워하고, 검찰 권력이 양심을 탄압하는 독재 시절로 되돌아갔다. 답답하고 울화통 터지는 세상을 바꾸고 싶지만 내 힘으로는 어찌할 수 없는 영역이 있다. 내가 사는 터 안에서 이 모양 저 모양으로 애써보지만 미미할 뿐이다. 때로는 지치기도 한다. 그때마다 내가 기억하는 사실이 하나 있다. 내가 믿는 하나님이 정의의 하나님이라는 것이다.

이제 나는 내가 할 수 있는 일을 묵묵히 하면서 살아나갈 것이다.

위대하지도 사소하지도 않은 인생이지만 내게 주어진 계절을 맞이하고, 나를 스치는 것들과 생명을 살리는 말을 주고받으며 창조자의 뜻을 향해 나아갈 것이다. 때로는 나무에 거름을 주듯 연대의 악수를 건네고 나뭇가지를 옥죄는 잡초 넝쿨을 걷어내듯 거리에서 투쟁도 하면서 말이다. 살아 있는 자만이 할 수 있는 일을 하면서 한 걸음 한 걸음 힘차게 내딛을 것이다.

세월호, 이태원, 그리고 그리스도인

한희준
30여 년간 호주 이민생활을 하며
시드니 촛불연대, 416 세월호를 기억하는 시드니 행동,
시드니 평화의 소녀상 연대, 힐스 촛불 등의 단체에서
활동하고 있는 호주장로교단 목회자다.
평생 공부한 신학이 목회 현장뿐만 아니라
세상을 밝게 하는 일에도 유용하다고 믿는다.
16년째 카슬힐 호주장로교회 담임목사다.

아니, 무슨 목사가 데모를 하나요?

나는 호주 시드니에서 신학 교육과 목사 안수를 받고 20년 넘게 호주 장로교단 산하의 호주 현지인 교회에서만 목회해왔다. 그러나 조국을 향한 관심과 사랑은 식은 적이 없다. 국정농단 촛불 집회 및 세월호 진상규명 운동, 시드니 평화의 소녀상 건립, 광주 민주화운동 기념식, 세계 평화를 위한 핵무기 폐기 집회, 검찰개혁 및 윤석열 퇴진 운동 등 다양한 사회·정치 활동에 직간접적으로 참여해왔다.

그동안 모르고 지냈던 상식 있고 의로운 동포 친구들을 많이 사귀고 알게 된 것은 이러한 사회 참여활동이 남겨준 큰 선물이다. 동시에 슬프고 안타까운 일도 많이 있었다. 특히 지난 6-7년, 촛불 정

국 이후 다수의 친구와 지인을 잃게 되었다. 정치 성향을 떠나 오랫동안 좋은 친분관계를 유지해온 사람 중 상당수가 나를 멀리하고, 심지어는 나를 "빨갱이 목사"라고 부르며 관계를 끊은 것은 나의 가슴을 가장 아프게 했다.

해외 동포사회는 통상 개신교 교회, 또는 성당을 중심으로 친목을 다지며 외로운 해외 생활에서 위로받고 소속감과 연대감을 갖는다. 한국에서는 종교에 관심이 없던 사람들도 국외에 나와 살면 신앙 공동체에 합류해 고독함을 달래고 더 나아가 신앙심까지 갖게 되는 경우가 흔하다.

내가 사는 호주 시드니에는 개신교 한인교회만 수백 개가 있고, 상당히 많은 수의 동포들이 정기적으로 교회에 출석하며 꾸준히 신앙생활을 하고 있다. 그러나 대부분의 (전부가 아니라면) 시드니 내 개신교 교회는 6년 전 촛불정국 때 무관심으로 대응했다. 아니, 오히려 촛불집회에 맞불을 놓은 친박집회의 주축 세력이 바로 그들로부터 나왔다. 세월호 참사와 관련해서도 매우 적대적이다. 세월호 진상규명을 위한 서명운동과 피케팅을 하고 있으면, 이들이 지나가다가 반드시 한마디씩 한다. "이제 그만하면 되지 않았나? 그 뭐야, 보상금? 배상금? 돈도 많이 받았잖아. 그만큼 국가 혈세로 조사해도 진상이 안 나오면 이제 조용히 좀 있으면 안 되나? 지겹다, 지겨워."

내가 속한 교단의 선후배 한인 목회자들도 대놓고 내색은 못 하지만, 내가 촛불집회에 나가 발언을 하거나, 옷이나 가방에 세월호 리본을 달고 다니는 모습을 매우 탐탁지 않은 눈으로 바라본다. 그들 중에는 다음과 같은 상투적인 말을 내뱉는 자들도 있다. "한 목사님, 그런 데 나가지 말고 기도를 더 하세요", "아니, 무슨 목사가 데모를 하나요?", "호주 현지인 교회를 맡아서 하니 참 시간이 많나 봅니다", "위정자가 아무리 못났기로서니 나라를 공산주의자들에게 넘겨주는 게 과연 하나님의 뜻일까요?", "세월호는 우상입니다, 우상. 목사라면 십자가를 달고 다니셔야죠."

심지어 그중 몇은 성경을 펴고 가르치며 훈계까지 한다. 매번 가슴이 아프다. 이들이 과연 성경을 제대로 알고 해석하며 이런 소리를 하는 것일까? 그래서 잠시 이 자리를 빌려 그들이 성경을 내세워 주장하는 가르침이 얼마나 잘못되었는지를 짚어보려 한다.

로마서 13:1

그들은 하나같이 로마서 13:1을 자주 인용한다. "각 사람은 위에 있는 권세들에게 복종하라. 권세는 하나님으로부터 나지 않음이 없나니 모든 권세는 다 하나님께서 정하신 바라." 현대인의 평이한 어체로 번역된 "현대인의 성경"에는 이렇게 기록되어 있다. "누구든지 정부 당국에 복종해야 합니다."

그들이 주장하는 말은 주로 이렇다. "정부는 이 세상에서 성도들을 보호하기 위해 하나님께서 허락하신 이 세상 조직입니다. 물론 완전하지는 않지만, 우리를 여러 면에서 보호해주니까 그들의 권력에 대적하는 행동은 하나님의 뜻을 거스르는 행동입니다." 매우 흥미로운 사실은 이런 사람들이 우파가 아닌 좌파가 들어서면 본인들의 말과 반대로 행동한다는 점이다. 그들을 못 잡아먹어 난리다. 나라 망한다면서 길거리에서 시위도 하고 소리도 지른다. 이들에게 하나님이 허락한 정부는 친일, 매국, 독재 정권들뿐인 듯하다.

이들은 사도 바울이 이 편지를 썼을 당시가 왕에게만 주권이 집중되어 있는 군주제 또는 왕정제였다는 사실을 간과한다. 대한민국을 비롯한 오늘날의 민주국가는 헌법을 근간으로 삼고 있으며, 그 헌법은 한 국가의 주권이 국민에게 있다고 분명하게 명시하고 있다. 따라서 민주공화국에서 로마서 13장의 가르침은 이렇게 해석하는 것이 옳다. "하나님이 국민 전체에게 허락하신 권력은 국민 스스로 자신들을 섬길 리더를 선출하는 데에 사용해야 하며, 헌법은 이렇게 선출된 리더를 포함해 만인에게 평등하고도 준엄하게 지켜져야 한다."

엘리야와 세례 요한

구약성경의 엘리야는 부패하고 타락한 아합의 왕권과 정면대결한 위대한 예언자였다(왕상 17장). 또한, 세례 요한은 헤롯 왕이 그 동생 빌립의 아내 헤로디아를 취한 불륜을 보며 강력한 심판의 목소리를 높였고(마 14장), 부패한 권력에 봉사한 유대 성직자들에게도

"독사의 자식들"이라 부르며 경고의 목소리를 냈다(마 3장).

그리스도인에게는 하나님 나라의 가치인 사랑과 정의, 평등과 화평을 이 땅에서 추구할 책임이 있다. 교회 공동체에 속한 개개인들은 하나님의 말씀을 헤아려 공정하게 사회적 책임과 정치적 역할을 담당할 수 있어야 하며, 예언자적 목소리를 통해 불의와 파렴치함으로 똘똘 뭉친 세월호 참사의 주체를 향해 당당히 맞설 수 있어야 한다.

아모스의 준엄한 경고

"내가 너희 절기들을 미워하여 멸시하며 너희 성회들을 기뻐하지 아니하나니, 너희가 내게 번제나 소제를 드릴지라도 내가 받지 아니할 것이요 너희의 살진 희생의 화목제도 내가 돌아보지 아니하리라. 네 노랫소리를 내 앞에서 그칠지어다. 네 비파 소리도 내가 듣지 아니하리라. 오직 정의를 물 같이, 공의를 마르지 않는 강 같이 흐르게 할지어다"(암 5:21-24).

우리는 9년 전 세월호 참사 유가족에게 쏟아졌던 수많은 혐오와 조롱들을 잊을 수 없다. 유가족의 요구를 억압하기 위해 청와대를 비롯한 정치권은 "종북, 빨갱이, 세금 도둑" 프레임을 생산했고 정보기관, 보수 인사, 보수 언론, 보수 커뮤니티는 이를 확산했다.

불행하게도 한국의 개신교는 박근혜 정권의 세월호 축소, 은폐를 거든 한 축이었다. 첫 신호탄은 보수 개신교계 연합체인 한국기독교총연합회(한기총)에서 쏘았다. 당시 공동부회장이던 조광작 목사는 참사 직후인 2014년 4월 20일 열린 긴급 임원회의에서 이같이 말했다. "가난한 집 아이들이 수학여행을 불국사로 가면 될 일이지, 왜 제주도로 배를 타고 가다 이런 사단이 빚어졌는지 모르겠다. 천안함 사건으로 국군 장병들이 숨졌을 때는 온 국민이 조용한 마음으로 애도하면서 지나갔는데, 왜 이번에는 이렇게 시끄러운지 이해를 못 하겠다. 박근혜 대통령이 눈물 흘릴 때 함께 눈물 흘리지 않은 사람은 백정이나 용공분자다."

이어 명성교회 김삼환 목사는 2014년 5월 주일예배 설교를 통해 "하나님이 공연히 이렇게 (세월호를) 침몰시킨 게 아니다. 나라가 침몰하려고 하니 하나님께서 대한민국 그래도 안 되니, 이 어린 학생들, 이 꽃다운 애들을 침몰시키면서 국민에게 기회를 주는 것이다"라고 말해 다시 한번 공분을 샀다.

이후 많은 목회자가 조광작, 김삼환 목사처럼 대놓고 드러내지는 않았지만 세월호 참사를 공개적으로 언급하기를 꺼렸다. 내부 단속도 치밀하게 이뤄졌다. 비교적 지명도가 높은 강사나 찬양 사역자가 세월호 리본을 달았다는 이유로, 아니면 광화문광장에서 진상규명을 촉구하는 피켓 시위를 벌였다는 이유로 집회나 강연이 취소되고 강연 동영상이 삭제되는 식의 처분을 당했다. 쇼트트랙 김아랑 선수가 헬멧에 세월호 리본을 부착하고 나온 사진이 퍼지자 반대하는 강한 목소리들 때문에 그 리본을 떼어야만 했던 일도 있었다. 그런 목소리를 낸 대다수가 세월호 유가족과 활동가들을 '용공분자'로 보는 개신교인들이었다.

그들은 이 모든 행위를 '그리스도의 이름'으로 자행했다. 정치에 관심이 없다며, 개인의 영성과 개인적인 문제, 그리고 복음 전파만이 자신의 관심사라 말하는 그리스도인은 성경이 제공하는 영적인 양식을 매우 편협하게 섭취한 사람이다. 동시에 수구적 보수우파를 자처하며 '빨갱이 이데올로기'에 사로잡혀 상식적이지도 성경적이지도 않은 작태를 보이는 그리스도인도 하나님의 영광을 가리는 사람이다. 이 양극단을 조심해야 한다.

그리스도인이 사회 정의를 실현하지 못하는 정부와 정치인들에게 양심의 목소리를 정직하게 내뱉지 못한다면 "길가의 돌들이 소리 지를" 것이다(눅 19:40). 그리스도인은 "세상의 빛과 소금"이어야 한다(마 5:13-16). 하나님께 지혜를 구하며 올바르고 균형 있는 그리스도인의 삶이 무엇인지 잘 헤아려 행동해야 한다.

10.29 이태원 참사

2022년 10월 29일, 또 하나의 대참사가 이태원에서 일어났다. 그리고 49재 추모회에서 희생자 가족들을 향해 어떤 시민들은 "자식들 죽음 가지고 시체 팔이나 하는…"이라고 함부로 욕했다. 사랑하는 사람을 잃은 이들에게 어쩌면 그렇게 상처가 되는 말을 쉽게 내뱉을 수 있을까? 이런 생각과 말을 하는 많은 이들이 부끄럽게도 개신교인들이다. 과연 이들이 하나님의 자녀들일까? 그 자리에 있었던 가톨릭 성직자는 이렇게 말했다. "나는 오늘 악마를 보았다."

나는 이태원 참사의 핵심 질문이 "왜 이전에는 있었던 대책과 계획이 이번에는 부재했는가?"라고 생각한다. 서울시는 "재난 및 안전관리 기본법"과 "서울특별시 재난 및 안전관리 기본 조례" 등의 법률에 따라 관할 지역의 재난을 예방, 대비하고 대처하는 책임을 이행할 의무가 있다. 실제로 2020년, 2021년 핼러윈 데이 때 서울시는 인파가 몰릴 것으로 예상되는 밀집 지역에 특별 방역 대책을 수립하고 특별 현장 지도를 실시한 사실이 있다. 하지만 2022년 10월 29일 당일, 서울시장을 비롯한 국가 공직자는 압사 등 다중운집 사고에 관한 사전예방 계획 및 대책수립 의무 자체를 아예 이행하지 않았고, 사전 대책수립 및 사전 예방조치로서 지하철 무정차 통과 등을 계획하거나, 재난안전상황실을 상시 설치하지도 않았다. 서울시 및 중앙정부와 경찰, 행정안전부로 대표되는 국가가 해야할 의무를 전혀 이행하지 않았기에 대참사가 초래된 것이다.

세월호 참사와 이태원 참사는 국가의 부작위에 의해 국민이 생명을 잃은 참사라는 점에서 매우 비슷하다. 세월호 참사 당시 해경 지휘부는 승객 인원과 침몰 예상 시각, 선내 구조에 따른 구조계획을 세우지 않았으며, 구조대에게 유의미한 퇴선 지시를 내리지 않았다. 결국 100분이라는 충분한 골든타임이 있었음에도 304명이나 희생되었다. 해경으로 대표되는 국가가 '의무를 다하지 않았음'

은 명명백백한 사실이다.

세월호 참사를 아직도 얘기하냐는 사람에게 꼭 하고 싶은 말이 있다. "아직 해경 지휘부 중에 어느 누구도 처벌받지 않았다." 수사 외압과 은폐 등으로 해경 지휘부를 기소하는 데만 6년이 걸렸으며, 그마저도 1심 재판부는 2021년 2월, 해경 지휘부에 업무상과실치사상죄 관련 전원 무죄를 선고했다. 2023년 2월 7일에 있었던 2심 역시 무죄였다. 세월호 특조위 조사 방해건도 2월 1일 증거 부족 등을 이유로 모두 무죄 판결받았다. 기무사 세월호 유가족 불법사찰건도 1심에서 징역 2년이 내려져, 형이 가볍다고 항소했으나 2심에서 기각됐다.

교회 공동체에 속한 그리스도인들은 이태원 참사 유가족이 세월호 유가족과 똑같이 힘든 길을 걷지 않도록 도와야 한다. 그중 하나가 세월호 참사에서 공직자의 부작위, 공권력 남용에 대한 처벌을 제대로 하여 판례를 만드는 것에 관심을 갖고, 기도하는 마음으로 함께 행동하는 것이다.

세월호 참사 이후 유가족들과 시민들은 "절대로 잊지 말자", "가만히 있지 말자"고 다짐하고 꾸준히 행동해왔다. 하지만 유감스럽게도 10.29 이태원 참사를 대하는 정부와 여당 그리고 수구언론이 보이는 태도에 비추어볼 때, 세월호 참사를 계기로 특권세력과 국가권력이 다짐하고 깨달은 바는 안전에 관한 사회구성원의 권리나 국가와 기업의 책무에 대한 것이 아니었다. 오히려 저들이 배운 것은 세월호 참사의 경우처럼 피해자 가족들이 단결하고 시민과 연대하도록 허용해서는 절대로 안 된다는 것이었다.

해야만 하는 일이기에 하는 것이다

이제는 진상규명과 책임자 처벌이 요원해진 세월호 참사와 판박이인 10.29 이태원 참사 진상규명 및 피해자 권리 회복 운동은, 세월호 참사 피해자 유족들과 시민들이 팽목항에서 시작한 행진의 연장이자, 세상 모든 것을 망치더라도 특권을 유지하려는 비인간적 체제와의 대결이다. 이는 단순한 혈과 육의 싸움이 아니다. 통치자들과 권세들과 이 어둠의 세상 주권자들과 하늘에 있는 악의 영들을 상대하는 것이다(엡 6:12). 이것은 영적인 싸움이며, 따라서 이 투쟁은 기도하고 행동하는 그리스도인들이 앞장서야 한다.

거대한 구조악과 무서운 혐오정치 세력으로 말미암아 개인의 무력감이 극대화되고 있는 세상이다. 지금 대한민국은 "하나님, 까불면 나한테 죽어"라고 당당히 내뱉는 '독사의 자식' 전광훈을 향해 한마디 말도 못 하는 목사들이 수두룩한 어둠 속 무저갱이다. 이제는 평화로운 촛불시위와 선거 혁명, 그리고 기도를 통해 세상을 바꿀 수밖에 없다. 결코 쉽지 않을 것이다. 그러나 그것이 거쳐야만 할 과정이라면 힘들더라도 피하지 말자. 될 것 같아서 하는 게 아니고, 해야만 하는 일이기에 하는 것이다. 옳은 일이기에 하는 것이다.

2장

연대의 기록

아픔의 빈 들에서 교회의 탄생을 보았다

정경일

"신학은 고통받는 자의 부르짖음에 대한 메아리"라 믿으며,
4.16 가족 곁에서 공감하고 공명하며 신학의 언어를 찾아가고 있다.

광화문으로, 안산으로

세월호 참사 이후 한동안 내 애도와 연대의 중심 장소는 광화문광장이었다. 2014년 봄부터 그곳에서 동료 신학자, 그리스도인과 함께 유가족 곁에서 기도회, 예배, 북콘서트, 단식, 피케팅, 노숙 농성 등을 했다. 봄, 여름, 가을, 겨울을 지나며 수시로 광화문광장에 나가 유가족과 함께 비를 맞았고, 눈을 맞았고, 욕을 먹었다. 그랬다, 욕도 먹었다. 자식 잃은 부모를 위로하기보다는 위협하고 모욕하고 혐오하는 사람들을 목격하면서 한국 사회에 절망했고, 그들을 말리기는커녕 오히려 부추기며 혐오를 퍼트리는 한국교회를 보면서 몸서리쳤다. 그렇게 부끄러움과 미안함으로 2014년을 보내고, 2015년 1주기를 지나면서, 유가족 곁으로 더 가까이 다가가야겠다는 생각을 했다. 길고 힘겨운 투쟁이 될 거라는 예감 때문이었다. 멀고 험한 길을 가려면 곁에서 함께 걷는 친구가 있어야 하니까.

그 후에도 광화문광장, 청운효자동 청와대 입구에서 기도회와 피케팅을 계속하긴 했지만, 2015년 가을부터는 새길교회 교우들과 한 달에 한 번 안산 합동분향소 기독교예배실에 가서 유가족과 함께 예배하기 시작했다. 사실 처음에는 예배 참석 기한을 2주기까지로 생각하고 있었다. 그런데 어느 날 예배 중에 서로 인사를 나누는데, 예은 어머니가 새길교회는 세월호를 인양할 때까지 한 달에 한 번 예배에 참석하기로 했다고 말씀하는 것이다. 그 자리에서 결심했다. 세월호가 물 위로 올라올 때까지가 아니라 유가족이 부르는 슬픔의 노래가 기쁨의 춤으로 바뀌고, 그들이 슬픔의 상복을 벗고 기쁨의 나들이옷을 갈아입을 때까지(시 30:11) 곁에서 동행하겠다고.

합동분향소 기독교 예배실

2015년 초부터 그리스도인 유가족과 그들 곁에서 함께 아파하는 그리스도인이 "세월호 희생자 정부합동분향소" 주차장에 마련된 "기독교 예배실"에서 정기 예배를 드리고 있었다. 처음에는 컨테이너 박스 하나에서 시작했는데, 찾아오는 이들이 꾸준히 늘어나면서 컨테이너 박스 하나를 더 이어 붙여 공간을 두 배로 늘렸다. 거기서 매 주일 오후 부서진 가슴의 사람들이 모여 함께 예배하면서 십자가를 기억하고 부활을 희망했다.

처음에는 이름도 조직도 없었다. 예은 어머니가 교회나 단체와 연락하며 예배 계획을 세워 진행했다. 예배는 연대하러 온 교회들이 인도했다. 모든 예배 순서가 중요하고 뜻깊었지만, 그래도 예배의 절정은 유가족의 증언이었다. 부모들의 당면 투쟁, 아이들에 대한 슬픔과 기쁨의 기억, 하나님에 대한 항의와 신앙의 이야기를 들으면서 사람들은 눈물을 흘렸고 분노했고 미안해했다. 새길교회에서도 1년에 두세 번 예배를 주관했는데, 우리는 유가족에게 말을 하는 것보다 유가족의 말을 듣는 게 더 중요하다고 생각했다. 그래서 유가족 증언을 먼저 듣고, 그다음에 우리 이야기를 했다. 유가족 증언이 '선포'였고, 우리 이야기는 '응답'('설교'가 아닌)이었다.

한 달에 한 번 안산에 가서 예배를 드렸을 뿐이지만, 꾸준히 함께 하다 보니 유가족의 크고 작은 변화를 알아차릴 수 있었다. 그런 변화 중 하나는 '인내심'이 늘었다는 것이다. 연대하러 찾아온 그리스도인에게 가장 당혹스러운 것은 무슨 말로 어떻게 유가족을 위로해야 할지 모르겠다는 것이었다. 그럴 땐 말없이 그냥 손을 잡아주면 좋을 텐데, 본의 아니게 유가족에게 상처를 주는 말을 하는 이들이 꽤 있었다. "아이들은 좋은 데 갔을 거예요." "시간이 지나면 다 괜찮아질 거예요." "우리가 모르는 하나님의 크신 뜻이 있을 거예요." 나름 유가족을 위로한다고 꺼낸 말이 오히려 유가족의 가슴을 찌르는 칼이 되었다. 욥의 친구들처럼, 교회도 고통 앞에서 어떻게 말하는 것이 옳은지 몰랐던 거다. 처음엔 아슬아슬한 순간도 많았지만, 반복해서 상처를 입으면서 유가족의 마음에 맷집이 생겼는지

근육이 생겼는지, 전 같으면 속이 뒤집혔을 말에도 성내지 않고 인내하며 듣기만 한다.

인내심만큼 신앙심도 깊어졌다. 신앙심이 깊어진다는 것은 '묻지마 신앙'에서 '묻는 신앙', '생각하는 신앙'으로 성숙하는 것이다. 한번은 예배 전에 분향소를 다녀온 분들이, 위패에 십자가가 없는 아이들은 천국에 못 갔을 테니 얼마나 불쌍하냐고 했나 보다. 그다음 주일에 예배를 드리는데 증언 시간에 창현 어머니가 그 이야기를 하면서, 아무리 생각해도 자기가 믿는 하나님은 창현이 친구들을 그리스도인이 아니라고 해서 지옥에 보내실 분이 아니라고 생각했지만, 그 말을 꺼내지 않고 꾹 참았다고 했다. 나는 바로 응답했다. "어머니, 저도 '그런' 하나님은 못 믿어요, 안 믿어요."

세월호 참사 그리스도인 유가족은 당신들끼리 성경 공부를 했고, 신학에도 더 많은 관심을 가졌다. 한번은 예은 어머니가 유가족이 읽으면 좋을 '조직신학' 책을 소개해달라고 부탁해서, 몇 권을 소개하고 두툼한 한 권을 보내드리기도 했다. 하지만 너무 어렵고 자신들의 삶과 동떨어진 것 같다는 반응이었고, 나도 같은 생각이었다. 신학자로서 내가 해야 할 과제를 하나 가슴에 새겼다. 그것은 유가족 곁에서 고통의 메아리로 공감하고 공명하면서 고통 앞에서 옳게 증언하고 응답하는 '고통받는 자를 위한 조직신학'을 써보는 것이다.

빈 들에서: 416생명안전공원 예배

2018년 4주기 추모 행사가 끝나고 합동분향소가 철거되면서 기독교예배실도 함께 철거되었다. 하지만 유가족과 그리스도인들은 흩어지지 않고, 매월 첫째 주일 오후 5시에 416생명안전공원이 들어설 화랑유원지 빈 들에서 예배를 드리기 시작했다. 그즈음부터 나도 416생명안전공원 예배팀에 참여해 활동하기 시작했다.

예배 공간의 변화는 예배 형태의 변화도 가져왔다. 가장 큰 변화는 예배에서 개인 설교를 없애고 공동 말씀나눔을 시작한 것이다. 어떤 방식으로 하나님의 말씀을 새기고 나눌 것인가 고심하던 부모들에게 '렉시오 디비나'(Lectio Divina, 거룩한 독서)를 소개해드렸다. 우리는 전통 방식 그대로는 아니었지만, 성경 본문을 두 번 읽고 묵상한 후 곁에 있는 이들과 생각을 나누고, 두세 사람이 앞으로 나와 전체 나눔을 했다. 말씀의 뜻을 깨닫고 나눌 때 모두가 평등했고 모두가 중심이었다.

예배에 정기적으로 참여하는 교회와 개인들이 있었고, 매달 지속적으로 만나다 보니 공동체 의식도 생겨났다. 예배 때마다 교회들이 돌아가며 준비한 소박한 음식도 나눴다. 슬픔을 나누는 공동체에도 기쁨과 웃음이 있었다. 지난여름 예배 중에 비가 내리기 시작했는데, 난감한 상황인데도 그 자리에 있던 이들 가운데서 오히려 웃음꽃이 피어나는 것을 보았다. 함께 비를 맞는 사람들, 함께 아파하고 슬퍼하는 사람들만이 누릴 수 있는 기쁨이었다. 공감과 연대

'함께 비를 맞는 사람들' 416생명안전공원 예배 참석자들이
우중이지만 아이들을 기억하며 예배하고 있다.

의 힘이었다.

유가족과 함께 빈 들에서 예배하면서, 이천 년 전 예수 그리스도
의 교회가 어떻게 탄생했는지 알 것 같았다. 예수님의 십자가 죽음
과 부활을 기억하기 위해 공동체를 이루었던 초기 교회 그리스도
인들처럼, 세월호 참사 희생자 유가족도 사랑하는 아이들의 죽음을
잊지 않기 위해, 헛되이 하지 않기 위해 몸부림치며, 기억과 진실의
교회를 만든 것이다. 유가족의 증언은 우리 시대의 '욥기'요, '시편'
이요, '복음서'였다. 그 말씀에 대한 그리스도인의 응답은 우리 시
대의 '행전'이요, '서신'이었다. 아픈 빈 들에서 나는 '4.16교회'가
탄생하는 것을 경이롭게 바라보았다.

광화문으로, 청와대로, 전국으로

"416생명안전공원 예배팀"은 이름이 말해주듯 지역 기반 모임이
지만, 그렇다고 안산에만 집중하는 것은 아니다. 유가족은 안산에

서 기른 결속력과 내적 힘으로 서울에서도 계속 활동했다. 2018년 부터는 광화문광장에서 매월 셋째 주 목요일에 월례 기도회를 시작했다. 이때부터 시찬 아버지가 음향을 맡았고, 기도회를 위한 음향 장비, 테이블, 의자 등을 유가족이 안산에서 실어 날랐다.

시찬 아버지(박요섭)가 기억관 기도회 음향 엔지니어로 섬기고 있다. 늘 예배 전에 음향 장비와 필요한 비품들(의자 등)을 챙기고 세팅하고 정리하는 일들을 도맡아 하고 있다.

서울에서는 "세월호 참사를 기억하며 연대하는 그리스도인"이라는 이름의 모임을 만들어 활동했다. 체계적 조직이라기보다는 마음을 나누는 이들의 연대였다.

서울 기도회의 특징 중 하나는 복음주의와 에큐메니컬 그룹이 함께했다는 것이다. 복음주의 쪽에서는 성서한국 임왕성 목사와 송지훈 사무국장, 교회개혁실천연대 이헌주 목사가, 에큐메니컬 쪽에서는 촛불교회 김준표 목사, 고난함께 전남병 목사, 그리고 내가 실무 팀으로 활동했다. 우리 말고도 늘 예배 제단을 만들고 크고 작은 돌발 사태를 해결해준 최헌국 목사, 코로나 기간 동안 촬영 및 방송을 맡아준 향린교회 김균열 집사 같은 분들이 헌신했다. 고통 앞에서 신앙과 신학의 차이는 사라진다.

2018년 광화문에서 연속 기도회를 할 때 '태극기부대'가 기승을 부렸다. 이때도 별의별 욕을 다 먹었다. 기도회 때마다 동일한 패턴이 반복되었다. 태극기부대 사람들이 몰려와 유가족을 모욕한다. 유가족이 아파하는 말들을 콕콕 집어 찌르듯 던진다. 화가 난 시찬 아버지가 가만 안 두겠다며 몸을 날린다. 나는 시찬 아버지를 꼭 붙잡고 말린다. 그럼 시찬 아버지는 "저 사람들을 말려야지, 왜 나를 말려요?"라고 한 소리 한다. 그러고는 딱 허용되는 선까지만 계산해서 욕도 하고 몸싸움도 하는 거니 걱정 말라며 씽긋 웃는다. 근데 시찬 아버지는 아시려나 모르겠다. 유가족을 건들면 가만있지 않겠다는 그의 '퍼포먼스'에 나도 다 계산하고 조연으로 함께했다는 것을.

2020년, 또 다른 재난인 코로나19 팬데믹이 왔다. 그래도 우리는 기도와 예배를 멈추지 않았다. 형태와 방식만 바꾸었다. 안산 정기예배는 온라인으로 전환했다. 6주기 기억예배도 순서 담당자만 공원에 미리 모여 드리고, 녹화 영상을 공유했다. 서울 목요기도회도 물리적 장소가 중요하지 않아지면서, 광화문광장 대신 여러 지역을 찾아가는 방식으로 전환했다. 유가족과 지역 그리스도인 최소 인원만 현장에 모여 기도회를 갖고, 그걸 유튜브로 실시간 중계했다. 현장에서 함께 예배하지 못해 아쉬웠지만, 안산이나 광화문광장으로 올 수 없었던 이들도 온라인 예배와 기도회를 통해 만나게 된 것은 코로나 시기의 작은 기쁨이었다. 심지어 미국, 독일, 프랑스 등 해외에서 잊지 않고 참여하는 이들도 있었다. 재난 속에서 서로 위로하고 연대하는 사람들의 예배와 기도회는 리베카 솔닛이 말하는 "재난 유토피아" 같았다.

팬데믹 시기에 유가족은 이중의 재난을 겪었다. 믿었던 문재인 정부의 진상규명 노력은 지지부진했고, 유가족의 고소·고발에 대해 검찰 특별수사단이 무혐의 결론을 내리는 등 진상규명이 더욱 어려워졌다. 실망하고 분노한 유가족은 더 치열하게 싸웠고, 416그리스도인도 힘을 모았다. 2020년 가을과 겨울 사이, 청와대 앞 광장에서 30일 릴레이 단식 기도를 했고, 2021년 사순절에도 같은 곳에서 한 달 동안 집중행동을 했다. 많은 교회와 단체, 개인이 자발적으로 참여했다. 이처럼 팬데믹 기간에도 그리스도인들은 애도와 연대를 멈추지 않았다. 생각해보면 그리스도인들에게는 참 지독한 데가 있다. 교회가 '사회문제'로 여겨질 만큼 사고도 많이 치지만, 고통의 자리를 끝까지 지키며 연대하는 사람도 그리스도인이다. 그리스도인 유가족에게 가장 큰 상처를 준 사람들도 그리스도인이지만, 가장 큰 용기와 힘을 준 사람들도 그리스도인이다. 그래서 그리스도인 유가족은 자신들이 여기까지 온 것은, 모두 곁이 되어 함께 걸어준 동료 그리스도인 덕분이라며 고마워한다.

아픔과 아픔의 연대

2016년 가을, 인도의 달리트 신학자들이 한국을 방문했다. 민중 신학자들과 대화를 나누기 위해서였다. 달리트(Dalit)는 인도 사회에서 수천 년 동안 사회적·종교적·문화적 차별과 억압을 당해온 사람들이다. 이들은 네 기본 계급인 카스트에도 들지 못하는 '아웃카스트'(outcastes)이며, 접촉하면 부정을 타는 '불가촉천민'(untouchables)이다. 그런 달리트 신학자들과 세월호 희생자 유가족이 함께하는 기도회를 준비하면서 인종·언어·문화·역사가 다른 사람들이 마음을 나눌 수 있을까 하는 염려도 조금 있었다. 하지만 기우였다. 달리트 신학자들은 유가족의 증언에 눈물로 공감했고, 타밀 전통 스카프로 유가족을 따뜻하게 감싸주며 위로했다.

'달리트'라는 말에는 '부서진'(broken)이라는 뜻이 있다. 달리트 신학자들에게 유가족은 그들과 같은 '달리트'였다. 생때같은 자식을 잃은 세월호 유가족이야말로 온몸과 맘이 산산이 부서진 사람들이었기 때문이다. 그렇게 부서진 사람들이기에 그들은 함께 눈물 흘리며 서로를 안고 위로할 수 있었던 것이다. 달리트 신학과 민중신학은 고통이 있는 곳에 하나님이 계신다고 고백해왔다. 그날 한국인 여성 신학자는 울음을 삼키며 기도했다. "세월호 유가족을 외면하면 우리는 구원받을 수 없습니다." 아픔과 아픔이 연대하는 자리, 그곳이 바로 구원의 장소다.

2021년 어느 봄날 저녁, 청와대 앞 광장에서 커다란 울음이 터져

나왔다. 스텔라데이지호 이등항해사 허재용 씨의 어머니 이영문 씨였다. 그날은 스텔라데이지호가 침몰하여 선원들이 실종된 지 4년이 되는 날로, 정부에 2차 심해수색을 요구하는 그리스도인들의 기도회에서 이영문 씨가 증언할 차례였다. 73세 노모의 울음소리에 모든 소리가 사라졌다. 사람들은 침묵했고, 지나가는 차들의 소음도 들리지 않는 것 같았다. 마치 세상이 정적 속에 정지한 것 같았다. 그때 정적을 깨며 누군가 이영문 씨를 향해 달려갔다. 스텔라데이지호 실종자 가족을 위한 기도회에 참여한 세월호 참사 유가족 창현 어머니였다. 그는 이영문 씨를 끌어안고 함께 울었다. 바다에서 아들을 잃은 두 엄마가 서로를 안고 눈물을 흘렸다.

아픔이 아픔을 알아보고 다가가고 안아준다. 2015년 봄, 진도 팽목항을 찾은 광주 민주화운동 희생자 가족과 단체들은 "당신 원통함을 내가 아오. 힘내소, 쓰러지지 마시오"라고 적힌 현수막을 걸었다. '오월의 엄마'가 '사월의 엄마'에게 준 위로와 연대의 메시지였다. 이제 '사월의 엄마'가 이태원 참사 '시월의 엄마'를 위로하고 있다. 아픔과 아픔의 연대다.

416생명안전공원 예배팀 사람들

오랫동안 곁에 있다 보니 유가족의 독특한 사고와 행동이 조금씩 보였다. 그중 하나가 당신들끼리의 호칭이다. 창현 어머니는 최순화 씨고, 예은 어머니는 박은희 씨다. 그런데 예은 어머니는 창현 어머니를 '순화 언니'라고 부르지 않고 '창현 언니'라고 부르고, 창현 어머니는 예은 어머니를 '예은 엄마'라고 부르지 않고 '예은아'라고 부른다. 특히 어머니들은 서로를 그렇게 부른다. 그런 호칭 습관을 관찰하면 재밌다가도 가슴이 아릿하다. 아이들 때문에 사는 엄마들 같기도 하고, 엄마들 덕분에 아이들이 계속 살아 있는 것 같기도 해서다.

띄어쓰기 위반도 있다. 안산 생명안전공원 예배 순서지는 예은 어머니가 만드는데, 부모들 이름을 표기할 때 '지성 어머니', '시찬 어머니', '순영 어머니', 이렇게 띄어 쓰지 않고 '지성어머니', '시찬어머니', '순영어머니' 식으로 아이들 이름과 어머니를 붙여 표기한다. 처음엔 띄어쓰기 오류라고 생각해 고쳐 보내드리곤 했는데, 나중에 인쇄본을 보면 그대로 다시 붙여 쓴 적이 몇 번 있었다. 왜 그러시는 거냐고 따로 물어보지는 않았지만, 아이와 찰싹 붙어 있고 싶은 엄마의 마음에서 나온 '의도적 띄어쓰기 위반'일지도 모르겠다는 생각이 들었다.

오타 하니까, 또 하나 떠오르는 게 있다. 한번은 예배 기도문에 "우리는 용기가 필요한 '사랑'입니다"라고 적혀 있는 걸 발견했다. 내가 알아서 '사랑'을 '사람'으로 바꾸긴 했는데, 사실 그 오타가 맘에 들었다. 사랑은 어렵다고 하는데, 단지 누군가를 걱정하고 그를 위해 기도하는 게 사랑이라면, 사랑이 반드시 어려운 건 아니다. 사랑을 생각하고 말하는 건 쉬운 일이다. 어려운 것은 그 사랑을 행동으로 실천하는 것이다. 행동에는 용기가 필요하다. 시간과 에너지를 써야 하고, 책임을 져야 하고, 때로는 욕도 먹어야 하기 때문이다. 그렇다, 사랑엔 용기가 필요하다.

예배팀에는 유가족과 여러 그리스도인이 함께한다. 노심초사 꼼꼼하게 총무 역할을 하는 예은 어머니, 당차게 대외협력을 담당하는 창현 어머니, 늘 투덜거리면서도 든든하게 음향과 '웃음'을 책임지는 시찬 아버지, 조용하게 꾸준히 헌신하는 시찬 어머니, 번아웃으로 힘겨워하면서도 예배는 빠지지 않고 부탁은 늘 들어주시는 지성 어머니, 겸손하고 다정한 맏언니 순영 어머니, 예배팀의 '비빌언덕' 박인환 목사, 온갖 뒤치다꺼리를 도맡아 하는 으뜸 일꾼 김은호 목사, 예배팀 고정 가수 장현호 선생, 지정 반주자 윤현나 선생, 시찬 아버지와 티격태격 정다운 제초·사진 등 이것저것 담당 조선재 집사, 늘 웃는 얼굴의 '능력자' 최광훈 목사, 표나지 않게 할 일하는 이동규 전도사, 모두 서로가 서로에게 위로와 용기가 되어주는 사람들이다.

"길가는 밴드"의 장현호가 416생명안전공원 부지에서 드린 부활절 예배에서 특송을 하고 있다.

내게 예배팀 활동은 '일'이 아니라 '삶'이다. 일은 멈출 때도 있고 끝날 때도 있지만 삶은 죽음에 이르기 전까지, 아니 죽음을 넘어서도 계속된다. 나는 가끔 부모들에게 "나는 부모님들과 함께 늙어가면 좋겠어요"라고 싱겁게 말하곤 한다. 가볍고 훈훈한 말 같지만, 생각해보면 무겁고 무서운 말이다. 나는 어디까지, 언제까지 이분들과 동행할 것인가?

신학의 자리

2015년 고난주간, 동료 신학자 두 사람과 함께 광화문광장에서 노숙 철야 농성을 했다. 농성 장소가 유가족 텐트가 마련된 이순신 장군상 쪽이 아니라 세종대왕상 쪽이어서, 천막도 없이 침낭에 들어가 밤을 새웠다. 뼛속까지 파고드는 추위도 힘겨웠지만, 신호등 신호에 따른 차들의 주기적 소음과 진동 때문에 자다 깨기를 반복했다. 새벽 여명이 밝아올 때쯤 차라리 깨어 있는 게 낫겠다 싶어 일어나 어깨를 웅크린 채 앉아 있는데, 전화가 왔다. 여성 신학자 한 분이 지금 오겠다고 했다. 잠시 후 우리는 함께 앉았고, 그는 내게 "이제, 우리 뭐하죠?"라고 물었다. 우리는 나란히 앉아 노란 리본을 만들었다. 해가 떴고, 출근하는 사람들이 우리 앞을 우르르 지나갔다. 그때 그가 물었는지 내가 물었는지 기억이 분명하지는 않은데, 아무튼 누군가가 "신학자들이 이 시간에 여기서 이러고 있는 게 비현실적이지 않아요?"라고 말했다. 그도 나도 아무런 말을 하지 않았지만, 마음 깊은 데서 알고 있었다. 신학자가 있어야 하는 자리는 바로 여기라는 것을.

그 후로도 오랫동안 신학자의 자리를 생각한다. 신학은 'God-talk', 하나님에 관한 이야기다. 엘리 위젤은 '고통받는 자'가 '우주의 중심'이라고 했다. 왜냐면 그들 가운데 하나님이 계시기 때문이다. 고통받는 자들 가운데 말씀이 육신이 되고 교회가 탄생한다. 그동안 광화문으로, 안산으로, 청와대로, 유가족과 함께 길을 걸으면서, 가슴이 부서진 사람들과 함께 고통당하시는 하나님의 신비를 눈으로 보고 몸으로 느낄 수 있었다. 신학자의 자리가 고통받는 자의 곁이어야 하는 이유가 여기에 있다. 그리스도교 신앙과 신학은 십자가에서 시작했다. 고통 없이 신학 없다.

잊히지 않는 기억은 계시가 된다

작은 교회에서 목회하는 목사다.
아픔을 당하는 사람들 곁에 다가가기를 원하지만 걸음이 굼떠 부족하고 죄송할 따름이다.
15년 전에 촛불교회를 시작했고 고난 현장에서 예배드려왔다.
지금은 차세대 기독현장운동 지도자들을 지원하고
전국에 10개 촛불교회를 세우기 위해 기도하고 있다.

세월호 참사 이후에 또다시 일어나서는 안 되는 사고가 일어났다. 좁은 골목길에 넘어져서 밟혀 죽은 것도 아니고 좁아지는 길목에 양쪽으로 사람들이 서로 밀려 압착해서 159명이 희생되었다. 광화문 촛불시위 때 200만 명이 모여도 깔끔하게 뒷자리까지 정리하던 질서 있는 대한민국은 온데간데없어졌다.

세월호 때와 마찬가지로 젊은이 159명이 선 채로 눌려 죽었는데 정부, 경찰, 지방자치단체는 아무 일도 하지 않았다. 그러면서 주최자가 없는 행사이니 자기들과 관계가 없다고 한다. 사람들이 죽어나간다는 신고를 여러 차례 했는데도 정작 책임자들은 5시간 후에나 반응을 보였다. 이미 상황은 끝났고 길거리에 시신은 나뒹굴고 여기저기 시민들이 살려보려고 심폐소생술을 하고 있을 때다.

세월호 사건 뒤에 일어난 분노들이 여전히 반복되고 있다. 유가

2장 ● 연대의 기록   127

족들 뒤에 무슨 단체니 좌빨이니 배후가 있다는 말들, 죽은 자식들로 시체팔이 하지 말라는 막말과 모욕들, 국가 경제 운운하며 조용히 하라는 압박들, 2014년의 세월호는 지금도 여전히 서울 한복판에서 고장 난 채로 운행 중이다.

서울시 안전예산은 대폭 줄었고 아직 생겨나지 않은 사건들을 대비하는 안전요원은 필요 없는 소모품처럼 여겼다. 아니 오히려 안전요원이 있는데도 사고가 난다면 괜히 책임만 질 수 있다고 생각했다고 한다. 안전 문제를 소홀히 하는 정부는 언제나 국가 경제를 강조한다. 그러나 근본적으로 국가나 지방 정부는 이익을 내는 집단이 아니다. 이익은 기업이 추구하는 것이다. 우리나라의 여, 야는 모두 성장주의를 목표로 삼고 있다. 우리는 이런 것을 당연하게 생각한다.

기업은 경제성장을 목표로 하는 게 당연하지만 국가의 목표가 왜 성장이어야 하는가? 국가는 국민의 생명과 안전과 복지를 관리하는 곳이지 생산을 하거나 무역을 하는 기업이 아닌데 왜 성장이 최고의 목표가 되어야 하는가? 이 말을 파헤쳐보면 국민 개개인의 것을 빼앗아 기업에 몰아주어 양적 성장의 지표를 높이는 방향으로 국가의 정책을 펴겠다는 뜻이다. 허울 좋은 성장의 구호 이면에는 개개인의 희생이 전제된다. 재벌과 기업에 돈이 넘쳐날 때 거기서 떨어지는 낙수 효과로 목을 축이라는 얘기다. 기업은 이익을 추구하는 집단이니 성장을 목표로 할 수 있지만, 정부의 목표는 오직 국민의 생명, 국민의 안전, 국민의 행복(복지)이어야 한다. 이윤추구를 위해 달려온 우리는 생명이라는 가장 소중한 것을 내팽개쳐 버렸다.

세월호 사건은 한국교회의 민낯을 그대로 드러내 보였다. 몇몇 대형교회 목회자들의 발언은 국민의 공감대에 역행하는 막말 수준이었고 기독교 선교에 큰 걸림돌이 되었다. 내로라하는 목사들이 사람을 이해하는 수준과 공감 능력이 얼마나 천박한가 그 밑바닥을 보게 했다. 이 몇몇 대형교회 목사들의 발언이 마치 한국교회를 대표하는 의견인 양 비친 것은 매우 유감스럽다. 그들은 한국교회나 교단을 대표하는 사람들이 아니고 그냥 큰 교회 목사일 뿐이다. 신학을 토대로 한 발언도 아니다. 그들은 교회의 크기에 도취되어 나르시시즘에 빠진 환자들일 뿐이다. 그들을 개신교 대표자로 여기고 따라다니며 무슨 자극적인 말을 할까 하며 주워 담는 저널 역시 비슷한 수준이다.

방인성·김홍술 목사의 40일 단식

슬픔을 당한 자들과 함께하며 그들의 아픔에 온 마음으로 함께한 참 목자들도 많았다. 광화문광장에서 세월호 가족들의 단식을 이어받아 42일간 단식한 김홍술 목사는 누구보다도 정의감이 강했다. 안타깝게도 그는 작년 겨울 우리 곁을 떠났다. 아마도 하늘에서 아이들과 함께 기도하며 아직도 오리무중인 진상규명을 위해 힘쓰고 있을 것이다. 김 목사와 함께 40일간 단식에 참여한 방인성 목사도 지금은 은퇴하고 양평 집에 머물고 있는데 건강이 썩 좋지 않은 상태다.

단원고 유민이 아빠 김영오 씨의 단식 일수가 길어지자 이를 우려한 방인성 목사는 그만 단식을 중단할 것을 권유한다. 유가족들은 김영오 씨가 단식을 중단하더라도 가족들이 계속해서 이어가겠다는 결의를 밝혔다. 이에 방인성 목사는 자신이 유가족들을 대신 하겠다고 밝힌 뒤, 김영오 씨가 단식 40일째를 맞이한 8월 27일, 김영오 씨와 함께 단식에 돌입했다. 이틀 전인 8월 25일부터는 김홍술 목사가 동조단식을 하던 차였다. 두 목사는 각각 40일, 42일

광화문 기도회 찬송 인도자의 악기에 달린 리본.

의 긴 단식을 했고, 10월 5일 "세월호 특별법 제정을 위한 40일 단식 해단 및 안전한 사회를 촉구하는 기독인 연합예배"로 단식을 마무리했다.[1]

1   방현섭 기자, "40여 일 김홍술, 방인성 목사 단식단 해단 연합예배", 「뉴스앤넷」,

두 목사의 생명을 건 단식을 지지하기 위해 많은 개신교인이 광화문광장을 찾았다. 이 단식은 기장의 생명선교연대가 40일간의 릴레이 형식으로 이어갔고, 계속해서 각 교단별 단체 릴레이 단식으로 개신교계가 광화문을 지키는 계기가 되었다. 이런 의인들의 기도의 힘으로 아직 한국교회는 목숨줄이 끊어지지 않고 그리스도와 함께 고난의 길을 걷는 중이다.

2014년 뜨거웠던 광화문광장의 여름

2014년 뜨거운 여름 광화문광장에는 단식하며 외치고 기도하는 무리가 있었다. 바로 그 앞에서 치킨을 시켜 먹고 조롱하는 파괴된 인간성의 파렴치 행위를 소위 '폭식투쟁'이라고 일컫는 무리도 있었다. 단식으로 지쳐가는 사람들에게 확성기를 틀어 소음으로 방해하는 무리, 격려하는 기도회와 예배로 2014년의 여름 광화문광장은 어느 때보다도 뜨거웠다.

그 여름의 햇볕은 인간을 가리고 있던 모든 포장을 녹여 사람이 무엇인가, 신앙이 무엇인가를 남김없이 보여주었다. 아마 그해 뜨겁게 광화문 바닥을 달군 인간 군상들은 당사자들이 세상에서 사라져버린 오랜 후에도 역사의 가지가지에 주렁주렁 달려 그 시절

2014년 10월 6일 자, www.newsnnet.com/news/articleView.html?idxno=2442
이은혜 기자, "의학적 단식 가능 기간 넘긴 김홍술, 방인성 목사", 「뉴스앤조이」, 2014년 9월 30일 자, www.newsnjoy.or.kr 〉교계

에 대한 기억을 전달할 것이다.

한국기독교장로회 총회의 뜨거운 밤

그해 뜨거운 여름이 지나고 한국기독교장로회 99회 총회 기간이던
2014년 9월 24일, "고난받는 이웃과 함께하는" 수요연합예배를 열
고 이 자리에 세월호 유가족을 초청했다.[2] 이 예배에서 시인이기도
한 총회장 황용대 목사는 가족들에게 자작시를 전달했고, 윤광호
목사는 추모를 위한 자작곡을 발표해 가족들을 위로했다.

　유가족들은 노란 리본 목걸이를 예배 참가자에게 걸어주며 "우
리 아이들을 잊지 말아달라"고 당부했다. 이날 기장 총회의 교회와
사회위원장으로 이 예배를 주관한 필자는 "아이들은 그냥 죽어서
아무 말이 없는 게 아니다"라며, "이 어린 생명들은 한국 사회의 가
장 부패한 곳에 우뚝 서서 '그냥 가면 안 된다고, 그냥 묻어둘 수 없
다'고 외치며 우리 사회 가장 부끄러운 부분을 만인 앞에 들춰내고
있다"고 말했다.

　이날 예배에 참석한 세월호 유가족 중 몇 명의 개신교인들은 자

<hr>

2　고수봉 기자, "고난받는 이웃과 함께, 수요연합예배 격려와 위로의 눈물", 「에
큐메니안」, 2014년 9월 24일 자, https://ko-kr.facebook.com/ecumenian/
posts/766338376756472
이사라 기자, "목사에게 상처받고 목사에게 위로받다", 「뉴스앤조이」, 2014년 9월
26일 자, www.newsnjoy.or.kr 〉 교계
송상원 기자, "고난받는 이웃과 함께", 「기독신문」, 2014년 9월 29일 자, www.kidok.
com 〉 교계 〉 일반

신이 출석하는 교회들이 대체로 특별법 제정에 소극적이라고 밝혔다. 한 유가족은 "관심이 없거나, 심지어 특별법 제정에 나서지 말라는 목사도 있었다"면서, 그로 인해 신앙적인 갈등이 생겼고 마음이 편치 않았는데 이렇게 많은 목사님이 전 교단 차원에서 위로해 주셔서 감사하다는 마음을 전했다. 이날 예배에 참석한 세월호 유가족 박은희 씨(고 유예은 양의 어머니)의 증언은 총회에 참석한 천여 명의 총대를 움직였다. 그 증언을 옮겨본다.

저희 유가족은 162일째 4월 16일을 맞고 있습니다. 저희가 162일째 4월 16일이라고 말하는 것은 아직도 그때와 상황이 변하지 않았기 때문입니다. 저희 가족이 4월 16일 날 겪은 일은 일부 언론이나 국민들이 이야기하는 '사고'가 아닌 참사, 전쟁이었기 때문입니다. 저희가 4월 16일에 보았던 것은 돈 앞에 생명이 얼마나 가벼워질 수 있는가였습니다. 전원 구조라는 오보를 듣고 달려간 팽목항에는 아이들이 없었고 구조된 아이들이 너무 적어서 부모들이 깜짝 놀랐습니다. 나머지 아이들을 애타게 찾았지만 뒤늦게 안 것은 바다 한가운데 있는 선수 부분만 남은 배 안에 저희 아이들이 있다는 것이었습니다. 다른 무엇보다 화가 났던 사실은 500명 가까운 사람이 탄 배가 빠졌음에도 불구하고 그들을 구하기 위해 보낸 구조인력이 턱없이 부족했다는 것입니다. 헬기 2대와 배 한 척(123정)이 전부였습니다. 123정은 경비정이어서 구조 업무를 할 수 있는 사람이 전혀 없었습니다. 헬기 2대에는 구조를 할 수 있는 사람이 각각 2명씩 타고 있었는데 그나마도 해상 구조 경험이 없는 항공 구조사였습니다. 결과적으로 500명이 탄 배에 이 나라가 보낸 전문 인력은 0명이었습니다. 부모들은 이 엄청난 사실에 경악했고 오열했습니다.

남은 아이들을 어떻게든 구조해주기를 바랐지만 체육관에서 기다리다 지쳐 찾아간 팽목항에는 예상과 달리 119구조대 2대밖에 없었습니다. 정부에 구조 체계가 없는 것인지, 아니면 구조 의지가 없는 것인지, 너무 답답하고 원망스러워서 자비로 1시간 가까이 배를 몰고 사고 현장에 갔을 때, 저희가 목격한 것은 사고해역을 그저 돌고 있는 해경정 몇 대와 배의 선수를 막대기로 두드리고 있는 잠수사였습니다.

배를 함께 타고 간 기자에게 간곡히 부탁했습니다. 이 사실을 국민들에게 알려달라, 우리는 뉴스만 보고 믿고 아이들에게 말했습니다. "애들아 수십 대의 헬기가 와 있다고 하니 너희는 방송이나 선원들이 지시하는 대로 따라라." 일부 부모들은 아이들을 재촉했습니다. 아이들이 보내온 답은 "엄마, 내가 움직이면 다른 아이들도 움직여서 위험하대. 그래서 가만히 있으래." 그런데 저희와 함께 갔던 그 기자는 뭍으로 오자마자 사라졌습니다. 어처구니없는 구조과정은 전혀 방송에 나가지 않았습니다.

목사님들이 예배 중 기도에서 지적하셨듯이, 저희 부모들은 무능한 정부와 진실을 가리고 거짓을 보도하는 언론을 보며 놀람을 떠나 절규하고 경악하고 무서웠습니다. 저희가 아직 4월 16일을 이야기하는 것은 지금도 여전히 언론이 저희가 말하는 것과는 다른 이야기를 전하며 저희를 진도에서와 같이 고립시키고 있기 때문입니다. 많은 분 앞에 서는 것이 사실 정말 무섭고 떨립니다. 저는 모든 종교 지도자들이 정말 아픈 마음으로 같이 회개해야 한다고 생각합니다. 나라가 나라의 역할을 못 할 때, 그들을 혼낼 수 있는 사명을 가진 사람들은 목사님들이 아닐까 생각합니다. 저희가 원하는 것은 큰 게 아닙니다. 왜 그런 어처구니없는 구조를 했는지, 이후에 왜 그런 진실을 끊임없이 은폐했는지 알고 싶습니다. 저희 가족이 원하는 것은 수사권, 기소권을 넘어 "정말 잘못했다", "마땅히 책임을 지고 벌을 받겠다"는 진심 어린 고백입니다. 그런 정상적인 일들이 일어나도록 도와주십시오.

뜻깊고 감동적인 예배였다. 거센 사회적 공방 속에서 긴가민가하던 목사와 장로들은 분명한 상황을 전달받고 깊이 공감했고 유가족들과 함께 눈물을 흘렸다.

304인 기독인 철야기도회: 진보와 보수의 연대
세월호 참사 초기에 엇나가는 몇몇 대형교회의 천박한 설교들이 기독교 이미지에 찬물을 들이부었지만, 이후 공식 교단들은 뜻있는 참여와 활동들을 이어갔다. 세월호 사건 이후에 한국교회는 교회나 교단을 떠나서 세월호 아픔에 공감하는 그리스도인과 그렇지 못한 그리스도인으로 나누어지는 듯했다. 한편 세월호 사건을 안타까워하는 마음은 진보와 보수 교단을 떠나서 이들을 한데 묶는 역할을 하기도 했다.

2014년 9월 15-16일 광화문광장에서 304인 기독인 철야기도회가 열렸다.[3] 이 기도회에 약 400여 명의 목회자와 평신도가 참가했고, 희생된 304인의 이름이 적힌 명찰을 가슴에 걸고 그들을 위해 밤새워 기도했다. 이날은 에큐메니칼 단체들과 복음주의 단체들이 모두 함께했다. 서로 다른 교단의 목사들이 설교하고 기도했다. 한국개신교 전체 교파가 모여 연대하는 뜨거운 기도의 밤이었다. 이 연대는 12월 25일 안산에서 세월호 활동을 정리하는 "세월호 가족과 함께하는 연합 성탄예배"까지 이어졌다.

세월호 사건을 보면서 "하나님은 무엇을 하셨나?" 하는 신학적 질문을 할 수 있다. 이 사건은 하나님을 전통적인 전능의 신, 초월한 신으로만 볼 수 없게 만들었다. 권력에 희생된 이들 앞에서, '왜'라는 질문에 대면하면서 그리스도인들은 하나님의 부재를 경험하기도 한다. 그러나 동시에 그 절망만이 넘실대는 폐허에서 하나님을 발견하게끔 하는 한 줄기 빛 또한 함께 우는 사람들에게서 찾을 수 있었다.

---

3   조혜진 기자, "세월호 희생자 숫자인 목회자 304인, 밤새 특별법 촉구", 「CBS노컷뉴스」, 9월 16일 자, https://mch.nocutnews.co.kr/news/4089201
     김도형 기자, "목회자 304인의 철야기도회를 통해 바라본 세월호", 「오마이뉴스」, 9월 17일 자, http://www.ohmynews.com/NWS_Web/View/at_pg.aspx?CNTN_CD=A0002033904

수많은 투쟁이 있었음에도 불구하고 무엇 하나 시원하게 밝혀진 것은 없지만 운동의 성과를 결과의 전리품으로만 셈할 수는 없다. 세월호 특별법 제정을 촉구하는 6백만 명의 서명, 10개월의 투쟁, 수많은 인파가 흘린 눈물은 약함을 고리로 하여 우리가 새롭게 발견한 것들이다. 세월호 사건 이후 시민들이 보여준 지지와 투쟁은 그 어느 때보다도 광범위한 국민적 연대를 이루어냈고 온 나라를 하나로 만들었다. 우리는 그 속에서 새로운 하나님을 만났다.

많은 이들이 "이제 그만 잊자"고 한다. 그리스도인들은 어떻게 해야 할까? 성경은 뭐라고 말할까? 성경은 역사적 사건을 기억하기 위한 책이다. 그들은 절기를 만들어 역사 속의 사건을 기억하고자 했으며, 예배를 통해 그 기억들을 재연했다. 그것을 기록하여 마음 판에 새기며 현재화하는 말씀이 성경이다. 그리스도교의 핵심은 '기억'이다. 예수의 죽음과 부활을 기억하고, 그분의 삶을 기억하면서 그것을 현재로 살아내는 것이다. 오늘도 다양한 사건들이 계속 회전되면서 무의미와 소멸의 위기 속으로 사라지지만 성경의 사건과 예수 사건은 오늘의 사건들이 소멸해가는 속도를 넘어서서 언제나 기억해야 할 것을 그 자리에 존재하게 하는 힘으로 작용한다. 잊히지 않는 말씀은 계시가 되기 때문이다.

보수-복음주의 기독인들을 거리로 몰고 나온 세월호 참사

임왕성

교회개혁실천연대 공동대표이자
새벽이슬교회 담임목사다.

2014년 4월 16일

누구나 인생을 살아가면서 선명하게 각인되어 있는 몇몇 장면들이 있다. 대학 입학 시험 합격자 명단에 자신의 이름이 들어가 있는 것을 확인했던 순간일 수도 있고, 사랑하는 아이가 막 태어났을 때의 장면일 수도 있고, 이전에 한 번도 생각해보지 못했던 안타까운 일을 당했을 때의 장면일 수도 있다. 이상하게도 그날의 장면은 수십 년이 지나도 마치 어제 찍은 사진처럼 선명하게 기억된다. 심지어 그 순간의 냄새와 온기까지도 뚜렷하다. 대한민국 사회에 집단적으로 각인된 한 장면이 있다. 바로 2014년 4월 16일 아침 그날의 장면이다. 금방 건져낼 줄 알았고 믿고 있었기에 더 비통했고, 더 황망했다. 뿐만 아니라 에어포켓 생존 가능 시간을 확인하며, 보이는 대로 붙잡고 "내 자식 좀 건져달라"고 울부짖는 부모와 가족들을 '관리하려' 드는 정부의 태도와 무능력을 보면서 온 나라가 분노했다. 결국 세월호 참사는 그저 감추고 덮기에만 급급했던 박근혜 정권을 탄핵시켰고, 새로운 촛불정권을 탄생시켰다.

그 큰 산을 넘었을 때 이제 곧 밝혀질 참사의 진상규명에 대한 기대감으로 안도했고, 그것으로 지켜주지 못한 못난 부모로서의 빚을 조금이나마 갚고자 했다. 그런데 세월호 참사 진상규명을 위해 기다리고 싸운 시간은 박근혜 정권에서보다 문재인 촛불정권에서 더 길었다. 왜? 무엇 때문에? 문재인 정권의 누구라도 대답 좀 해주면 좋겠다. 누군가는 "그럴 줄 몰랐냐고? 그러니까 기다리지 말고 더 싸웠어야 했다"고 말한다. 어찌 몰랐겠는가? 하지만 절박한 부모들은 그 줄마저 놓아버릴 수 없었기에 끊어질 줄 알면서도 스스로 바보가 되어서 마지막까지 그 썩은 동아줄이라도 붙잡을 수밖에 없었다. 그래서 마지막까지 거짓된 희망으로 부모들을 우롱하고 배신했던 그들이 더 용서가 안 된다.

그렇게 9주기가 다가온다. "잊지 않겠다"고, "끝까지 함께하겠다"고, "반드시 진상규명 해내겠다"고 했던 그때의 다짐들 앞에서 우리는 한없이 초라해져 있다. 우리가 아직 세월호의 304인이 안겨준 그 숙제를 풀어내지 못했지만, 분명 세월호 참사는 복음주의 사회선교 운동에 획기적인 전환을 가져다준 일대의 분기점이었다.

2014년 4월 16일은 고난주간 수요일이었다. 부활주일을 앞두고 벌어진 참사에 한국교회는 기민하게 대응하지 못했고, 4일 후 부활절은 대부분 교회가 여느 해와 다름없이 영광과 기쁨의 예배로 채웠다. 우려했던 대로 부활절을 보내면서 적절하지 못한 발언들이 설교를 통해 노출되었고, 그 여파는 단지 유가족뿐만 아니라 건강한 신앙을 가지고 있던 성도들에게도 닿았다. 매일매일 수습되는 자식의 싸늘한 몸을 부여잡고 통곡하는 유가족들과 동시간대를 살면서 마치 아무 일도 없었다는 듯 교회 안에서는 기쁨의 축제가 벌어지고, 그 비극을 아무렇지 않게 하나님의 뜻으로 둔갑시키는 설교를 들으면서, 역설적으로 교회 안에서 지옥을 경험하고 숨을 쉴 수가 없어서 뛰쳐나오는 성도들이 늘어갔다.

세월호 참사를 기억하는 기독인 모임

그러던 차에 성서한국을 중심으로 한 복음주의 사회선교운동 단체들이 긴급 모임을 갖고 "세월호 참사를 기억하는 기독인 모임"(이하 "세기모")을 조직했다. 이후 참사 3주기까지 세기모는 분주히 416가족협의회, 실종자 가족협의회, 416연대와 교회, 성도들을 잇는 가교 역할을 담당했다. 참사 초기를 중심으로 몇 가지를 돌아보면 다음과 같다.

첫째, 세기모는 긴급하게 "세월호 참사 추모와 특별법 제정을 촉구하는 촛불기도회"를 조직했다. 매주 월요일 저녁 7시 30분, 처음에는 국회 앞에서 모였다가 나중에는 청계천 파이낸스 빌딩 앞으로 장소를 옮겨 진행했다. 8월부터 시작된 이 기도회는 연속해서 14차까지 진행되었으며 평일 저녁이었음에도 불구하고 매주 2-300여 명의 그리스도인이, 많을 때는 500여 명이 꾸준히 참석해서 기도를 모았다. 이렇게 많은 그리스도인이 이렇게 꾸준하게 더군다나 교회가 아닌 거리에서 예배를 드린 적은 이전에도 이후에도 찾아보기 어려웠다.

둘째, 한국교회에 세월호 참사 유가족 초청 간담회를 열어주길 부탁드렸다. 참사 후 유가족들은 여러 간담회 자리를 통해 세월호 참사를 알리고 진실규명에 대한 동참을 호소했다. 하지만 유독 교회와 그리스도인들을 만나기가 쉽지 않다는 유가족들의 이야기가 있었고, 또 교회에서는 유가족들을 만나고 싶으나 방법을 모르겠다 하여 세기모가 유가족과 교회가 만날 수 있는 다리 역할을 하고자 했다. 하지만 '세월호 특별위원회'에 대한 정부 시행령 입법 예고안이 발표되고 나서, 유가족들의 모든 활동이 광화문광장으로 집중되면서 계획했던 교회간담회를 더 힘있게 진행해내지 못한 아쉬움이 있다.

셋째, 참사 1주기를 앞둔 2015년 4월 12일(주일)을 "세월호 참사 기억주일"로 지키는 운동을 전개했다. 한국교회는 교회력에 따른 절기를 지켜간다. 그런 가운데 한국 사회에 크나큰 아픔을 남긴 세월호 참사를 한국교회가 함께 기억하고 진실규명에 동참하겠다는 의지의 표현으로 참사 1주기를 앞둔 주일을 "세월호 참사 기억주일"로 지켜갈 것을 제안했다. 그리고 이 주일을 지키는 데 활용할 수 있도록 설교문과 기도문을 작성하여 공유했고 이 제안에 따라 많은 교회가 4월 12일을 "세월호 참사 기억주일"로 지켰고, 이 기억주일은 2주기, 3주기로 이어졌다.

넷째, 세월호 참사 1주기 추모예배를 준비했다. 세기모는 세월호 참사 1주기를 앞두고 기독교계 단체들 연합으로 구성된 "세월호기독교원탁회의"(이하 "원탁회의")와 함께 애초에 "세월호 참사 1주기 추모예배"를 준비했다. 하지만 416가족협의회가 소속된 "4월 16일의 약속 국민연대"(이하 "416연대")에서 추모예배가 예정되어 있던 4월 14일 오후 기자회견을 열고, 정부의 시행령안 폐기 조치가 이루어지지 않는 한 1주기 추모제를 무기한 연기하겠다는 선언과 함께 추모예배를 "시행령 폐기/ 선체 인양/ 배·보상 일정 중단 촉구를 위한 기독인 연합예배"로 변경해줄 것을 요청해왔다. 그리하여 원탁회의와 세기모는 유가족과 416연대의 의견을 존중하여 세월호 참사 1주기를 앞둔 4월 14일(화) 저녁 7시 광화문광장에서 "시행령 폐기/ 선체 인양/ 배·보상 일정 중단 촉구를 위한 기독인 연합예배"를 드렸다. 당일 예배에는 비가 오는 가운데서도 약 600여 명의 그리스도인이 참여했으며, 예배 중에 416가족협의회 집행위원장 예은 아빠 유경근 님의 발언 시간도 있었다. 그는 대한민국이 또 하나의 세월호가 되어 침몰하고 있음을 직시하고서 그리스도인들이 지금 기도만 하고 있을 때인지, 행동해야 할 때인지를 잘 분별해달라고 요청하면서, 이후 추모제와 범국민대회에 신앙인들이 앞장서주길 부탁했다. 당일 기도회가 끝나고 참가자와 목회자들은 "시행령 폐기/ 선체 인양/ 배·보상 일정 중단에 대한 요구"를 청와대에 전달하기 위해 행진을 시도했으나, 행진단은 세종문화회관 앞 대로에서 경찰에 막혀 더 이상 나갈 수 없었다. 행진단은 평화행진 보장을 요구했으나 경찰은 더 이상의 행진을 불허했으며, 그 과정에서 충돌이 발생하여 2명의 목사와 5명의 전도사가 연행됐다. 행진단은 자정이 넘도록 평화행진 보장과 연행자 석방을 요구했으나 받아들여지지 않자, 원탁회의 대표자 11인이 연행자 석방을 요구하며 종로경찰서에 항의 방문하는 것으로 기도회를 마무리 지었다. 연행자들은 16일에 모두 석방되었다.

다섯째, 세기모는 원탁회의와 함께 2015년 9월 15-16일까지 "세월호 특별법 제정을 염원하는 목회자 304인 철야기도회"를 광화문광장 세종대왕 동상 앞에서 진행했다. 이날 기도회는 세월호 참사로 희생된 304인을 기억하는 뜻에서 목회자 304인이 참여하는 방식으로 준비했으나 그보다 훨씬 많은 500여 명의 목회자와 그리스도인들이 참여했다. 특별히 이날 기도회는 유민 아빠 김영오 씨의 단식이 40일을 넘어가자 이를 만류하기 위해 동조 단식을 시작한 김홍술 목사와 방인성 목사가 40일 단식에 연대하는 자리이기도 했다. 15일 저녁 8시에 시작해 16일 오전 11시 30분에 마무리된 철야기도회는 총 네 번의 예배와 기자회견으로 채워졌으며, 진보와 보수 기독교 목회자들이 한자리에 모여서 시작부터 끝날 때까지 자리를 지켜낸 기념비적인 기도회였다.

　여섯째, 세월호 실종자 가족과 함께하는 팽목항 기도회를 세 차례에 걸쳐 진행했다. 여전히 자식들을 건져내지 못한 채 팽목항을 지키고 있는 실종자 가족들을 기억하고 위로·연대하기 위한 팽목항 기도회를 두 차례(2015.4.25., 2016.4.22.), 그리고 세월호 선체가 인양된 목포 신항에서 실종자 가족과 함께하는 기도회를 한 차례(2017.4.8.) 진행했다. 세 차례 모두 서울, 대전, 순천, 익산 등지에서 100명 이상의 그리스도인들이 함께했다.

　일곱째, 세기모는 참사 1주기인 2015년 4월 16일 저녁 7시 시청광장에서 진행된 "4.16 약속의 밤"과 4월 18일 오후 3시에 진행된 "세월호 참사 1년 전국 집중 범국민대회"에도 함께했다. 정부의 시행령 폐기 약속이 이루어진 가운데 4월 16일 오후 2시에 예정되어 있었던 추모제를 무기한 연기하고 진행된 "4.16 약속의 밤 행사"는 약 6만여 명의 시민들이 참여하여 2시간가량 진행되었다. 행사가 끝나고 시민들은 광화문광장 분향소에 준비해온 국화꽃을 올리고 추모하려 했으나 동아일보 사옥 앞에 설치된 경찰 차벽에 가로막혔다. 당일 유가족 측에서 기독교 목회자와 그리스도인들이 유가족과 함께 움직이며 유가족을 보호해줄 것을 요청해와 세기모는 기독교 목회자와 그리스도인들을 조직해 유가족과 함께 청계천-종로-종각 방향으로 움직였으나, 결국 종각에 설치된 차벽에 또다시 갇히고 말았다. 경찰 병력을 뚫어보려 했으나 불가능했고,

이후 일부 목회자와 그리스도인들은 유가족이 집결해 있는 광화문 현판 앞으로 이동하여, 몇 차례에 걸쳐 유가족 연행을 시도하는 경찰로부터 유가족을 지키며 함께 노숙을 했다. 결국 유가족들은 범국민대회가 있는 18일까지 광화문 현판 앞에서 노숙하겠다고 결의했다. 이날 행진 과정에서 그리스도인 6명, 일반인 3명 총 9명이 연행되었으며, 연행자는 18일 전원 석방되었다. 특별히 이날 행사에는 유가족의 요청에 따라 그동안 현장에서 자주 볼 수 없었던 많은 목회자가 유가족들과 함께 움직이며 십자가를 들고 선두를 지키는 모습이 보는 이들에게 큰 감동을 주었다.

한편 2015년 4월 18일 오후 3시에 진행된 "세월호 참사 1년 전국 집중 범국민대회"에서는 대회 시작 약 1시간을 앞두고 경찰이 광화문 현판 앞에 있는 유가족들을 연행하기 시작했다. 무리하게 차벽을 증강하려는 경찰에 맞서 항의하던 유가족들을 경찰이 연행하면서 충돌이 발생했고, 그 과정에서 유가족 15명이 연행된 것이다. 게다가 범국민대회가 진행되는 동안에도 유가족을 연행하려는 시도는 중단되지 않았고, 급기야 유가족들의 연행에 항의하는 시민들까지 무차별 연행하는 참사가 벌어졌다. 결국 범국민대회는 진행 도중 중단되고 시민들은 유가족이 있는 광화문 현판 앞으로 이동했으나 이미 2중, 3중으로 설치된 차벽에 막혀 뿔뿔이 흩어질 수밖에 없었다. 흩어진 시민들은 폴리스라인과 경찰 차벽을 피해 광화문 북단 지점으로 모였으나 유가족이 있는 광화문 현판 앞으로 가는 길에는 이미 몇 겹의 차벽이 설치되어 있어 진입이 불가능했다. 시민들은 들려 나온 일부 유가족과 함께 계속해서 현판 앞 유가족들과의 만남을 시도했고, 경찰은 시민들을 향해 무차별적으로 물대포와 최루액을 살포했다. 그 과정에서 부상자가 속출했고, 흥분한 시민들에 의해 경찰 차량 일부가 파손되기도 했다. 오후 2시부터 시작된 경찰과의 충돌은 저녁 10시가 넘도록 이어졌으며, 밤 10시 30분경 결국 광화문 현판 앞에 고립되어 있던 유가족과 광화문광장 북단에 있던 시민들이 만나고 집회는 정리되었다. 경찰 차벽에 막혀 고립된 채 이틀째 노숙하고 있는 유가족들을 만나기 위한 시민들의 강경한 저항과 경찰의 강경대응으로 인해 이날 100여 명의 시민들이 연행되었고, 이 중 5명에 대해서는 구속영장이 신청되었다. 이날 연행된 시민 중에는 여러 복음주의 그리스도인들이 포함되어 있었다.

이렇게 세월호 참사는 그동안 머뭇거리고 있었던 많은 복음주의 그리스도인들을 거리로 이끌고 나왔다. 민주화 운동의 오랜 역사를 지닌 진보 기독 진영과 달리 보수-복음주의 교회와 그리스도인들은 고난받는 이들에 대한 부채 의식과 함께 연대하고자 하는 의지와 바람은 있었으나 좀처럼 현장으로 나오지 못했다. 여러 이유가 있겠지만, 오랜 시간 교회 안에 갇혀 교회에서 드리는 예배와 기도회에만 익숙해져 있었기에 교회 밖 현장에서 드리는 예배와 기도회에 대한 생경함이 컸다. 또한 현장에서 예배와 기도회를 할 때 어떤 용어와 어떤 형식으로 해야 하는지, 구호는 어떻게, 무엇을 외쳐야 하는지 등등 투쟁 현장의 문화에 익숙지 않은 것에 대한 두려움도 있었다. 한 번도 경험해보지 못한 공권력과의 충돌에 따른 부담과 두려움도 컸다. 그래서 고난받는 이들에 대한 높은 관심이 좀처럼 현장에 대한 결합으로 이어지지는 못했다. 좀처럼 깨지 못한 그 장벽을 일순간에 무너뜨리고 거리로 몰고 나왔던 사건이 세월호 참사였다. 14차로 이어진 "세월호 참사 추모와 특별법 제정을 촉구하는 촛불기도회"에서부터 "세월호 참사 1년 전국 집중 범국민대회"까지 참사 초기 어디를 가든지 복음주의 그리스도인들을 어렵지 않게 만날 수 있었다. 그들은 누구보다 더 치열하게 현장에서 부딪히고 뚫어내면서 유가족들의 곁을 지켰다. 그 현장의 경험은 분명 복음주의 사회선교운동에 상당한 자산과 전환점이 되었다.

그 순수한 열정과 진심에 큰 감동을 받았던 한 장면이 있다. 2015년 4월 16일 시청 앞에서 진행되었던 "4.16 약속의 밤" 이후 광화문 분향소를 향하던 시민들이 동아일보 사옥 앞 경찰 차벽에 막히면서 유가족들은 방향을 틀어 청계천-종로-종각 방향으로 움직였고, 그 선두에 많은 복음주의 목회자들과 그리스도인들이 있었다. 하지만 결국 그 행진도 종각에 친 몇 겹의 경찰 차벽에 막히고 말았는데, 도무지 뚫을 수 없는 상황이었다. 유가족 중 몇몇 분들이 그 자리에 주저앉아 오열하였고, 유가족들만이라도 지나가게 해달라고 항의했지만 길은 열리지 않았다. 그런데 그 순간 '대책 없는'

일이 벌어졌다. 그 비통한 장면을 도저히 두고 볼 수가 없었는지 목회자들과 그리스도인들이 차벽 앞으로 인간장벽을 쌓고 있는 경찰벽을 뚫기 위해 돌진하면서 충돌한 것이다. 순식간에 벌어진 상황에 주변에 있던 행진대열들도 결합해서 부딪혔고, 그 위로 마구 뿌려대는 경찰의 캡사이신으로 인해 순식간에 일대가 아수라장이 되었다. 그런데 그 무모하고 바보 같은 충돌은 너무도 감동적이었다. 이미 다 쉬어서 소리도 제대로 나지 않는 목으로 죽어라 구호를 질러대면서, 캡사이신과 땀이 범벅 되어서 눈물, 콧물이 주룩주룩 흐르는데도, 바보처럼 한 발도 물러나지 않고 끝까지 밀고 나가는 그 모습에서 보수신앙의 무거운 진심과 열정을 엿볼 수 있었다. 결국 그 바보 같은 무모함이 5겹, 6겹의 경찰벽을 뚫어내고 한두 명이 빠져나올 수 있는 길을 열었다. 그렇게 뚫고 나왔는데 눈앞에 펼쳐진 것은 텅 빈 차도를 막고 있는 또 몇 겹의 차벽이었다. 그날 그 모습을 보고는 땅바닥에 털썩 주저앉아 "도대체 왜 이러는 거냐?"고 통곡했던 한 목사님의 절규가 지금도 선명하다.

이렇게 세월호 참사는 복음주의 사회선교운동의 오랜 숙제를 일순간에 풀어주면서, 그동안 머뭇거리고만 있었던 많은 목회자와 그리스도인들을 거리로 몰고 나왔고, 그 힘과 가능성을 다시 일깨워주었다. 그렇기에 복음주의 사회선교운동은 참사를 당한 304인에게 진 빚과 함께, 그렇게 열어준 운동의 확장을 지속해서 이어가지 못한 책임 또한 클 수밖에 없다.

유가족들의 말

부족하지만 세월호 참사 진상규명을 함께해오면서 잊히지 않는 유가족들의 말이 있다. 먼저는 참사 1년이 지나고 맞은 "2015년 고난받는 이들과 함께하는 부활절 연합예배"에 참석했던 실종자 다윤이 엄마 박은미 씨가 했던 말이다. "우리도 빨리 유가족이 되게 좀 해주세요." 어느 부모가 자식의 유가족이 되고 싶겠는가? 그럼에도 불구하고 사랑하는 딸을 차가운 바닷속에서 건져주지 못한 것이 죄스러워서 어서 빨리 실종자 가족이 아닌 유가족이 되게 해달라는 엄마의 절규에 숨이 턱 막히고 말았다.

두 번째 잊히지 않는 말은 광화문 세월호 광장에서 드렸던 기도회 때로 기억한다. 그날 한 유가족이 "우리 아이들의 죽음을 의문사로 남겨둘 수는 없다"라고 했다. 이 말을 들으면서 참사의 진상규명이 유가족들에게 어떤 의미인지가 너무도 선명하게 다가왔다.

세 번째는 예배의 자리에서 유가족 중 한 분이 올린 기도였던 것으로 기억하는데, 그때 이런 문구가 있었다. "하나님! 당신은 우리 마음 아시지요. 당신도 아들을 잃어보셨잖아요. 그러니까 우리 마음이 어떤지 아시잖아요." 나는 이보다 더 애통한 기도를 들어본 적이 없다.

진상규명 없는 9주기 앞에서 무슨 말을 더 할 수 있겠는가? 한없이 부끄럽고, 죄스럽고, 비통할 뿐이다. 개인으로서만이 아니라 복음주의 사회선교운동은 더더욱 그렇다.

세월호는 새로운 교회를 만들었습니다

정금교

대구누가교회 목사,
대구416연대 공동대표다.
2015년에 전국목회자정의평화협의회 상임의장을 지냈다.

대구에서 203번의 세월호 예배를 드리다

"여기 세월호가 텍스트이고 성경은 오히려 컨텍스트입니다." 예은 어머니가 이 말을 했을 때 나는 성경해석과 신학의 전복이라고 생각했다. 안전한 교회에서 만나던 예수가 아니었다. 그이의 참담한 고통이 길어 올린 신학적 선언이었다. 받은 충격이 컸지만 나는 아직도 그 말의 깊음을 다 모른다. 세월호 참사 후 남은 가족들은 이렇게 그들의 답을 찾아가고 있었다.

참사가 있은 그해 6월 10일 은퇴한 서일웅 목사님이 한탄을 했다. "세월호 참사가 있고 두 달이 지나가는데도 우는 이들을 위로하는 교회가 하나 없구나." 정신이 번쩍 들었던 나는 우리 교회가 하겠노라 자원하고, 교인들에게 동의를 구하고 중심가의 바보주막에서 공간을 제공받았다. 교회 틀을 넘어 누구라도 참여하기 쉽도록 했다. 예배 형식은 꼭 필요한 것만 남기고 줄였다.

2014년 6월 15일, 3년 10개월의 위로예배는 그렇게 시작했다. 바보주막은 매 일요일에 공간과 모든 편의를 지원했다. 첫 예배 때 우리 교인 외에 19명이 예배에 참석했다. 매주 사람들이 왔고, 다른 지역에 있거나 다른 종교를 가진 이들도 와서 진지하게 함께했다. 세월호 참사와 관련한 모든 내용을 가지고 기도했으며 매번 실종자 이름을 불렀다. 예배 후에는 실종자 얼굴 사진을 등과 배에 붙이고 한 줄로 서서 침묵 도보 순례를 했다.

5주기 추모제를 끝으로 이 예배를 마친 날은 203회째였다. 참사 규명은 여전히 불안했기에 우리는 미안했고 약속했고 무엇보다 서로 아파했다. 지금 보관하고 있는 자료에는 예배에 참석한 이들의 소감을 기록한 글들과 세월호 참사로 달라진 성경 이해와 그 주간의 뉴스들이 녹아든 설교문이 있다. 그때 끝까지 함께했던 이들이 "세월호기도팀"이라는 이름으로 지금도 모이고, 세월호 관련 활동을 하고 있다. 이들은 안산과 팽목과 목포를 다니고, 대구416연대와 연결되어 있고, 현수막을 달고 추모예배와 리본 나누기를 하고 있다.

반별로 부모들이 지역을 다닐 때 대구에서도 뭐라도 하고 싶어서 대구를 방문한 2학년 3반 부모들과 대구시민이 함께 "304인과 함께 걷기" 등반(대구 고산골)을 기획하고 시민들의 도움을 받았다. 보교기획의 황 사장이 필요한 대부분을 채웠다. (이분은 지금도 매년 부활절 계란을 제공한다. 덕분에 노란 리본을 담은 계란 봉지가 1,000개씩 나

뉘졌다.) 시내에서 피켓을 들거나 서명을 받으러 다니던 그들이 자연 속에서 시민과 어울려 걷는 일은 색다른 모습이었다. 2014년 12월 1일, 날이 몹시 추워 미안하기도 했지만 어머니 아버지들은 거침없이 산을 올랐다. 야무지고 단단해 보였다.

한국교회는 이것을 가르치지 않았다

안산 합동분향소 옆 컨테이너에서 목요기도를 이어가던 어머님 한 분이 말했다. "하나님께 위로를 구했더니 사람을 보내시더군요." 한국교회가 세월호 참사를 겪고 9주기를 맞이하는 지금 변한 게 있을까 물어온다. 한국교회라는 건 무엇을 말하는 걸까? 교단 임원단일까, 조직교회일까, 그리스도인들을 통칭하는 걸까? 비판 대상의 실체가 분명치 않아서 변화가 없는 건 아닐까? 나는 세월호 참사를 겪고도 변하지 못한다면 버려야 한다고 결론 내렸다.

참사 초기 교회는 많은 물자와 사람을 동원하여 현장을 지원하고 도왔다. 봉사자와 물품이 부족하지는 않았다. 하지만 훈련받지 않은 그들은 유가족에게 상처도 함께 주었다. 돌이켜보니 교회는 타인을 돌보는 법을 가르치지 않았고, 교인들은 배우지 않았다. 친절한 태도만 익히고 있었다. 슬프고 아픈 이를 위로하는 말을 할 줄 모르고, 묵묵히 곁에 머무는 법은 배우지 못했다. 현장에서 본 그리스도인은 완벽한 가해자였다. 그동안 우리는 무엇을 했던 걸까?

도보 순례에서 만난 호신대의 오현선 목사는 학생들을 가르쳐서 보내고 있었다. 행동과 말과 할 일을 일일이 가르치느라 그는 지쳐 있었지만, 이를 통해 학생들은 말없이 서 있는 법을 견뎌내는 훌륭한 봉사자가 되었다.

교회의 개혁은 어쩌면 쉽고 가까운 것인지도 모르겠다. 사람을 돌아보는 일, 그의 말을 들으려 하고, 마음을 읽으려는 일, 내가 무엇을 하기에 앞서 그가 필요한 것이 무엇인지를 알기 위해 기다리는 일, 조금 떨어진 곳에서 말없이 머무는 일, 이런 태도 혹은 마음이 한국교회에는 없다! 교회가 개혁의 대상이 된 이유는 바로 이것이라고 세월호 참사를 겪으며 보고 있다. 교회의 단단한 성을 허물고 그 속에 갇힌 부드러운 살들을 만나면 그게 개혁의 모습이라고 볼 수 있을 것이다.

교회개혁은 기치로서는 훌륭하나 가능한 일은 아니다. 루터 이전에도 수많은 이들이 교회개혁을 말하고 죽었다. 루터가 위대한 것은 그 교회를 벗어나 새롭게 시작했다는 점이라고 본다. 이집트 탈출이 그랬고, 초기 교회가 그랬다. 끊임없는 출애굽이다. 세월호 참사를 잊지 않는 그리스도인들은 기존 교회에서 탈출한 사람들이다. 탈출 공동체는 이미 시작되었고 시민들과 연대하며 새로운 공동체를 형성하고 있다. 대구 세월호 예배는 세월호 참사의 아픔과 연민으로 연대한 탈출 공동체를 형성했다. 종교가 다르거나 없는 것이 문제가 되지 않는 예배 공동체였다. 오는 9주기 추모예배를 바보주막에서 드리게 되면 또다시 그들은 찾아올 거다. 아픔을 나누고 기도하고 위로를 주고받기 위해 우리는 모인다. 이제는 이태원의 10.29 참사 희생자 유가족과도 연대한다. 광주 참사가 세월호의 과거라면 이태원 참사는 세월호의 미래였다. 이렇게 아픔과 분노와 슬픔들로 연대하여 형성되는 종교공동체는 그 이름을 무엇이라고 부를 것인가.

"너희가 증인이다"(행 3:12-20; 시 4편; 요일 3:1-7; 눅 24:44-48)
세월호 참사를 잊지 못하는 이들과 함께하는 예배(203차, 2018.4.15.)
_세월호 예배의 마지막 설교문

오늘 읽은 성경은 예수가 부활하여 제자들을 만나는 장면입니다. 예수께서 부활하셨다는 믿음은 기독교 신앙의 근간입니다. 예수의 제자들은 스승의 죽음을 사건 연표대로 기록하여 누구라도 알 수 있도록 하였습니다. 네 개의 복음서가 조금씩 다른 관점으로 기록되긴 했지만 예수의 죽음에 대한 기록은 서로 팩트 체크 하듯이 일치합니다. 그의 죽음의 과정을 기록하기 위해 삶을 기록했다는 것이 맞을 것입니다.

예수는 권력자에 의해 살해당했고, 그의 죽음은 유폐되었으며, 추모는 금지되었습니다. 추종자들은 땅굴을 파고 들어가 비밀리에 그를 기억해야 했습니다. 예수는 부패한 권력자에 의해 죽었는데, 로마 교회는 그를 종교적 죄인을 위한 구원자로 선포합니다. 로마 교회 이후 기득권자들은 그의 죽음을 왜곡했습니다.

하지만 이미 성경을 기록한 초기 기자들은 사실과 왜곡 사이에서 그들의 일을 정확하게 해두었습니다. 사건의 기억과 기록입니다. 그들은 비록 지하 묘지인 카타콤에서 비밀리에 추모해야 했지만 기억과 기록을 통해 저항했습니다. 그들은 스승이 살해당한 사건의 증인이었습니다. 헤롯 왕과 빌라도 총독, 제사장 가야바, 역사상 어떤 인물도 이렇게 이천 년 동안 실명으로 그 죄상을 고발당하는 이도 드물 것입니다. 선한 사람의 억울한 죽음, 예수는 이 모든 사건의 전형으로 기억됩니다. 하나님은 이러한 사건의 희생자를 기억하고 부활해내신다는 믿음이 기독교의 믿음입니다. 이 믿음으로 우리는 세월호 참사 희생자를 추모합니다. 우리의 기도는 존엄한 존재로서 살 권리의 주장이고, 잊지 않겠다는 약속이며, 세상을 바꾸겠다는 의지입니다.

내일이면 4주기입니다만 참사 이후 어느 것도 달라지지 않았습니다. 처음 그 자리일 뿐입니다. 오히려 더 불안합니다. 정부와 안산시장의 약속 앞에서 이전의 속임수가 반복될까 불안합니다. 황전원의 특별조사위원회 복귀가 이를 더 부추깁니다. 교실도 없고 분향소도 철거되니 세상이 잊을까 유가족들은 초조함을 감추지 못합니다. 항해기록 데이터는 조작되었고, 공모자는 입을 닫았습니다. 다섯 분 미수습자가 있고, 김동수 님은 입원을 반복하고, 생존 학생은 아직도 얼굴을 가려야 합니다.

여전한 불안 가운데 우리 기도회는 오늘 종료합니다. 죄송한 마음을 금할 길 없습니다. 그러나 누가교회는 여러분과 함께 계속 기도하며 주목하고 기억하겠습니다. 예수의 죽음을 묵과하지 않은 하나님과 함께 악한 권력과 부패한 사회에 저항할 것입니다. 억울한 이들과 함께하며, 우는 자와 함께 울 것입니다. 불안한 현실 너머 정의와 평화를 향해 유가족들과 함께 길을 내며 가겠습니다.

그동안 마음을 모으고 참여한 모든 분께 앞으로도 함께해주시기를 부탁드립니다. 여러분이 증인입니다. 참사의 증인이며, 이제 부활의 증인일 것입니다. 긍휼함이 우리를 서로 연결해주었으니 사람 사는 세상을 향해 함께 갑시다. 그동안 연결된 모든 분께 고맙습니다. 바보주막, 이 공간은 교회사에 기록될 것입니다. 4년 동안 불편한 몸으로 성찬예식을 집전한 서일웅 목사님과 우리 누가교회 교인들께도 이 자리를 통해 깊이 감사드립니다.

하나님이 물으신다면

박인환

예은이네 교회 목사로
34년째 안산 화정교회 목사로 살고 있다.
416목공소에서 세월호 엄마 아빠들과 일하는 것을 좋아한다.

상식

2014년 4월 16일 아침, TV 방송을 통해 기울어져 물에 잠겨가는 세월호를 보았다. 계속 배 안에 머물러 있으라는 소리만 하고 있다는 것이 너무 안타깝고 분했다. 배가 기울어지기 시작할 때 "구명조끼를 입고 배에서 탈출하라"는 안내만 했어도 모두 살 수 있었을 것이다. 지시에 따라 잠겨가는 배 속에서 꼼짝 못 하고 공포에 떨었을 승객들 생각을 하니 어찌할 바를 모르겠다. 그 배에 우리 교회 예은이도 탑승하고 있다고 하니 그 암담함의 무게가 더욱 크게 짓누르는 것 같았다.

사고는 언제든지 생길 수 있다. 그러나 중요한 것은 최선을 다한 수습이다. 8년이 더 지난 오늘까지도 진상이 밝혀지지 않을 정도로 세월호 참사의 발단과 수습과 처리 과정은 비상식적인 일로 가득하다. 사람 사는 세상이 평화롭기 위해 필요한 여러 가지 덕목 중

하나가 '상식'이 아닐까 생각한다.

위험에 처한 사람이 있으면, 그 무엇보다 그들을 안전하게 구조하는 것이 상식이다. 해경이 침몰해가는 배의 승객을 구조하는 것은 기본의무이고 상식이다. 그런데 그들은 세월호 승객을 구조하지 못한 것이 아니라 구조를 방기하였고, 더 나아가 구조하러 온 다른 구조세력들(어선들, 민간 잠수사, 미군 등)을 돌려보내기까지 했다. 상식적이지 않을 뿐 아니라 어떤 설명으로도 이해할 수 없는 괴이한 일이다.

참사 초기 세월호와 유족들에 관련한 가짜뉴스가 무수히 돌아다녔다. 책임회피에만 급급했던 정부 여당은 그렇다 치더라도 사고를 공정히 보도해야 할 언론들이 가짜뉴스를 확산시켰다. 슬퍼하는 자와 함께하고 억울한 자의 편에 서야 할 종교 세력들은 가짜뉴스를 들먹이며 유족들의 가슴에 비수를 꽂았다. 그런가 하면 많은 사람이 가짜뉴스에 현혹되어 세월호 유족들과 그들 곁에 서 있는 사람들에게 싸늘한 시선을 보냈다. 상식을 벗어난 일이었다. 2016년 10월 29일, 세월호 유족들이 시작한 촛불로 정권을 잡은 문재인 대통령이 세월호 진상규명을 제대로 하지 않은 것 또한 상식적이지 않은 일이다.

2022년 10월 29일 이태원 참사가 일어났다. 너무도 놀라운 것은 세월호 참사 때와 달라진 것이 아무것도 없다는 사실이다. 구조 방기, 책임회피, 희생자 비하, 유족 갈라치기, 돈 얘기부터 꺼내기, 언어폭력으로 희생자 가족 상처 주기 등 권력자들의 대처방식은 8년 전과 똑같았다. 참사의 희생자 유족들은 8년 전이나 지금이나 똑같이 위로받지 못하고 울부짖고 있다. 이런 비상식에 여전히 분노하지 않

리본 조형물에 이태원 참사 희생자들을 추모하는 근조 리본이 달려 있다.

는 사람이 많다는 것 역시 달라지지 않은 것 같다.

공감

세월호 참사와 관련하여 막말을 하고 가짜뉴스를 퍼뜨리고 심지어는 단식 농성하는 유족들 앞에서 '폭식투쟁'을 한다며 피자와 치킨을 먹던 사람들을 기억한다. 세상에 이렇게 몰상식한 사람들이 있다는 것이 너무 충격적이었다. 없던 사람들이 갑자기 생긴 것이 아니라 그들 안에 숨겨져 있던 몰상식이 참사를 당한 약자들을 괴롭히는 방식으로 나타난 것이리라.

'몰상식'은 '공감 능력'의 부재와 연관이 있다. 그런 사람들은 타인의 아픔을 생각하지 못한다. 자기의 언행이 남을 괴롭게 할 수도 있다는 것을 알지 못한다. 다만 자기가 아픈 것은 싫기 때문에 자기보다 강한 자들에게는 머리를 숙인다.

특정한 부류만 공감 능력이 없는 것은 아니었다. 세월호 유족들이 8년이 넘도록 위로받지 못하고 몸과 마음이 병들어 고통스럽게 살아가는 것은, 우리 국민들의 '집단적 공감 능력 부재' 때문이라고 말해도 틀리지 않을 것이다.

많은 사람이 자신만의 신앙을 믿으며 살아간다. 기독교, 천주교는 '사랑'을, 불교는 '자비'를 말한다. 서로 배려하고 안아주고 나누며 함께 사는 것이 사랑과 자비를 실천하는 삶 아닐까? 안타깝게도 한국의 종교계는 자본주의에 잠식당해 각자의 고유한 '복음'을 잃어버리고 말았다. 여러 종교가 이름과 교리는 다르지만, 그것들은 어디까지나 겉모습일 뿐 속내는 다 같은 맘모니즘에 빠져 있다. 맘몬을 신처럼 숭배하는 종교에 신이 설 자리는 없다. 맘몬의 지배를 받는 사람은 자연스레 이웃의 아픔에 공감할 수 없다. 돈이면 뭐든지 할 수 있고 돈이 최고라고 생각하는 사람들이 '하나님 사랑' '부처님의 대자대비'를 마음에 새기고 삶에서 실천할 수는 없는 노릇이다.

여타 다른 종교는 차치하고, 나는 그리스도인으로서 세월호 참사 8년 동안 한국교회가 보여준 '비상식'과 '공감 능력 부재'를 놀라운 눈으로 바라보고 있다. 억울한 자, 약한 자를 공격하고 권력 있는 자들에게 좋은 말을 하는 교회의 모습에 사람들은 놀라다 못해 이제는 절망하며 '교회는 사라져야 할 집단'으로 여기고 있는 것이 현실이다. 예수는 구원의 복음을 가져오셨지만, 예수를 믿는다고 자처하는 자들이 예수의 복음과는 반대되는 길을 걷고 있다. 교회가 예수의 '공감 능력'을 잃어버린 대가다.

위로—환대와 곁에 섬

나를 '세월호 목사'라고 부르는 사람들이 있다. 어떤 이는 좋은 의미로, 어떤 이는 비꼬는 의미로 그렇게 부른다. 나에 대한 그들의 공통적인 생각은 '특별한 목사'다. 결론부터 말하자면 나는 그들이 생각하고 평가하는 것처럼 '특별한 목사'가 아니다. 상식적인 생각과 활동을 하는 지극히 평범한 목사다.

참사 초기 유족이 있는 교회의 목사인데도 그들을 위해 할 수 있는 일이 아무것도 없다는 것이 괴로웠다. 한 유족에게 내가 무엇을 할 수 있느냐고 물으니 그는 이렇게 대답했다. "세월호 특별법 제정을 위한 서명을 받아주세요. 그것이 저희들에게는 힐링입니다." 그때부터 열심히 서명을 받았다. 감리교의 지방회, 연회, 수련회 등 모임 때마다 서명을 받았고, 친분이 있는 목사님들에게는 전화를 하여 교인들의 서명을 받아달라고 부탁했다. 서명 용지를 펴놓고 있으면 "목사가 왜 이런 정치적인 일을 하느냐"며 눈을 부라리는 장로도 만났고, "박 목사, 아직도 세월호야? 이거 언제까지 하려고 그래. 목사가 목회해야지"라고 책망하는 선배 목사도 만났다. 서명을 받아달라는 나의 부탁에 "세월호 유족들이 정치세력과 야합해서 돈을 더 많이 받으려고 그런다는데…"라며 곤란해하는 후배 목사들도 여럿 보았다. 하나님의 말씀을 인간의 언어로 풀어 전하는 목사의 입에서 그런 말이 나온다는 것이 너무 놀라웠다. 도대체 교회는 무엇이고, 목사는 어떤 존재이며, 그리스도인은 누구인가 하는 것에 대한 의문과 회의가 밀려오기도 했다.

여러 가지 어려움이 있었지만 "그것이 유족들에게는 힐링입니다"라는 말을 기억하면서, 1만 1천 명 정도의 서명을 받아서 전달하였다. 기독교대한감리회가 모은 서명이 2만 명이니 내가 얼마나 많은 서명을 받았는지 알 수 있다. 그러나 조금 더 생각해보니 내가 받은 서명이 많은 것이 아니라 기독교대한감리회가 받은 서명이 적은 것이었다. 이메일로 마지못해 공문 하나만 보내고 말았으니 말이다. 이메일을 확인하지 못한 목사들도 있었을 것이고, 보았더라도 종이 공문만큼은 효과를 발휘할 수 없었을 것이다. 당시는 세월호 유족들에 대한 부정적인 사회적 분위기(이것은 전적으로 가짜뉴스 때문이다)가 만연해 있었다. 감독회장을 비롯한 본부의 집행부가 그러한 사회적 분위기의 눈치를 보고, 가짜뉴스에 휘둘리고 있는 교회의 눈치를 보며 서명 운동에 적극적으로 나서지 않았다.

단원고 학생 희생자 250명 가운데 76명이 기독학생이다. 본인이 교회를 다녔거나 부모가 교회를 다녔던 아이들이었다. 그런데 그들의 부모들이 교회를 떠나고 있다. "아이가 천국에 갔는데 왜 아직도 울어?"라며 등을 찰싹찰싹 치는 권사님들이 무서워서 교회를 못 간다는 유족, 교회가 마치 아무 일 없었다는 듯이 하는 것이 싫어서 교회를 가지 않는다는 유족, 가짜뉴스에 근거하여 세월호 유족들을 폄훼하는 목사의 설교를 듣고 역겨워서 교회를 못 간다는 유족, 심지어 참사 후에도 계속 교회학교 교사를 할 정도로 열심이었던 어떤 엄마는 광화문에서 삭발을 했다고 하여 교회에서 쫓겨나기도 했다.

2014년이 저물어가는 어느 날, 예은이 엄마 박은희 전도사에게 교회에 나가지 못하는 유족들을 위해 내가 뭐 할 수 있는 게 없겠느냐고 물었더니 그리스도인 유족들을 모아서 예배를 인도해달라고 했다. 2015년 1월 25일, "유족들과 함께 드리는 찾아가는 예배"를 시작하였다(감리교 "고난받는 이들과 함께하는 모임"이 첫 예배 주관). 매주일 오후 5시에 전국의 교회들이 찾아와 예배를 주관하고 유족들의 얘기를 들었다. 이 예배는 분향소가 폐쇄될 때까지 계속되었고, 분향소가 폐쇄된 후부터는 "416생명안전공원 예배"라는 이름으로 매월 첫 주일 오후 5시에, 416생명안전공원 부지에서 모이고 있다. 첫 예배 때부터 안산, 수원, 서울 등지에서 여러 그리스도인들이 찾아와 함께하였다. 그중에서 안산의 조선재 집사는 지금까지 거의 개근하다시피 참여하며 예배 준비와 정리를 돕고 있어서 내가 '세월호 예배 집사'라는 별명을 지어주었다.

지난 8년 동안 많은 에피소드가 있지만 가장 기억에 남는 것은 "참사 초기부터 우리를 괴롭히는 존재가 교회였는데, 끝까지 우리 곁에 있어준 존재도 교회"라고 하는 창현이 엄마의 말이다. "창조적 소수에 의해 역사가 창조된다"는 아놀드 토인비의 말을 되새긴다. 한국기독교와 목사들 다수는 세월호의 아픔에 무감각했거나 유족들의 마음을 아프게 하는 죄를 저질렀다. 하지만 세월호 가족들의 아픔에 공감하고 예배 처소를 찾아준 소수의 교회와 목사와 성도들도 있었다. 예수의 복음을 몸으로 사는 창조적 소수는 바로 이런 자들일 것이다.

창현 엄마(최순화)가 416생명안전공원 예배에서 가족 증언을 하고 있다. 창현 엄마는 예배와 기도회 참석뿐 아니라 416합창단 단장으로도 활발히 활동하고 있다.

참사 이후 세월호 유족들은 거의 다 다니던 교회를 떠났다. 분향소 예배(416생명안전공원 예배)에 참석하는 유족들도 예은이 엄마와 지성이 엄마와 순영이 엄마를 제외하고는 모두 교회를 떠난 분들이다. 지난 8년 동안 교회를 떠난 유족들이 함께 모여 예배드릴 수 있었던 것이 감사하다. 그들이 기존 교회로 돌아가는 일은 쉽지 않을 것 같다. 어쩌면 '세월호교회'(가칭)가 세워져야 하지 않을까 하는 생각을 한다. 아니, '세월호교회'는 이미 세워져서 활동하고 있다고 해도 틀린 말은 아닐 것이다.

'목요기도회'에 참석한 세월호 아버지 한 분이 이런 말씀을 했다.

"엄마들은 엄마공방에 모여서 자원봉사자들의 도움을 받아 여러 가지를 배우고 일도 하는데 아빠들은 유가족 대기실에 모여 술로 화풀이하고 박근혜 욕하는 것밖에 하는 일이 없으니 이러다가 지레 죽겠습니다. 어떤 아빠는 목공 같은 것이라도 배우면 좋겠다고 합니다." '엄마공방'은 참사 초기 공황 상태에 빠진 엄마들이 "우리가 모여서 서로 힘이 되자"는 뜻으로 모인 모임이다. 같은 아픔을 겪는 엄마들이 모여서 어울리며 서로 의지하고 힘을 낼 수 있었다고 한다. 그러나 아빠들은 그야말로 아무것도 없이 무방비 상태였다. 목요기도회에서 있었던 이야기를 전해 듣고, 다음날 목요기도회에 참석했던 안홍택 목사(예장통합)와 아빠들의 얘기를 전해준 다영이 아빠와 나까지 셋이서 만났다. 분향소 기독교 예배실에서 그날 합의를 본 내용은 다음 4가지다.

1. 분향소 경내에 목공소를 차린다.
2. 다영이 아빠는 시장의 협조를 받아 목공소 장소를 마련한다.
3. 안홍택 목사는 매주 목요일에 목공지도를 해준다.
4. 박인환 목사는 기독교대한감리회에 요청하여 기본 목공 연장 (1,671만 원)을 마련한다(목공소를 준비하는 과정에서 청파교회[천막 400만 원], 정동제일교회[연장 400만 원]의 도움을 받았다).

모든 것이 순조롭게 진행되어 2015년 8월, "416희망목공소" 개소식을 하였다. 감리교회의 전용재 감독회장과 안산 지역 5개 지방 감리사들이 참석했다. 세월호 엄마 16명, 아빠 6명이 시작 멤버가 되었다. 본래 안 목사님에게 '장부맞춤' 기법의 목공을 배우기로 했는데 예상 밖으로 원하는 이들이 많아 이진형 목사(기독교환경운동연대 사무총장)가 DIY반을 추가 개설하여 봉사해주었다.

개소식 이후부터 2년 동안 감리교회는 운영비를 보내주었고(세월호 성금), 예장통합은 트럭, CNC 등 고가의 장비를 보내주었다. 7년이 넘는 시간 동안 교단이 다른 두 목사가 416목공소를 위해 힘을 합치고 있다. 서로 자기 교단을 내세우지 않고 공치사하지 않으면서 사이좋게 봉사하고 있다. 적어도 416목공소에서만은 장로교와 감리교가 하나가 되어 있다.

2018년 5월, 목공소의 엄마와 아빠 7명, 목사 2명(합 9명)이 미국의 브루더호프 공동체를 방문하여 2박 3일의 체험을 하였다. 둘째 날 밤, 세월호 아이들의 이야기를 듣고 싶다는 브루더호프 공동체의 요청이 있었다. 저녁예배 시간이었는데, 공동체 식구 300여 명이 다 모였다. 두 시간 이상 세월호 엄마 아빠의 이야기를 들으며 함께 우는 그들의 얼굴에서 예수님의 모습이 보였다. 엄마와 아빠들이 큰 충격을 받은 듯했다. 그때까지 자기들의 이야기를 그렇게 오랜 시간 경청하고 함께 눈물 흘리며 안아주는 집단을 보지 못했기 때문이다. 다음 날 아침, 천주교 냉담자인 민정이 아빠가 이런 말을 했다. "목사님, 여기가 천국이네유." 4년 반이 지난 오늘까지도 그때의 감격을 잊을 수가 없다. 아픈 자들을 환대하고 그 아픔에 공감하는 그들이야말로 진정한 그리스도인이 아닐까.

브루더호프 외에도 우리는 뉴욕, 보스턴, 필라델피아, 워싱턴 DC 등지를 방문하여 그곳의 교민들과 간담회를 하였다. 10박 11일간의 강행군이었는데, 미연합감리교회의 김찬국 목사가 처음부터 끝까지 운전을 해주었다. 후러싱제일연합감리교회의 김정호 목사가 모든 일정을 조율하고 차량, 숙소, 심지어 식사 후 커피까지 준비하며 세심하게 배려해주어 가능한 여행이었다. 한국보다도 더 보수적인 미국의, 그것도 뉴욕에서 제일 큰 한인교회의 목사가 세월호 유족들을 돕는 일이 쉽지 않았을 텐데, 두고두고 고맙다. 방문하는 도시마다 환대해준 교민들도 잊을 수 없다.

미국 방문으로 얻은 힘을 가지고 2018년 9월 "416희망목공소"는 "416희망목공협동조합"으로 발전하였다. 아직 상근조합원인 유족들에게 최저임금도 지급하지 못하는 어려운 형편이지만, 416희망목공협동조합이 많은 사람에게 위로와 희망을 주는 단체로 우뚝 서게 될 것을 확신한다.

기억

어렵사리 그것도 반쪽짜리 세월호 진상규명을 위한 특별조사위가 조직되었으나 당시 새누리당의 비협조와 방해로 제대로 된 진상규명을 하지 못한 상태에서 2016년 6월, 박근혜 대통령이 일방적으로 세월호특조위 해산을 선언하였다. 하루속히 지워버리려는 데만 혈안이 된 박근혜 정부와 새누리당의 노골적인 행동을 보면서 화도 나고 좌절감도 찾아왔지만 내가 할 수 있는 작은 일이라도 해야겠다고 생각했다. 그들의 흉계가 '세월호 지우기'라는 생각이 들자 곧 나는 기억하게 하는 일을 시작했다. 그리고 세월호 기억교실에 있는 아이들의 책상에 꽃이 한 송이씩 올려져 있던 것이 생각났다. 나는 아이들의 책상에 독서대 하나씩 올려주자는 결심으로 독서대를 만들기 시작하였다. 마침 416희망목공소가 시작되어 있던 터라 엄두를 낼 수 있었다. 목공소에서 재단을 하고 사포질과 조립은 집에 가져와서 했다. 단원고 아이들 250명을 기억하며 시작했지만 희생자 304명과 단원고 교감선생님, 김관홍 잠수사의 것도 만들었다.

2016년 6월부터 2017년 4월까지의 열 달은 세월호 희생자들을 위해 바친 시간이었다. 설교 준비 같은 목회를 위한 시간 외의 모든 시간을 독서대 만드는 데 바쳤다. 3주기 기억식 때 전시를 목표로 세우니 시간이 많지 않았다. 좋아하는 등산도 가지 않고, 자전거도 타지 않고, 탁구도 당분간 안 치고, 친구들을 만나러 나가지도 않았다. 나중에는 안산 지방의 몇몇 목사들이 도와줘서 3주기 며칠 전에 끝낼 수 있었다.

독서대에는 희생자의 이름과 약전(단원고 아이들)을 요약한 글이나 편지를 올려주었다. 제일 먼저 광화문에 있는 감리교회의 본부 마당에서 전시회를 열었다. 그다음 2017년 4월 화랑유원지에서의

416생명안전공원 예배 참석자들이 단원고 기억교실 로비에 모여
아이들을 기억하는 시간을 갖고 있다.

3주기 기억예배 때, 그리고 며칠 후 내가 속한 경기연회가 열린 꿈의교회에서 전시회를 진행했다. 지금 '기억독서대' 306개는 어떤 것은 예배당의 성경 받침대로, 어떤 것은 개인의 독서대로 사용되고 있고, 어떤 것은 독서대의 주인공을 기억하기 위한 것으로 장식장 안에 고이 모셔져 있다.

어느 세월호 엄마가 '기억이 힘'이라는 말을 하였다. 그렇다. 선한 에너지는 기억에서 나온다. 나는 이 말을 보태고 싶다. "기억하지 않으면 없는 것과 마찬가지다." '희생자 304명'으로 집단화하면 온전한 기억에 이를 수 없다. 반면 희생자 한 사람 한 사람의 이름을 기억하고 부르면 그의 삶이 내게로 다가오고 그를 온전히 기억할 수 있다. '기억독서대'가 여러 사람, 아니 단 몇 사람이라도 희생자들을 기억하게 하는 일에 도움을 줄 수만 있다면 그것으로 감사한 일이다.

에필로그

2013년 가을 서울의 큰 교회로부터 청빙 제의를 받았다. 한 교회에서 오래 있었는데 한 번쯤 임지를 옮겨서 목회한 후 은퇴하는 것도 좋을 것 같다는 생각을 하던 터였다. 그러나 최종적으로는 '나에게 맞지 않는 옷'이라는 판단에 정중히 거절하였다. 해가 바뀌어 2014년 4월 16일 아침, 세월호 소식을 접하며 든 처음 생각은 '내가 이것을 어찌 감당할 수 있을까'였다. 한 해 전에 서울로 가버렸다면 이런 어려움에 봉착하지 않았을 텐데 하는 비겁한 생각도 들었다. 그러나 지금 와서 생각해보니 서울로 가지 않은 결정은 잘한 것이었다. 서울의 큰 교회에 갔다면 세월호 유족을 위해 아무 일도 할 수 없었을 것 같다. 아니면 세월호를 얘기하다가 장로들과 갈등하고 목회를 중단했을지도 모른다.

지난 8년 동안 세월호 참사와 관련해서 작은 헌신이라도 할 수 있었던 것은 감사한 일이다. 참사 초기 교회 잔디밭으로 유족들을 초청하여 작은 음악회를 열고 식사를 나누었고, 매년 성탄절 새벽송은 세월호 안산분향소에서부터 시작하였다. 교회 밭에서 나는 고구마를 나누기도 하고, 몇몇 엄마들에게는 텃밭 일부를 쓰게 하고 있다. '위로'는 거창한 데 있지 않다. 함께 마음 아파하고 작은 것이라도 나누면 서로를 위로할 수 있다. 안산 변두리의 작은 교회, 화정교회가 세월호 유족들이 숨 쉴 수 있는 공간이 된다면 그것으로 감사한 일이다.

새맘교회의 세월호와 함께'하기'

정성훈

국내 글로벌 기업에서 일한 후 10년 전 정년 퇴직했다.
걷기를 좋아하여 단원고에서 팽목항까지 그리고 스페인 카미노 길을
세월호 참사를 기리며 걸었다.

2014년 4월 16일 세월호 참사를 접한 후 박득훈 목사를 포함한 전 교우가 한걸음으로 분향소로 향했다. 나는 그해 5월 안산 단원고를 출발하여 세월호가 인천 연안부두를 떠나 지나간 서해를 따라 진도 팽목항까지 약 400km를 지인들의 도움으로 나무 십자가 304개를 배낭에 매달고 단독으로 걷기 행진을 했다. 이후 광화문광장에서 진행된 촛불집회에 교회 이름으로 많은 교우가 함께 참가했고, 드디어 '대통령 탄핵'이란 초유의 사태를 현장에서 교회 공동체가 함께 체험했다. 그사이 세월호 유가족과의 연대활동으로 2018년 예은이 어머니 박은희 전도사를 초청해 세월호 선교포럼을 열었고, 참사 7주기를 맞아 2021년에는 예은이 아버지 유경근 선생을 초청해 세월호 진실규명 선교포럼을 가졌다. 이에 더하여 안산 화랑유원지에서 매달 첫째 주 세월호 기억예배를 드리고, 광화문광장과 청와대 주변 청운동에서 침몰 원인, 구조 실패 원인 및 책임자 처벌

을 촉구하는 촛불 및 피
케팅 시위와 단식 기도
회 등에 뜻을 같이하는
시민사회단체와 참여하
였고, 지금도 주님의 뜻
을 받들어 즐겁고 보람
되게 참여하고 있다. 세
월호 유가족이 열심히
주장해온 "세월호 침몰

세월호 7주기 부활절 예배 참석자들이 자신의 생각을
적은 손피켓을 드는 퍼포먼스를 하고 있다.

및 구조방기 원인 규명 및 책임자 처벌"을 주님의 뜻으로 알고, 나
아가 안전하고 평화로운 대한민국을 후손들에게 남기기 위해 원인
이 명백히 밝혀지고 책임자들에게 합당한 처벌이 이루어질 때까지
함께할 것이다.

세월호 기도회 등 행사에 참가한 교우들의 소회

권명희 집사: 남편이 하늘나라로 간 해라서 더 잊지 못하는 세월호
참사. 남편과 세월호 희생자들에 대해 이야기를 나누었던 기억이
난다. 남편을 하늘나라로 보내고 하나님께 기도했다. 어떻게 살까
요? 하나님께서 제게 너와 같은 아픔을 겪은 자들과 함께하라고 말
씀해주셨다. 그래서 생각했다. 어떤 자들과 함께하라는 거지? 그런
데 그런 마음을 주시는 거다. 가족을 잃은 자들과 함께하라고. 그러

면서 세월호가 떠올랐다. 아이를 키우는 엄마로서, 가족을 떠나보낸 사람으로서, 하나님이 주신 사명으로 세월호 참사의 진실이 온전히 규명되는 날까지 끝까지 함께하겠다!

김남원 집사: 앞으로 예배 시간에 세월호 관련 기도를 하지 말라는 말에 세월호의 "가만 있으라"는 말이 생각나 다니던 교회를 떠나 새맘교회로 옮겼다. 매월 세월호 예배에 참석한다는 말에 빚진 마음을 조금이나마 갚는다는 심정으로 2019년부터 4년간 참석해왔다. 침몰 원인 규명, 책임자 처벌, 안전한 대한민국을 만들어 앞으로 다시는 이런 어이없는 참사가 일어나지 않기를 바라는 마음으로 겨울에는 눈을 밟았고, 여름에는 풀숲에서 모기와 싸웠다. 그런데 모질게도 세상은 변하지 않았다. 세월호에 관한 것도 안전한 국가를 위한 것도, 오히려 이전보다 더 실망스러운 사건들로 예배의 의미를 점점 더 무색하게 했고, 그럴수록 예배에 가는 마음이 버거워졌다. 이제 나는 세상을 바꾸리라는 마음은 고쳐먹었다. 이건 내가 할 수 있는 일이 아닌 것 같다. 세상을 바꾸는 분은 따로 계시고 나는 단지 그분이 세상을 바꾸시는 그때에 현장에 있고 싶다. 이것이 바로 내가 할 일이 아닌가 싶다. 그토록 기다리던 예수님의 탄생을 목격한 시므온처럼, 하나님이 미디안 군대를 물리치실 때 횃불과 나팔을 들고 그 자리에 있었던 기드온과 3백 명의 군대처럼 말이다.

김혜경 집사: 그동안 많은 참사가 있었지만 이렇게 유가족들이

진실규명에 적극적인 적이 없었던 것 같다. 세월호 유가족의 끈기 덕분에 약자들은 더 뭉쳐야 함을 알게 되었다. 사필귀정이라는 고사성어가 현실로 증명될 때가 올 것이라 확신하며, 그때까지 우리 포기하지 말고 함께해요!

김희진 집사: 포기하고 싶은 순간이 여러 번 있었을 텐데도 꿋꿋이 버티며 진실을 향해 나아가는 발걸음을 본다. 거대한 세력의 반대와 협잡이 기승을 부려도 무릎을 꿇지 않는, 연약하지만 강한 유가족들과 시민들의 행진은 계속될 것이다.

홍정미 집사: "엄마, 세월호 집회는 안 가?" 통일, 정치, 사회에 관심을 갖고 참여하는 나를 보며 딸이 물었다. "엄마는 세월호를 마주할 용기가 없다." 2016년 총선을 앞두고 가만있을 수 없어 정당에 가입하여 선거운동 지원을 했다. 손쉽게 마음의 무게를 덜 수 있는 방법이었다. 주변에서 내가 아이를 키우는 모습을 보고는 계모냐고 했다. 누가 보기에도 나는 강한 엄마였다. 그런 나도 세월호는 감당하기에 너무 버거웠다. 그러던 중 설교에서 약자와 같이 있어주는 것이 하나님의 길이라는 말씀에 용기 내어 세월호 예배에 참석했다. 누구는 그곳에서 위로와 하나님의 임재를 느낀다는데, 나는 돌고 돌아 결국 내가 맞닥뜨려야 하는 시간을 마주한다. 10.29 이태원 참사가 일어났다. 나 같은 이들이 돌고 돌아 외면하다 또, 참사를 맞았다. 8년 전, 모두가 함께였다면 우리는 지금 통곡하지 않을 텐데…. 내 아이를 지키기 위해, 우리 아이를 지켜야 한다는 것

을 나는 지금에야 알았다.

신용 집사: 세월호 참사 첫 보도에 놀랐고, 곧 전원 구조라는 보도에 안도하였다가 실상은 그렇지 않다는 것을 알고 분노로 바뀌는 데 걸린 시간은 아주 짧았다. 세월호 인양 과정과 참사 원인 규명 과정에서 스스로 죄책감에 무너져가는 나 자신을 보며, 내가 할 수 있는 일을 찾기보다 도망치고 싶다는 어리석은 생각에 바쁜 일상으로 회피해버렸다. 그렇게 세월호 소식을 접할 때마다 난 아무것도 하지 않고, 숨어서 비난만 하는 비겁한 삶을 이어가다 10.29 이태원 참사로 인해 비로소 깨달았다. 이런 참사가 나에게도 일어날 수 있다는 사실을 말이다. 내가 할 수 있는 일은 피하는 것이 아니라 같이 아파하며 함께하는 것이다. 이제는 도망치는 것이 아니라 함께 슬퍼하며 같이 앞으로 나아갈 것이다.

조민호 집사: 세월호 참사의 기억은 내 몸의 일부가 되어 세월이 지난 지금도 여전히 온전히 애도하지 못하고, 위로되지 못한 슬픔의 역사다. 짧지 않은 내 직장 생활의 마지막 임무는 '노동안전보건' 책임자였다. OECD 국가 중 노동재해로 인한 사망률이 가장 높은 선진국 한국 사회에 나는 깊은 탄식과 절망으로 사직했다. 새맘교회에서 예수님의 사랑을 회복하여 이웃 사랑의 일부가 되어 살고자 세월호 예배와 실천에 참여했다. 거기서 내가 위로받고 배우는 것이 더욱 컸다. 지금도 여전히 귀 기울여 들어야 하고, 함께하는 이웃의 고통과 슬픔, 아픔에 공감하고 연대하고자 한다면 '세월

호'를 기억하면 된다. 나에게 '세월호'는 노란 새맘의 생명이고, 사랑이며, 예수님의 말씀이다.

박소래 집사: (2022년 12월 23일, 안산에서의 세월호 추모 성탄예배 참가 후) 세월호 참사로 꽃다운 삶을 빼앗긴 소중한 생명들의 이름과 더불어 10.29 참사로 기억하고 불러야 할 이름들이 더해졌다는 사실이 너무 화나고 슬펐다. 아이들의 삶이 현재형으로 낭독되는 기록들을 보고 있으니, 여전히 아이들이 우리 곁에 있다는 생각에 더 간절해졌다. 그리고 전체 이름을 공개하지 않은 10.29 이태원 참사 희생자 '최OO' 세 글자를 볼 때는 안전한 곳에서, 상식이 있는 곳에서, 비어 있는 그 공간을 함께 채우고 싶었다. 사월의 엄마가 시월의 엄마에게 전하는 박은희 님(단원고 2-3반 유예은 별의 어머님)의 연대 메시지를 들을 때는 겪지 않아도 됐을 살을 찢는 고통을 견디는 방법을 왜 또 다른 어머니에게 설명해야 하는 건지, 이러다가 1년 12달을 채우게 되는 것은 아닐지, 눈물이 멈추질 않았다. 그리고 작은 다짐을 가슴에 새겨 보았다. 아이들과 희생자분들의 이름과 얼굴들이 허무하고 원통하게 흩어지지 않도록 "잊지 않을게, 잊지 않을게, 절대로 잊지 않을게" 그 약속과 다짐이 끊어지지 않도록, 나도 계속해서 노래하겠다고. 기억하고 또 기억해내겠다고. 어둠은 빛을 이길 수 없다는 것을 기어이 확인하는 그날까지.

이지용 집사: 세월호 집회에 나가는 이유는 무엇일까 생각해보았다. 무엇보다 주님께서 그곳에 함께하실 것이라는 믿음 때문이었

다. 앞으로도 주님께서는 그곳에 함께하실 것이다. 언젠가 우리는 모든 것을 환히 알게 되고 다시 만나게 되어 한없는 기쁨과 평화를 다시 마주할 것이다.

정성훈 집사: 이들의 평화와 안전을 끝까지 책임져야 하는 기존 세대 구성원으로서 세월호 304인 별과 그 유가족에게 너무나 죄송하고 미안하다. 참사 이후 박근혜 정부는 무지하고 무능하게 대처했다. 보수 언론은 신자유주의에 의한 경제 제일주의에 함몰된 대다수 국민에게 생명 존중보다는 돈과 경제성장을 미끼로 세속적이고 저급하며 자극적인 언사로 유가족과의 사이에 건널 수 없는 다리를 구축하려 했다. 이 야비한 미끼를 별생각 없이 덥석 물었던 대형교회 목회자들과 교인들은 다음과 같은 힐난성 외침을 유가족에게 마구 던졌다. "세월호 참사에 하나님의 분명한 계시가 존재한다. 그 희생자들 각각을 살펴보면 개인별로 주님께 용서받아야 할 죄과가 분명히 있다. 이를 계기로 우리 모든 죄인은 주님께 엎드려 참회하여야 한다." 구약성경 욥기의 네 친구들이 욥을 힐난하면서 주님께 용서를 구하라고 다그치는 장면을 연출한 것이다. 하나님의 자녀를 자처하는 자들에 의해 자행된 행동거지는 참사로 망가질 대로 망가진 세월호 유가족의 명치에 대못을 박는 몰지각하고 파렴치한 행동이었다. 그러한 장면을 여러 번 현장에서 목격하면서 이게 민주주의 국가 대한민국인가 싶었다.

나아가 민주주의의 꽃은 다양한 의견 표출이란 미명 아래 저렇게 남의 한 맺힌 가슴에 비수를 꽂는 행위가 벌건 대낮에 자행되는 것을 수수방관하는 행정부가 국민을 위한 정부가 맞는지 의문이 들었다. "대한민국은 민주공화국이다"라는 헌법 제1조 1항을 되뇌면서 구호뿐인 대한민국, 특히 보수정권, 이들과 야합한 보수 언론, 대형교회 목회자들에 대한 분노로 치를 떨었다. 한편 '함께'란 단어를 나에게 매번 일깨워주신 주님께 감사를 드렸다. 그러면서 주님께서 원하시는 것들이 이루어지는 그날까지 저들과 함께 "기억하면서 행동하겠습니다"라고 다짐했다. 이런 다짐으로 저 무능하고 파렴치한 박근혜 정부를 탄핵하는 촛불시위에 열심으로 참가하였다.

세월호 참사를 계기로 촉발한 촛불혁명으로 정권을 잡은 문재인 정부의 세월호 참사 원인 규명에 대한 미지근한 대응을 경험했다. 대한민국 정부와 국민의 세금을 축내는 기생충보다 못한 기득권 세력의 '국민의 생명과 안전'에 대한 무감각한 대처에 한층 더한 분노가 치밀어 올랐다. 목포 신항에 올라온, 뻘로 분탕질된 처참한 세월호 선체를 보면서 또 한 번 별이 된 아이들의 안전을, 그리고 유가족들의 눈물을 제대로 닦아드리지 못한 것에 대해 너무너무 죄송한 마음이다. 그리고 또 한 번 그 자리에서 '끝까지 함께 행동'할 것을 다짐했다.

개인적으로는 국민의 한 사람으로서 정부의 정책 기조를 바꾸는 데 필요한 힘의 한계를 뼈저리게 느끼고, 416가족협의회의 '함께'

기억, 기도하기, 행동하기에 동참했다. 7주기 청와대 앞 피케팅, 단식 기도회 및 매월 안산의 기억기도회에도 참가했다. 그리고 8주기 성탄 예배에서 박은희 전도사의 "사월의 엄마가 (이태원 참사) 시월의 엄마에게" 보내는 편지를 들으면서 세월호 유가족들의 피눈물의 슬픔의 끝은 과연 어디인가라는 질문을 던져본다. MZ세대를 포함한 미래 세대에게 생명존중과 공의가 살아 숨 쉬는 안전하고 평화로운 나라 대한민국을 물려주기 위해 유가족들이 원하는 참사의 원인규명과 책임자 처벌 행동에 끝까지 함께할 것을 다시 한번 다짐한다.

봄 그리고 만남(春, 416, 나)

김은호

희망교회 목사이자
416안산시민연대 공동대표다.

따스한 봄날이 오면 이상하게 몸이 무거워지고, 심리적인 우울감에 휩싸이게 된다. 나뿐만 아니라 4.16을 함께 겪은 사람들이 지닌 공통점이 아닐까 한다. 연대를 경험하고 연결되었음을 확인하게 되는, 고통스럽지만 한편으로는 존재함을 느끼게 해주는 새로운 경험이다. 그렇게 봄은 우리를 새로운 생명으로, 새로운 길로 안내해준다. 나는 4.16 이후 새롭게 다가온 봄을 통하여 내 목회와 삶을 다시 보게 되었다.

올해는 내가 민중교회에 대한 비전을 품고 신학대학원에 들어간 지 20년째 되는 해다. 내가 고백하는 예수, 내가 함께하고 싶은 교회는 늘 민중 곁에서, 그들과 함께 삶의 자리를 이루어가야 한다는 신앙고백이 있었지만, 돌이켜보면 신앙고백의 탈을 쓴 내가 마지막으로 선택할 수밖에 없었던 나를 지키기 위한 몸부림이었을지도 모른다. 민중교회에 대한 열정만으로 무작정 안산으로 내려왔다.

성과를 만들어내야 하는 회사의 신입사원처럼 나는 교회라는 외투를 걸치고 늘 일과 관계 속에 지쳐갔다. 그 과정에 '나'라는 존재는 없었고 민중교회를 꿈꾸는 이름도 없는 아무개 목사가 있었다. 누군가의 따뜻한 말 한마디가 그리웠고, 늘 무엇이든 잘해서 사람들에게 인정받아야 한다는 강박에 괴로웠다. 그렇게 패배 의식에 갇혀 안산을 떠나야 할 때가 왔음을 직감하게 되었다. 하지만 어떤 일로 떠남을 유보하게 되었을 때, 4.16은 나에게 낯선 손님으로 찾아왔다.

안산에 온 지도 어느덧 16년째다. 그리고 4.16을 경험한 지 9년째다. 그러고 보니 목회의 반 이상을 4.16과 함께해왔음을 이 글을 쓰면서 새삼 알아차리게 된다. 4.16 활동은 나에게 참 많은 선물을 주었다. 나의 일상, 나의 목회, 나의 가치관 등 모든 것을 흔들어주었고, 그렇게 또 다른 무엇인가를 찾을 수밖에 없었던 몸짓이 나의 모든 것에 새순을 돋게 해주었고, 나의 이름을 찾아주었으며, 막연하게 꿈꾸던 민중교회를 만나게 해주었다.

4.16은 그렇게 새로운 생명이 움트는 봄날에, 새로운 생명의 가르침과 새롭게 태어남의 의미로 나에게 다가왔다. 나는 모든 생명을 향한 '환대'의 의미와 모든 생명의 '연결' 가치를 발견하게 되었다. 나 자신을 포함하여 불특정 다수가 아닌 자신만의 꿈과 삶의 자리를 지닌 구체적인 한 사람 한 사람이 세상에 존재함을 새롭게 알아차린 것이다. 그 결과 나 역시 불특정 다수가 아닌 구체적인 한

사람 한 사람을 위한 삶을 살아야겠다고 생각했다.

내가 만난 4.16

4.16 참사가 일어나기 한 달 전 안산에서 삼성반도체 산업재해 사건을 다룬 다큐멘터리 영화 〈탐욕의 제국〉 지역 상영회가 있었다. '거대한 탐욕의 제국' 앞에 놓인 '한 생명'의 왜소함을 보여준 영화였다. 탐욕의 제국을 유지하기 위해 희생당하는 많은 생명을 보면서 이 탐욕의 제국을 멈추지 않는다면 계속해서 더 많은 희생자가 나올 수밖에 없음을, 그 희생자가 나를 포함한 우리가 될 수도 있음을 실감했다.

4.16 참사가 일어나기 6일 전이자, 4월 20일 장애인의 날을 10일 앞둔 4월 10일에 장애등급심사센터가 있는 국민연금공단 성동광진지부 앞에서 장애인들의 기자회견이 열렸다. 이 자리에서 장애등급제 때문에 활동 지원을 받지 못한 한 장애인이 자신이 처한 상황에 대해 발언하고 장애등급심사센터에 이의 신청을 했다. 하지만 이의 신청은 받아들여지지 않았고 3일 후 그 장애인이 머물던 자립생활 체험홈에 작은 화재가 발생했다. 비장애인에게는 아무것도 아닌 작은 불길이었지만 장애인인 그는 활동보조인 없이는 움직일 수 없어 화마를 피할 길이 없었다. 그는 화재가 발생해도 대피하거나 구조요청조차 하지 못할 정도로 장애가 중했으나, 당시 장애 3급이라는 이유로 활동지원서비스를 신청할 수 없었다.

그리고 4월 16일이 되었다. 우연히 들른 식당에서 텔레비전으로 중계되는 세월호의 침몰 과정을 목격했다. '전원 구조'라는 소식에 안도의 한숨을 내쉬었지만, 이내 청천벽력 같은 소식에 어찌할 바를 몰랐다. 일을 마치고 집에 돌아와 교회 카톡방에서 교인들과 함께 기도 제목을 나누고 어떻게 해야 할지 고민하고 있는데 지역활동가로부터 전화 한 통이 왔다. 우리는 먼저 단원고등학교에서 촛불기도회를 진행하기로 하고 전화를 끊었다. 황망한 소식을 듣고 무작정 단원고등학교로 찾아온 시민들과 4월 16일부터 "단원고등학교 학생들의 무사 귀환을 바라는 촛불 침묵 기도회"를 시작했다. 그리고 그다음 날, 화재를 당해 병원에 옮겨졌던 장애인 송국현 님이 급성폐렴 등 합병증으로 숨을 거두었다.

단원고등학교에서 18일까지 진행되었던 촛불기도회의 간절한 바람과 달리 기적은 일어나지 않았다. 나에게 4.16 참사는 단순히 세월호만의 문제가 아니었다. 우연히 발생한 재난은 더더욱 아니었다. 이 사회가, 또한 교회가 무엇인가 잘못되어 있음을, 더더욱 잘못된 길로 가고 있음을 분명히 보여주는 하나의 '사건'이었다. 나는 그렇게 '우리 모두가 가해자요, 또한 우리 모두가 피해자'라는 사실을 알아차리게 되었다. 우리가 경험하는 사건은 단발적이지 않고 연속적이다. 그 사건이 주는 메시지와 의미를 제대로 파악하지 못하고, 우리의 생각과 삶을 돌이키지 않으면, 나를 포함한 누군가의 고통을 동반하는 사건은 지속적으로 발생할 수밖에 없다. 4.16 참사 8년째인 작년에 일어났던 10.29 이태원 참사가 그 사실을 여실히 보여준다.

그런데 한국교회는 여전히 죽은 자들을 위한 사제의 역할에만 머물러 있다. 한국교회와 그리스도인들의 공동체에서 무엇이 어떻게 변해야 하는지에 대한 고민과 성찰이 사라져버렸다. 예수의 사건을 2,000년 전의 그 누군가의 사건으로 치부해버리는 어리석음을 범하고 있다. 나는 4.16 참사 이후 "4.16 이전과 이후는 달라져야 한다"는 우리의 외침이 크고 다급하게 들린다. 그래서 늘 스스로에게 질문한다. 4월 16일 이후 너는 무엇이 어떻게 달라졌니?

그리고 9년

지역사회에서 그리고 마을에서 9년 동안 4.16을 만나고, 겪고, 함께하면서 4.16의 시간만큼 내 몸과 마음에도 나이테가 생겨감을 느낀다. 이 지면에 다 담을 수 없을 만큼 참 많은 일이 있었고, 많은 경험을 하였다. 지난 9년 동안 4.16과 어떻게 함께할 수 있었는지에 대한 질문을 받을 때가 많다. 그때마다 굳이 답변을 하지 않더라도 스스로 내리는 답은, 내가 누군가를 지원하고 도와주는 역할이 아니었기 때문에 가능했다는 고백이다. 지난 9년 동안 20여 명의 교인들이 다 떠나기도 했고, 경제적으로 어려워서 우유 배달, 아파트 건설현장 인부 등의 일을 할 때도 있었다. 그런데 기억을 더듬어보면 내가 가장 힘들었을 때 4.16 활동을 가장 열심히 했다. 세월호 참사가 누군가의 아픔이 아니라, 우리 마을에서 나와 함께 살아가고 있는 많은 사람의 아픔이자, 동시대를 살아가는 우리가 함께 짊어지고 가야 하는 십자가라는 마음이 자연스럽게 생겨났기 때문이다. 그래서 나는 내가 서 있는 자리를 외면하거나 회피하지 않고 그들과 함께할 수 있었다.

무엇보다도 나에게 힘이 되었던 것은 놀랍게 변화하는 세월호 가족의 모습이었다. 그들은 아주 평범한 마을 주민의 모습에서 누구보다 더 열정적이고 변화에 대한 확신을 지닌 활동가의 모습으로 차츰 변화해갔다. 이런 모습은 나를 돌아보게 해주었고, 나도 그들 옆에서 함께 성장할 수 있게 해주었다. 민중신학 책에서 본 '자기초월'의 모습을 세월호 가족의 활동에서 볼 수 있었고, '집단지성'의 힘을 4.16가족협의회에서 확인할 수 있었다.

그렇게 9년 동안 세월호와 함께하면서 나에게 생긴 흔적이 두 개가 있다. 하나는 "돌봄과 성장 이웃대화모임"이고, 또 다른 하나는 "별들과 함께하는 와동 온마을 학교"다. 지역에서 사상 유례없는 참사를 겪고 나서 시간이 조금 흐르면서, 이 사건을 어떻게 이해해야 하는지, 또한 우리가 지역사회에서 이 사건을 어떤 방식으로 접근할 수 있을지에 대한 많은 논의가 있었다. 무엇보다 4.16 피해 당사자들을 어떻게 만나야 하는지, 2차 피해자들인 마을 주민들과 어떤 접점을 만들어야 하는지, 이들과 어떤 방식으로 소통해야 하는지에 대한 어려움에 직면했다. 이런 나의 고민들이 마을에서 "치유

와 회복을 위한 이웃대화모임"을 열게 하였고, 이후 지난 9년 동안
의 지속적 활동을 통해 "돌봄과 성장 이웃대화모임"이 되었다. 이
모임을 통해 지역사회가 좀 더 안전하고, 서로를 존중하며, 함께 환
대하고 연결된 공동체를 만들어가기 위한 아주 작지만 의미 있는
활동을 지속적으로 하고 있다.

4.16 참사 이후, 내가 살고 있는 마을인 와동에서 별이 된 69명을
비롯한 250명의 친구들을 어떻게 기억할 수 있을까를 고민하다가,
이 친구들을 우리의 개별적 기억만이 아닌 마을교육공동체를 통해
기억하겠다고 다짐했다. 그리고 6년이 지난 2020년에 와동에 작은
공간을 얻어 "별들과 함께하는 와동 온마을 학교"를 열었고, 이곳
에서 다양한 4.16 사업 및 마을교육공동체 활동을 진행하고 있다.

별이 주는 빛으로 이 사회를 밝힐 수 있기를

4.16 참사가 일어난 지 9년이 다 되어간다. 많은 사람이 아직도 진
상규명이 이루어지지 않은 사실에 놀라움을 표한다. 그만큼 한국
사회를 뒤흔든 사건이었지만 시간이 지남에 따라 우리 관심에서
조금 멀어져 있다는 이야기가 아닐까 싶다. 나에게 4.16 참사가 중
요한 이유는 내가 사는 마을에서 많은 친구가 희생되었기 때문만
은 아니다. 세월호 참사가 한국 사회의 현실을 직면하게 해주었을
뿐 아니라, 한국교회에 새로운 경종을 울리는 사건이기 때문이다.
또한 나를 새롭게 발견하게 해준 사건이기도 하다. 세월호 참사는

막연했던 민중교회의 사역인 지역사회와 마을을 향한 선교 방향을 구체화해주었고, 늘 성과주의에 빠져 일을 저지르던 나에게 성찰과 돌봄의 가치와 의미를 깨닫게 해주었으며, 피조된 존재의 아름다움과 연결의 의미도 가르쳐주었다.

여전히 4.16 가족을 위로하려는 그리스도인들을 만난다. 그럴 때마다 나는 묻게 된다. 과연 "누가 누구를 위로하는가?" 물론 참사로 자식을 가슴에 묻을 수밖에 없는 이들과 함께 아파하고, 함께 울어주어야 한다. 하지만 함께 울어주는 것과 위로의 영역은 다르다. 어쩌면 한국교회가 위로와 함께 울어준다는 것의 의미를 제대로 파악하지 못하고 있는 것은 아닐까 하는 생각이 든다. 함께 울어준다는 것은 누군가가 누군가를 향하는 것이 아니다. 그것은 신영복 교수가 말한 "입장의 동일함"이다. 누가복음 23:28을 보면 예수님이 십자가를 지고 골고다로 향하던 길에 자신을 따라오며 눈물을 흘리던 여인들에게 말씀하신다. "예루살렘의 딸들아, 나를 위하여 울지 말고, 너희와 너희 자녀를 위하여 울어라."

세월호 참사 이후 9년이 지난 지금도 진상규명이 이루어지지 않고, 책임자들이 어떠한 처벌도 받지 않는 사회를 살아가는 우리, 촛불혁명이 일어났고 정권이 바뀌었지만 바뀐 것은 아무것도 없는 사회, 아니 더 퇴보해가는 사회에서 아무 일 없이 살아가는 우리 자신을 위해 울고, 스스로를 위로해야 할 때가 아닌가 싶다. 세월호 가족과 우리에게는 진실이 묻혀버린 동시대를 살아가는 "입장의 동일함"이 있기에 누가 누구를 위로할 형편이 못 된다. 우리는 모두 4.16 사건을 경험한 증언자이자 '4.16 이후'를 함께 만들어가야 할 변혁의 주체다.

요즘 나는 '질량보존의 법칙'에 대한 생각을 많이 한다. 가진 것이 많으면 그만큼 잃은 것이 있고, 잃은 것이 있으면 그만큼 얻는 것이 있구나 하는 생각이다. 여전히 내가 4.16 이전과 다르지 않은 세상을 살아가는 이유가 있다면 이 '질량보존의 법칙'을 잊어버리는 데서 기인하는 것이 아닐까 싶다. 4.16을 잊지 않으면서, 무엇인가를 좀 더 갖고 싶고 이루고 싶은 마음, 마치 양손에 떡을 움켜쥐려고 하는 모습은 여전히 4.16 이전에 머물러 있음을 보여주는 것 같다. 하지만 4.16을 만나고 새롭게 알아차리게 된 내 존재와 이웃의 구체적인 삶, 그리고 모든 피조물을 바라보는 새로운 가치를 기억하며, 2014년 4월 16일 이전의 과거에 머물러 있지 않으려는 삶의 자세를 갖기 위해 늘 기도하며 살아가고 있다.

'재난 유토피아'라는 말이 있다. 어떻게 '재난'과 '유토피아'라는 말을 같이 쓸 수 있을까? 재난은 더 이상 돌이킬 수 없는 지난 과거이지만 유토피아는 현실이고, 희망이자 미래다. 그러나 우리가 겪는 재난이 사건이 되었을 때, 그 사건은 우리에게 새로운 유토피아를 선물로 줄 수 있다. 한 마을이 온통 정전이 일어나는 사건이 있었다. 마을 전체의 정전을 겪고 나서 사람들이 자신이 늘 머물렀던 공간에서 광장으로 나와 함께 하늘의 별을 보게 되었고, 지금까지 경험하지 못한 새로운 공동체, 새로운 가치를 발견하게 되었다고 한다. 그렇게 우리도 함께 광장에 모여 별을 보고, 별이 주는 빛을 통해 정전되어버린 이 사회를 밝혀갈 수 있기를 마음 모아 빌어본다.

매일이 2014년 4월 16일에 멈춰버린 삶을 살아가지만, 그럼에도 4.16 이전과는 다른 사회를 만들어가기 위해 활동하는 모습으로 우리에게 귀한 선물을 해준 4.16 가족에게 깊은 감사를 드린다.

생명평화를 일구는 416생명안전공원 예배

최헌국
생명평화교회 목사로
우리 사회 많은 현장에서 생명평화를 일구는 대책위 활동을 하고 있다.
사각지대에 계신 분들을 위해 늘 빚진 마음으로 살려고 노력 중이다.

2014년 4월 16일 세월호 참사가 일어난 날이었다. 나는 제주 강정 (미)해군기지건설 반대를 위한 기도회를 하러 예수살기 회원들과 비행기를 탔다. 착륙해서 핸드폰을 켜니 사고 소식이 보였고, 전원 구조라는 기사가 떴다. 함께 비행기를 탔던 어느 학교 수학여행단 학생들에게 "학생들, 배 타고 왔으면 큰일 날 뻔했어요!"라고 했다. 그리고 제주공항 근처 식당에서 식사를 하면서 TV 속보를 보는데 뭔가 이상했다. 구조가 진행 중이라는 것이다. "아까 전원 구조라는 자막은 뭐지!" 강정에 가서 기도회를 시작하기 전 다시 뉴스를 확인하니 전원 구조는 오보였고, 구조 중이라고 했다. 앞서 주변 어선들에 의해 일부가 구조되었을 뿐이고, 정부 관계 해경이 지금 구조하고 있다고 했다. 기도회를 하긴 했지만, 너무 걱정되어 서울로 올라가 봐야겠다는 생각뿐이었다. 기도회 이후 공사장을 막는 행사는 진행할 수가 없었다. 다시 저녁을 먹으며 뉴스를 보니 구조가 잘 안

되고 있다 했다.

그날 저녁 올라오는 비행기 안에서 순간 지난 용산참사의 악몽이 떠올랐다. 용산참사가 일어난 전날 연대투쟁을 갔다가 새벽에 대리운전을 하며 그 현장을 지나갔다. 현장에 합류할까 하다 '별일 없겠지' 하고 집에 들어가 자고 일어났더니 참사가 벌어졌다. 다음날부터 나는 용산참사 대책위 공동집행위원장을 맡아 마지막까지 함께했다.

가끔은 배를 타고 제주 강정에 갔다. 세월호 참사 당시도 제주에 내려가는 일정이 일찍 잡혔으나 바쁜 일정으로 비행기를 탔다. 그때 배를 탔다면, 어쩌면 나도 세월호를 타지 않았을까. 그때 그 배에 나도 함께했더라면 "가만히 있으라"는 사람들에게 나는 뭐라고 말했을까?

당시 목요일마다 고난의 현장을 찾아 함께하는 촛불기도회를 매주 진행하고 있었다. 4월 17일 목요일에 이 기도회를 통해 구조를 염원하는 촛불기도회를 시작했다. 우리는 매일 여성연대와 "하나의 작은 움직임이 큰 기적을!"이라는 기도로 촛불을 밝혔다.

하지만 구조는 제대로 되지 않았고, 시신 수습만 거듭됐다. 이런 상황에서 4월 20일 부활절을 도저히 맞이할 수 없었다. 부활주일 예배를 드리지 못하고 청와대 앞에 가서 제대로 된 구조를 요구하며 단식기도를 했다. 그런 가운데 팽목항 구조소식이 하도 답답해서 아내와 함께 팽목항을 찾아 구조를 염원하며 기도했다. 그렇지만 구조 없이 계속되는 시신 수습과 영구차에 가슴을 쳐야 했다.

이후 세월호 참사 원탁회의, 세월호 참사 시민대책위 공동운영위원장 등의 활동을 하면서 진상규명에 힘썼다. 예수살기, 촛불교회를 통한 촛불기도회, 기독교연합기도회, 종단연합기도회 활동도 함께했다. 안산분향소에 기독교 부스가 만들어지고 안산에서 기도회를 열어달라는 요청을 받았지만, 서울에서 하는 촛불교회 촛불기도회 실무와 기타 여러 활동이 많아 안산에서의 기도회는 지역에서 진행하는 것이 좋겠다고 생각했다. 함께하지는 못했지만 안산에서의 기도회가 잘 진행될 수 있도록 기도하고 관심을 두고 지켜보았다. 3주기 이후부터는 모든 실무를 내려놓고 간간이 안산분향소 기독교 부스에서 열리는 목요기도회를 찾아 함께 기도했다. 세월호 참사 당시 "우는 자와 함께 울라!"는 말씀을 외면하는 한국교회에 유가족들은 큰 상처를 받았다. 자신들의 아픔에 공감해주지 않는 목사와 교인들, 무엇보다도 사랑하는 아이들이 그렇게 떠나가도록 방치한 하나님을 보며 교회와 신앙에 회의를 느끼는 유가족들을 보면서 너무도 안타깝고 슬펐다. 안산분향소 기독교 부스에서 기도회가 시작되면서 유가족들이 다시금 신앙을 통해 진상규명을 위한 마음을 모을 수 있어 감사했다.

4주기 합동영결식 이후 안산분향소가 철거되면서 목요기도회는 2018년 4월 5일 마지막 예배를 드렸다. 예배준비위를 통해 다시금 "세월호 참사 가족들과 함께하는 예배"는 416생명안전공원 부지가 잘 보이는 화랑유원지 오토캠핑장 우측 산책로에서 2018년 5월부터 매달 첫째 주 일요일에 모여 지금껏 진행되고 있다. 나는 매월 참석하지는 못하지만 이 예배를 내 일정에 포함해 늘 함께하려고 애쓰고 있다.

세월호 참사 이후 유가족들 곁에 머물러 함께한다지만 8주기가 지나도록 세월호 참사 진상규명을 밝혀내지 못했다. 급기야는 지난해 10.29 이태원 참사가 일어나는 것을 보면서 너무나 미안하고 빚진 마음이 크다. 유가족들 곁에 가면 어떤 위로의 말도 나오지 않는다. 유가족들이 울면 같이 울고, 진상규명을 위해 단식을 하고 삭발을 하고 노숙농성을 하면 함께 단식하고, 삭발하고, 노숙농성을 했다. 특히 세월호 참사 이후 많은 유가족이 교회를 떠났다는 것을 알고 있었지만 "힘들어도 교회는 다녀야 한다고, 신앙은 버리지 말아야 한다!"는 말은 일절 하지 않았다.

세월호 참사 이전 유가족들이 헌신하며 봉사했던 교회는 정작 가족들이 필요로 할 때 곁을 지켜주지 못했다. 교인들은 삭발한 머리를 보고 불편해하며 이제 그만하라고 말했고, 목회자들은 팽목항이나 합동분향소에 와서 함께 예배해달라는 부탁을 외면했다. 세월호 참사는 국가권력뿐만 아니라 교회의 민낯도 드러냈다. 나는 대신 사죄하는 마음으로 묵묵히 유가족들 곁에 머물러 기도하기로 했다.

그동안 거리교회, 거리목사, 거리목회의 촛불교회, 촛불기도회를

416생명안전공원 부지 중앙의 고래 벤치.
코스모스가 흐드러지게 피어 있다.

통해서도 늘 생각했지만 "세월호 참사 가족들과 함께하는 416생명
안전공원 예배" 또한 새로운 아니, 성경이 말하는 교회론·목회론·
예배론 등 기독운동의 전형을 우리에게 보여주고 알려주고 있다고
생각한다. 그러하기에 "세월호 참사 가족들과 함께하는 416생명안
전공원 예배"는 416생명안전공원이 만들어지는 것으로 끝나는 것
이 아니라 세월호 참사 진상규명이 이루어지고, 우리 사회가 생명
안전사회로 가는 한국기독교회사적 의미를 담아내는, 생명평화의
지속적인 삶으로 가는 이정표의 하나로 이어가야 한다고 생각한다.

삶과 참여의 영성을 새롭게 하는 기독운동

그동안 통속적인 한국교회는 하나님이 활동하시는 역사적 현장을 유기하고 예수를 따르는 삶을 단지 개인 심령 속에서만 찾는 오류를 범했다. 그러나 지금은 우리가 잃어버린 삶을 회복하는 새로운 기독운동이 절실한 때다. 우리 그리스도인들에게는 삶과 영성을 근본적으로 새롭게 확립할 수 있는 기독운동이 필요하다.

한국교회 일반이 지극히 개인적 영성에 치우쳐 있는 한, 그리스도인들이 자신들의 양심을 정치투쟁만으로 표현하는 데는 한계가 있다. 새로운 참여의 영성을 키워나갈 장이 절실하게 요청된다. 그리스도인들이 영성을 훈련하는 장은 바로 예배다. 우리가 주님을 통해 우리의 영을 새롭게 하지 못한다면 이 시대를 통하여 말씀하시고 역사하시는 주님을 따라갈 수 없다. "세월호 참사 가족들과 함께하는 416생명안전공원 예배"는 정기적인 열린 기도회, 열린 예배를 통하여 한국교회가 참여의 영성을 북돋고 회개하는 마음으로 새롭게 결단할 수 있도록 돕고 있다. 주님께서는 우리보다 앞서서 이 역사의 현장, 고난받는 민중의 현장에 참여하고 계시며 그들과 함께 싸우고 계신다.

그리스도인은 예배로 말한다. 예배는 어느 장소, 어떤 시간에 드리느냐에 따라 때로는 가장 강력한 정치적 저항이 될 수 있다. 우리는 말씀이 가장 필요한 현장을 찾아가 예배함으로써 우리가 사는 시대에 가장 절실한 예배를 드릴 것이며, 때로 이것은 가장 강력한 기독교적인 투쟁의 방법이 될 것이다.

진정한 예배는 사건의 예배다

진정한 예배는 사건의 예배이며 역사의 현장, 고난의 현장에서 드려진다. 성경 시대의 예배는 하나님과 만나거나 하나님의 위대한 해방 사건이 일어난 현장이었다. 시편에 나오는 예배의 중심 주제들은 제국으로부터 해방을 이루어가는 출애굽 사건, 그들이 경제적 기반인 땅을 얻는 사건, 새로운 나라를 세우는 사건을 기념하는 의식들이다. 성경 시대의 유명한 제의적 축제들 역시 하나님의 해방 사건을 기념하는 절기들이다. 무릇 예배는 해방의 사건을 기억하고, 나아가 새로운 해방의 사건을 일으켜야 한다. 시대적 사건과는 상관없이 단순히 이천 년, 삼천 년 전 성경의 이야기를 반복하거나 그 사건들의 회고 차원에 머문다면 예배의 생명력은 이미 사라진 것이다.

오늘의 예배는 정형화된 형태로 각 교단의 법에 따라 그 기본적인 틀이 규정된다. 예배가 오늘같이 전례화되고 움직일 수 없는 엄숙한 틀로 고정된 것은 중세 때다. 이때 모든 의식은 성직자의 독점물이 되었고, 이러한 전통은 서구의 식민지 확장정책을 따라 문화제국주의적 양상을 띠게 되었다. 또한 피점령국의 고유한 문화를 파괴하고 그 나라의 고유한 문화들을 저급하고 미신적이고 타도해야 할 대상으로 규정하였다. 기독교 문화는 그 민족의 고유한 역사와 문화를 말살하는 대립적 틀을 가지고 토착문화와의 전쟁을 시도하였다. 각 나라의 고유한 문화들은 소멸될 위기를 맞게 되었으며, 무력으로 승리한 서구문화가 자기표현의 양식을 서구적 예배의 방식에 담아 모든 민족이 자기 문화적 창의성을 버리고 단지 서구적인 양식을 반복할 것을 교조적으로 강요했다.

예배는 각자가 처한 상황 속에서 구원을 이루어가기 원하는 하나님과 그의 백성들이 만나는 장이다. 그러므로 하나님의 해방 사건, 예수 그리스도의 구원(해방) 사건을 극으로, 이야기로, 상징으로, 즉 그들의 문화적 도구(시, 노래, 춤, 연주, 제사)를 통해 현재화하는 것이다. 거기서 예배 참여자들은 하나님의 임재를 맛보고 예수 그리스도의 현존을 느낀다. 예수 그리스도의 해방 사건이 일어나는 예배는 지난 이야기를 반복하는 과거적 사건에만 있지 않다. 그 예배는 하나님 안에 있는 미래의 세계를 엿보고 그 나라에 대한 희망을 품는 동시에 그 미래적 사건을 현재화하는 축제다.

우리가 과거, 현재, 미래로 시간을 구분하지만 이것은 관념이나 개념의 세계 안에 있는 구분에 불과하다. 사실 우리의 경험 안에는 이런 모든 것이 통합되어 있다. 우리는 성경의 출애굽 사건을 말하면서 동시에 우리의 출애굽을 생각하고, 예수 그리스도의 십자가를 말할 때 그것은 동시에 우리의 십자가이기도 하다.

우리가 지나간 성경의 해방 사건을 재현하면서 미래에 있을 우리의 해방을 꿈꾸며, 동시에 해방을 지향하는 인격을 갖고, 오늘 우리의 해방 사건으로 연결해나가는 것이다. 이러한 "해석학적인 순환"이 이루어지는 것이 바로 과거의 사건을 반복하는 예배가 갖는 기능이요 그 안에 오늘과 내일이 함께 들어 있는 신비다. 이는 과거의 사건은 오늘 그와 유사한 사건들로 재현되어야 할 당위성과 필연성을 가진다는 말이기도 하다. 그것이 단지 과거의 이야기가 될 때 우리는 지나간 화석을 예배하는 것이요, 기억과 관념으로만 해방을 즐기는 것이다. 우리의 삶은 모든 것이 해석학적인 통합을 이루어야 한다.

예수님은 이렇게 말씀하셨다. "이 산에서도 아니고 저 산에서도 아니고…참되게 예배를 드리는 사람들이, 영과 진리로 아버지께 예배를 드릴 때가 온다. 지금이 바로 그때다.…하나님은 영이시다. 그러므로 하나님께 예배를 드리는 사람은 영과 진리로 예배를 드려야 한다"(요 4:21-24). 여기서 진실로 드리는 예배는 우리들의 사건으로 드리는 예배를 말한다. 그것이 이 시대의 영이고 우리들의 영으로 드리는 예배이기도 한 것이다.

또한 바울은 이렇게 말했다. "여러분은 여러분의 몸을 하나님께서 기뻐하실 거룩한 산 제물로 드리십시오. 이것이 여러분이 드릴 합당한 예배입니다"(롬 12:1). 우리 몸을 산 제사로 드리는 것이 "우리들의 삶으로 예배드리는 것"을 말한다. 우리에게 절실하지도 않은 문제에 대해 어찌 우리의 몸을 산 제사로 드릴 수 있겠는가? 예배는 우리의 해방 이야기, 개인적이든 집단적이든 우리의 몸으로 살아가는 이야기, 그 안에 있는 하나님의 구원 사건, 해방 사건의 이야기를 말해야 한다.

이에 "세월호 참사 가족들과 함께하는 416생명안전공원 예배"는 초기 교회의 그리스도인들이 로마 제국 치하에서 핍박 속에도 카타콤베(지하 동굴 무덤)를 밝히는 등불을 켜고 모여 기도했던 전통을 이어받아 오직 그리스도를 따르는 순례의 길을 계속 이어가기를 바란다.

광장과 골방 곁에 머물다

장헌권

광장과 골방을 오가는 길 위의 목사다.
진도가 고향이며 현재는 빛고을 광주에서 살면서
광주기독교회협의회 인권위원장을 맡고 있고,
2014년부터 현재까지 광주시민상주로 활동하고 있다.

2014년 4월 15일 밤 9시에 인천에서 세월호에 탄 단원고 2학년 학생들이 수학여행을 출발했다. 짙은 안개 때문에 출항할 수 없는 상황이었지만 유일하게 세월호만 서서히 인천 항구를 빠져나갔다.

2014년 4월 16일, 여느 날처럼 사람들은 아침을 먹거나 출근을 준비했다. 학생들은 등교했고, 일찍 학교에 도착한 아이들은 재잘거리던 시간이었다. 그날 아침 육지에서 그리 멀리 떨어져 있지 않은 진도 앞바다에서 여객선 세월호가 기우뚱하기 시작했다. 그리고 얼마 지나지 않아 수백 명의 사람이 생사의 갈림길에 서게 됐다. 설레는 마음으로 수학여행을 떠났던 학생들, 그들을 인솔한 교사들, 배에서 조리일을 하거나 아르바이트를 하던 사람들, 저마다의 이유로 제주를 향했던 사람들, 화물을 실어 나르던 사람들이 탄 세월호는 서서히 침몰했다. 언론은 이 과정을 생중계했다. 국가는 소용돌

이치며 304명의 목숨을 앗아가려는 바다에서 그들의 손을 놓아버렸다. 돕겠다는 손조차 거절하면서 그들을 죽게 내버려 두었다. 모든 사람에게 생명과 안전에 대한 권리가 있지만, 그날 모든 것이 침몰해버렸다.

며칠 후 광주기독교연합회(이후 기독교회협의회로 바꿈) 임원들과 함께 진도체육관으로 갔다. 거기서 2014년 4월 16일 이후 가혹한 기다림으로, 다시는 만날 수 없을지도 모른다는 마음으로 가족을 기다리는 사람들을 보았다. 너무나 고통스러워하는 가족들의 안타까움과 슬픔의 현장에서 섬김으로 함께했다. 팽목항에서 불어오는 단말마와 같은 통곡 소리와 유가족들의 라마에서 들리는 아픔의 현장을 보면서 산산이 부서진 가슴들을 읽을 수 있었다.

2014년 5월 16일 우리는 특별법이 필요했다. 일반적인 조사와 수사 제도로 진실을 밝히는 데는 한계가 있었다. 제대로 진상을 규명하고 책임자를 처벌해야 했다. 재발을 방지하기 위한 최선의 방안을 찾아야 했다. 그래서 요구했다. 수사권과 기소권이 보장된 특별법을 제정하라. 하지만 입법자인 국회는 국민의 의지를 받기보다는 정략적 이해에 골몰했다.

당시 나는 광주기독교연합회(NCC) 회장으로 있었다. 이런 상황에서 우리가 할 수 있는 일이 무엇일까 고민하다 아래와 같은 일을 시작했다. 광주기독교연합회는 세월호 특별법 제정과 진상규명을 위한 기도회를 매주 목요일 5개월 동안 진행했다(2014년 6-10월). 이후에는 교단에서 잊지 않겠다는 현수막 걸기, 5.18 광주민중항쟁 34주년 예배 후 세월호 진실 강연회(강사: 신상철), 기자회견 및 가족들을 위한 간식 제공, 안산분향소 기도회 주관, 선장과 선원들의 양심선언을 위해 교도소와 법원 앞에서 1인 시위, 희생자 가족에게 위로금 전달, 교도소에 있는 선장과 선원들에게 편지와『금요일엔 돌아오렴』(창비, 2015)을 영치했다. 또한 박근혜 대통령에게 편지를 2회 보냈고, 세월호 대책위 연대 집회를 했다. 교회를 상대로 서명을 받았고, 미수습자 가족을 주보에 기재하고 기도회도 열었다. 세월호 가족들과 함께 5.18 민주묘역에 방문했으며, 희생자 형제자매와 망월동 및 민주묘역, 구 도청 민주광장을 견학했다.

다음은 세월호 참사 진상규명 촉구를 위한 목요기도회를 시작하면서 발표한 기자회견문이다.

"저희를 두려워하지 말라.
감추인 것이 드러나지 않을 것이 없고
숨은 것이 알려지지 않을 것이 없느니라"(마 10:26).

세월호 참사가 일어난 지 오늘로 64일째 되는 날이다. 아직도 12명이 가족의 품으로 돌아오지 못하고 차가운 바다에 있다. 조속한 수습을 해야 한다.

현재 월드컵 축구 경기로 말미암아 국민들이 세월호 참사를 잊어가는 것은 슬픈 일이다. 다시 한번 세월호 참사는 무능한 정부와 비겁한 정권, 거짓된 언론, 탐욕의 신자유주의, 타락한 종교 등이 만들어낸 학살과 같은 범죄임을 깨달아야 한다.

세월호 국정조사 출발점에서부터 파행으로 가고 있으며 재판이 진행되는 중에도 이준석 선장을 비롯한 선원 대다수가 혐의를 부인하고 있다.

광주기독교연합회(NCC)는 무엇보다도 세월호 사고의 희생자, 실종자, 생존자, 가족대책위원회의 요구에 연대할 것을 밝힌다.

1. 단 한 명의 실종자 유실도 없이 모두 가족의 품으로 돌아올 수 있도록 가능한 모든 조치가 즉시 취해져야 한다. 실종자 가족들의 요구인 실종자가 돌아올 때까지 국정조사 기관 보고로 인해 실종자 수색이 위축될 것을 생각하면서 6월 이후로 기관 보고를 연기해달라는 요구는 당연하다. 실종자들이 모두 구조될 때까지 함께하겠다는 약속은 지켜져야 한다.

2. 진상규명 기구의 구성, 가해자들에 대한 형사절차, 증거 확보 등 진상규명의 전 과정에 피해자 가족들의 참여가 보장되어야 하고 그 목소리가 충분히 반영되어야 한다.

3. 세월호 참사 진상규명은 참사의 근본 원인, 침몰 전 및 침몰 후 최초 3일간 초동대응 등 전 과정을 그 조사 범위로 하고 그 범위를 다룰 수 있는 충분한 조사 기간이 보장되어야 한다.

4. 세월호 참사 진상규명은 지위 고하를 막론하고 성역 없이 모든 관련 공무원, 국회, 언론 및 관련 민간인을 그 조사 대상으로 하여야 한다.

5. 모든 정부 기관의 관련 정보가 투명하게 공개되어야 하고, 관련 민간기관의 문서 등 정보공개도 이루어져야 한다.

6. 세월호 참사에 대한 철저한 진상규명은 독립성과 전문성을 갖춘 진상조사 기구에 의하여 이루어져야 한다. 그리고 이 진상조사 기구는 강제 조사 권한을 행사할 수 있어야 하고 충분한 예산과 인력이 보장되어야 한다.

7. 세월호 참사 진상규명은 여러 민·관 차원의 진상조사 결과 등을 반영하여야 하고, 민·관 차원의 다양한 진상조사의 경우에도 관련 기관 등의 정보에 접근할 수 있어야 한다.

8. 책임 있는 관련 기관 및 관련자에 대하여 민·형사상 책임, 행정적 책임 및 정치 도의적 책임을 물을 수 있어야 한다.

9. 세월호 참사 진상규명은 그 결과에 근거하여 관련 법제 및 관행 개선, 그 이행을 강제하기 위한 시정 요구 후속조치 조사 등의 절차가 진행되어 유사한 참사에 대한 확실한 재발 방지 시스템이 구축되어야 한다.

이러한 가족대책위원회 요구에 본 광주기독교연합회(NCC)는 적극 찬성하고 함께 소리를 높인다.

철저한 진상규명을 위하여 천만인 서명운동에 적극 참여할 것이다. 또한 책임자 처벌은 성역 없이, 대통령도 예외는 아니다. 반드시 처벌되어야 하며 다시는 이런 일이 일어나지 않도록 돈보다는 안전을 우선으로 해야 한다.

모든 사람에게는 양심과 사회적인 책임윤리가 있다. 세월호 참사와 관계된 선장을 비롯한 선원들뿐만 아니라 해경 등 누구나 양심고백을 통해서 진실이 밝혀지길 바란다.

한국교회는 세상에서 소금과 빛의 자녀로 살지 못한 것을 회개하고, 정의가 강같이 흐르는 하나님 나라를 이 땅에서 이루지 못하고 세상 풍조에 따라 권력과 성공, 물질만능주의에 빠져 예언자적 외침을 하지 못한 것을 회개하면서 이제는 가만히 있지 않고 행동할 것이다.

교회와 동네마다 세월호 참사 진상규명과 책임자 처벌을 위한 촛불을 켜며 서명운동을 벌이고, 아직 돌아오지 않은 실종자와 함께할 것이다. 시민 상주가 되어 우는 자와 함께 울라는 주님의 말씀을 실천할 것이다.

광주기독교연합회(NCC)는 하나의 의혹도 없이 진상규명이 되며, 책임자가 반드시 처벌되는 그날까지 목요기도회를 계속할 것이다.

억울하게 죽임당한 아벨의 피 소리가 바로 세월호의 피지 못한 꽃들의 피 소리다. 하나님께 기도하며 유가족들과 연대하면서 국민과 함께해서 세월호의 진실이 낱낱이 밝혀지는 그날까지 순교자의 각오로 임할 것을 밝히는 바이다.

"불의한 계획과 실천방안을 궁리하느라고 밤에도 자지 않고 잠자리에서 뒤척이는 자들은 천벌을 받아 죽는다. 쥐고 있는 권력으로 날이 밝기가 무섭게 즉각 궁리한 대로 집행하는 자들아!"(미 2:1)
- 2014년 6월 19일 광주기독교연합회(NCC) -

2014년 6월 16일 "세월호 3년상을 치르는 광주 시민상주모임"이 시작되었다. 이 모임을 통해 자원해서 뭔가 해보자는 뜻으로 처음에는 13명이 뭉쳤다. 대표나 책임자 없이 수평적인 구조로 시작해 지금은 카톡방에 300여 명이 넘는 회원이 있다. 광주법정에서 재판을 할 때는 진실 마중길과 배웅으로 함께하며 간식도 제공했다. 나는 2014년 6월 10일부터 2015년 7월 14일 고등법원에서의 2심까지 매주 화요일, 목요일 재판 때마다 법정에서 가족과 함께했다 (총회 기간 중 한 번 빠짐). 함께 점심을 먹으면서 창현이 아빠가 기도하고 식사하자고 제안해줘서 그 이후부터는 재판을 방청하기 위해 온 가족들과 함께 식사할 때마다 내가 기도를 하게 되었다.

아픔과 고통 중에 있는 그분들 곁에 함께하는 것이 주님의 위로하심이다. 사실 슬픔의 법정에서는 할 말이 없었다. 그래도 피지 못한 꽃봉오리들의 이야기를 듣고 싶었다. 그래서 차마 쓸 수 없는 글들을 부탁했다. 그것은 시라기보다는 차라리 슬픔의 산문이었다. 단원고 학생들 90명을 육필로 기록한 시집 『차마 부를 수 없는 꽃』이 탄생한 배경이다.

이후에도 도보순례 동행, 세월호 인양 촉구를 위한 삼보일배, 가족 간담회, 아침 피케팅, 마을 촛불 모임(19개 마을), 천일순례(2014.11.15.-2017.8.11.), 서명하기, 매월 16일 기억하는 날, 세월호 기억과 약속의 날, 304명 이름 매일 기억하는 날 등을 실천했다. 후원회 "밥집"을 통해 생존자 쉼터를 지원했고, 매월 정기회의와 북 콘서트(정혜신, 서화숙, 박주민, 김탁환 등)도 진행했다. 또한 「전라도닷컴」을 통해 인터뷰 팀이 매월 두 사람씩 광주시민상주 100인을 소개하는 『사람 꽃 피다: 진실을 인양하려는 실천과 행동의 기록』(전라도닷컴, 2016) 1, 2권을 출간했다. 예술인 행동의 장(매월 셋째 주 토요일)에서는 오후 4시 16분 개장 공연 참여 및 체험 판매장을 열었고, 나는 『아직 끝나지 않은 이야기』(서영, 2016)라는 시집을 냈다. 이외에도 기자회견 및 신문 광고 3천인 선언과 가족 간담회, 릴레이 단식, 서명 거리 홍보전, 매월 마지막 주 토요일 팽목항 순례 기다림의 예술제, 초청강연회와 거리 현수막 걸기 등을 진행했다. 모두 잊지 않기 위해서 몸부림친 내용들이다.

팽목항, 안산분향소, 단원고 교실, 기억저장소, 광화문 등 현장에서 가족들과 함께하는 시간도 가졌다. 가만히 있지 않겠다는 다짐을 기도하는 마음으로 실천한 것이다. 목숨을 내어주면서까지 고통받는 인간의 곁이 되어주었던 예수 그리스도가 말씀하신다. "내가 여러분의 곁이 되어준 것 같이 여러분도 서로 곁이 되어주십시오." 서로 곁이 되어줄 때 위로와 치유가 된다.

국가폭력으로 광주민중항쟁 때 희생된 사람들의 진상규명이 안 되었다. 이후 세월호 참사 역시 진상규명이 안 되고 책임자 처벌도 없다. 처벌은 꼬리 자르기뿐이다. 2022년 10월 29일 이태원 참사 역시 구할 수 있는 골든타임을 허비하였다. 그때 국가는 없었다. 도로 위의 세월호다. 우리는 진실과 정의의 길에 함께해야 한다. 나는 날마다 하늘의 별이 된 아이들의 생일을 기억하기 위하여 사회관계망을 통하여 기억과의 투쟁을 하고 있다. "사랑과 진실이 눈을 맞추고 정의와 평화가 입을 맞추리라"(시 85:10)는 말씀을 의지하면서 아직 끝나지 않은 이야기, 세월호의 아픔에 하나님을 믿는 형제자매들이 함께하는 일에 참여할 수 있는 기회를 주셔서 감사하다. 마지막으로 졸시를 소개하면서 글을 마친다.

사월의 편지

스산한 봄날
새벽잠 설치며
목메인 억센
샛바람 마신다

스러진 꽃봉오리
망각 흔적 더듬어

뚝뚝 떨어지는
눈물 노란 보고픔
적신다

가늠 못 할 속울음 삼키며
사무치는 문장
파란 펜촉으로
꾹꾹 눌러
누워 있는 봄
깨운다

뒤척이는 슬픔의 언어
웅크리고 있던 기억
소환하여 한 자 한 자
숨죽여 가며 쓴 안부

팽목항 등대 옆
빨간 기다림
우체통으로 보낸다.

광화문 세월호 기억관 목요기도회에서 이태원 참사 희생자들을 기억하며
추모하는 시간을 가졌다. 예배 후에는 참사 현장을 방문해 헌화했다.

세월호가 내게 준 세상

박은아

함께 울어주는 이웃이 되고 싶은 수원 시민이다.
지역아동센터에서 아이들과 함께 행복한 추억을 만들며 지낸다.
수원 성균관대역 피케팅에 동참하고 있다.

봄이 오면 늘 그랬듯이 센터 아이들과 화단에 꽃을 심고 꽃 이름을
붙여주는 일이 일상이었다. 그날도 꽃시장에서 꽃을 고르고 있었
다. 스치듯 들려왔던 사고 소식을 대수롭지 않게 흘려들었다. 큰 배
가 사고가 나서 침몰하고 있지만 다 구조됐다 했다.

저녁 무렵, 그동안 연락이 없던 큰아이 중학교 밴드에 알림이 계
속 뜨기 시작했다. 그때부터 세월호는 남의 일이 아닌 내 일이 되었
다. 그 배에 내가 아는, 3년 동안 한 가족처럼 지냈던 큰아이 친구가
타고 있다는 소식이었다. 제발 살아 있기를, 생존자 명단에서 이름
이 불리기를 빌며, 내가 아는 카톡방에, 밴드에 기도해달라는 요청
을 쉬지 않고 했다.

노란 리본의 정체

그렇게 시간은 덧없이 흐르고 일주일이 되었을 무렵, 이제는 다른 이슈로 카톡방이 시끄러웠다. 다름 아닌 노란 리본이었다. 아이들이 다시 돌아오기만을 기다리며 카톡 대문에 노란 리본을 달아 우리가 함께 애통해하고 있다는 사실을 전달하자고 호소하는 메시지가 있었다. 그 밑에는 나비 리본은 주술이고, 종교혼합주의에 빠져 귀신을 부르는 행위이자 사탄의 계략이라며 당장 내리라는 메시지가 있었다. 딱 봐도 기독교(인) 냄새가 났다. 지인을 통해 받은 메시지에 치밀어 오르는 분노를 참을 수 없었다. 단지 노란 리본을 다는 것으로 주술신앙을 운운한다면 나는 기꺼이 그런 오해를 받겠다. 함께 울어주지 못하는 것으로 신앙을 지켜야 한다면 그런 신앙은 기꺼이 포기하겠다는 생각이 들었다. 최소한 내가 배운 예수님의 이웃 사랑은 이런 모습이 아니었다.

그때 나는 그 창에 이런 메시지를 보냈다.

"저는 우리 아들 친구를 찾을 때까지, 마지막 실종자 한 명까지 따뜻한 엄마 품에, 가족의 품에 안길 그날까지 노란 리본을 내리지 않을 생각입니다. 노란 리본은 세월호를 절대 잊지 않겠다는 저와의 약속이고 진실이 밝혀질 때까지 함께하겠다는 표현이기 때문입니다."

4월 마지막 주 금요기도회

매일 같이 들려오는 슬픈 소식들로 마음이 상해 있을 때 금요기도회가 생각났다. 그래도 우리가 의지할 분은 하나님밖에 없으니 하나님께 따져 보리라. 하나님께 부르짖어 보리라. 그러나 내 기대와는 달리 그날 이후 나는 몇 년간 회복할 수 없는 깊은 신앙의 슬럼프에 빠졌다. 위로받으러 갔다가 손뼉 치며 즐겁게 찬양하는 모습에 기도는커녕 상처받은 채로 교회를 나와야 했다. 교회 문 하나를 두고 이렇게 다른 세상이구나. 밖에서는 생사가 걸린 사투가 벌어져도 교회 안에서는 그들만의 천국을 누리고 있구나. 세상의 빛이라는 교회는 이제 그 빛을 잃어버린 게 맞다. 기도회를 떠올릴 때마다 그때의 박수가 환청처럼 들려 기도가 되지 않았다.

세월호 피케팅 시작

그렇게 1년이 훌쩍 지나버렸다. 내가 찾는 아이는 1년 전 5월에 부모 품으로 돌아왔지만 다시는 이 땅에서 만날 수 없는 먼 길을 갔다. 부모는 망연자실, 억장이 무너지는 일을 많이 겪고 결국 교회를 떠나게 되었다.

1년 내내 우울함과 자책감에 시달리던 중 우리 교회와 주변 교회가 함께 성균관대역 앞에서 피케팅을 한다는 소식을 접하고 바로 피케팅에 동참했다. 내 마음 편해지자고 시작한 일이었다. 아무것도 할 수 없었고, 아무것도 하지 못한 내가 부끄럽고 미안하고 자책이 되었는데, 이거라도 하면 마음의 짐이 덜어질까 해서였다.

처음 몇 년간 피케팅은 주일 오전부터 오후까지 자유롭게 한 시간씩 릴레이로 진행되었다. 때로는 두세 명이, 또 때로는 혼자 피켓을 들면서 성균관대역을 오가는 시민을 대상으로 세월호 진실규명에 동참해줄 것을 호소하고 노란 리본도 나눠주며 잊지 않을 것을 다짐하였다. 비난하고 손가락질하며 욕하는 사람들도 있었지만 음료를 건네며 함께 응원하고 격려해주는 분들도 계셔서 피켓을 들때마다 힘이 났다.

내가 출석하는 수원성교회에서는 주일 오후 세월호 예배를 주관하고 목요기도회에도 함께 참석했다. 유가족분들과 함께 동참하는 분들에게 식사 대접도 하며, 위로하는 시간을 만들기도 했다. 교회 내에서 세월호 유가족 초청 간담회를 개최하는 등 세월호에 대한 각별한 관심을 보이기도 했다. 이런 적극적인 관심에는 무엇보다 담임 목사님의 인식 변화가 크게 작용했고 그 뒤에는 피케팅 멤버들의 노력이 있었다. 무엇보다 세월호 유가족과의 만남이 있었기에 가능한 일이었다.

4주기, 5주기 시간이 속절없이 흐르고 정권이 바뀌었지만 진상규명에 진전이 없어 내부동력이 떨어지기도 했다. 그러나 내가 그 자리에 서 있는 것만으로도 세월호 유가족에게 힘이 될 수 있다면 기꺼이 이 자리를 지키리라 다짐했다. 2019년부터는 한 달에 한 번은 멤버들이 모두 같은 시간에 모여 집중 피케팅을 하기로 하고 지금은 그렇게 모이고 있다.

추웠지만 따뜻했던 성탄

2019년 세월호 성탄예배는 특별한 감사의 날이었다. 그날은 야외에서 예배를 드렸는데 무척 추운 날씨라 온몸이 얼 것 같았다. 주최 측에서 나눠준 핫팩이 그렇게 고맙고 따뜻할 수가 없었다.

그 자리에서 아들 친구 엄마를 만났다. 먼저 알아보고 와락 껴안았다. "이런 데까지 오냐"면서도 너무 반가워하는 모습에 그만 눈물이 났다. 원망하고, 원망하다 결국은 하나님께 다시 돌아오게 되었다는 기쁜 소식을 들었다. 믿음의 회복이 일어났다. 기적 같은 일이다.

결국 하나님은 그분의 자녀인 우리가 돌아올 때까지 기다리시는 분이란 걸 알게 되었다. 그분은 재촉하지도 않으시고 외면하지도 않으시며 우리의 눈물이 다 마를 때까지 함께 울어주셨나 보다. 그날은 교회와 교인들에 대한 적대감과 세상에 대한 환멸로 삐뚤어졌던 나를 반성하며 도리어 감사하게 되는 하루였다.

세월호가 내게 준 세상—우리는 강하다

매일 일어나는 사건, 사고 중에 하나라고 생각하며 그만 잊어버리라고 하는 사람들을 이해하지 못하는 것은 아니다. 나도 세월호 이전까지는 그들과 다를 것 없이 세상에 무관심한 사람이었으니까 말이다. 내게 이런 인연의 끈이 없었다면 내 이웃의 일이 나의 일이 되기는 어려웠을 것이다. 그래서 어떤 계기도 없이 그저 그 아픔을 공감해주고 함께 울어주는 우리 피케팅 멤버들을 보면 존경스럽기까지 하다.

세월호 이후 나는 위로가 필요한 우리의 이웃을 돌아볼 마음의 자세를 갖게 되었다. 더 이상 아무렇지 않은 듯 넘길 수 없게 되었다. 내게는 그것이 새로운 세상이다. 스텔라데이지호가 그랬고, 10.29 이태원 참사가 그랬다. 지난 성탄예배 때 사월의 엄마(세월호)가 시월의 엄마(이태원)에게 들려주는 애도와 연대의 이야기를 들으면서 가슴이 먹먹해지는 것은 아주 작은 조각이지만 함께 아파하고 같이 공감하는 마음이 생겨서일 것이다.

더불어 연대의 힘을 느낀 계기가 되었다. 집중 피케팅을 통해 각자 자신의 시간을 채우던 멤버들이 한자리에서 만나 함께 피케팅을 하고 식사를 하면서 격려와 결속을 다질 수 있었다. 묵묵히 자신의 형편에 맞게 자리를 지켰던 멤버들도 응원과 격려가 필요했다는 걸 알게 되었다. 같은 시간에 함께 모여 힘을 모으니 마음이 열배는 든든했다. 이날은 나 혼자가 아닌 '우리'가 되어 더 큰 힘으로, 더 강하게 우리의 목소리를 보여주는 계기가 되었다. 또한 관내 여러 곳에서 세월호에 관심을 가지고 활동하는 단체를 알게 되었다. 그분들과 함께 수원 416연대를 중심으로 조직적인 연대활동에 참가하면서 같은 생각과 마음을 가진 분들의 역동적인 모습에 느슨해진 마음을 다잡기도 했다. 결국 혼자 하는 것보다 여럿이 하는 일이 쉽고 끝까지 갈 수 있는 원동력이 된다.

나보다 우리는 강하다.

> 두 사람이 한 사람보다 나음은 그들이 수고함으로 좋은 상을 얻을 것임이라. 혹시 그들이 넘어지면 하나가 그 동무를 붙들어 일으키려니와 홀로 있어 넘어지고 붙들어 일으킬 자가 없는 자에게는 화가 있으리라. 또 두 사람이 함께 누우면 따뜻하거니와 한 사람이면 어찌 따뜻하랴. 한 사람이면 패하겠거니와 두 사람이면 맞설 수 있나니 세 겹 줄은 쉽게 끊어지지 아니하느니라(전 4:9-12).

3장

세월호 이후의 나

Reborn, 다시 태어난 신앙

광화문 세월호 농성장 서명지기, '청와대 1인 시위 시민행동' 피케터로 활동했고,
지금은 416합창단에서 노래하고 있다.
일산은혜교회 집사다.

한 발자국 물러나 마음으로만 조용히 기도해라

세월호 참사 이틀 후에 참석한 금요예배를 기억한다. 부활절 직전
에 일어난 대한민국을 관통한 이 엄청나고 충격적인 사건 앞에 목
사님은 어떤 설교를 하실까 궁금했다. 그날 들은 세월호 관련 설교
는 이러했다. "우리 신앙의 사람들은 세상 사람들과는 다르게 보고
행동해야 한다. 분노하지 말고 애통해하지 말고 이 문제에서 한 발
자국 물러나 마음으로만 조용히 기도해라. 각자 책임을 다하지 못
했기 때문에 일어난 사건이니 자기 자리에서 책임과 의무를 다하
고 나라를 위해 중보해라. 무엇보다 이 일에 깊게 들어가지 말아라.
우울증에 걸리고 사탄이 틈탈 수 있다." 목사님이 그리 말씀하시니
조용히 기도만 하려고 노력했다. 하지만 그게 잘 되지 않았다.

충격이 커서 일상을 살 수가 없었다. 하루에도 몇 번씩 가슴에
큰 돌덩이 하나를 얹어 놓은 것같이 답답하고 가슴이 아리고 우울

220   포기할 수 없는 약속

하고 눈물 나는 증상이 반복되었다. 이런 생각이 계속해서 들었다. '그래, 그래서 지금까지 그렇게 해왔잖아. 삼풍백화점 때도, 성수대교 때도, 씨월드, 대구지하철, 그리고 얼마 전 경주리조트 참사 때도 목사님 말씀대로 조용히 기도만 했잖아. 무고한 생명이 더 이상 희생당하지 않게 해달라고 간구했잖아. 그런데…, 그래서 뭐가 달라졌는데?' 후진국형 사고에 후진국보다 못한 대처 능력, 나 몰라라 도망친 선장과 선원들은 말할 것도 없고 살릴 수 있었을 생명을 단 한 명도 구하지 못하고 우왕좌왕하며 시간만 끌다 눈앞에서 수장되는 아이들을 지켜만 본 해경과 무능한 정부에 대한 분노가 날마다 치밀어 올랐다. 왜 구하러 오지 않나 발을 동동 구르며 엄마 아빠를 목 놓아 불렀을, 그러다 어둠 속에서 손가락이 부러지도록 출구를 찾아 헤맸을, 정말 많이 무서웠을 아이들이 생각났다. 엄마 아빠를 부르다 고통 속에 마지막 숨을 거두었을 가엾은 아이들이 떠올랐다. 이렇게 떠난 자식을 가슴에 묻고 평생을 자책과 고통으로 살아갈 부모들이 떠올랐다.

그 마음을, 그 심정을 헤아린다면 교회는, 목사는 그리 말할 수 없을 것이다. 형제 사랑과 이웃 사랑을 입에 달고 사는 자들이 아닌가. 예수님이 말씀하신 천하보다 귀한 생명에 관한 일이 아닌가? 한 명도 아니고 수백 명의 생명을 무참히 내던진 국가를 향해 교회가 먼저 나서서 호통을 치며 당신들 이럴 수는 없는 거라고 분노할 수는 없는 것일까? 여전히 조용히 기도만 하고 있어야 할까?

놀랍게도 참사가 일어난 주일에도, 부활절에도, 어린이날에도 교회는 아무 일도 없었던 듯 조용했고 예정된 행사를 그대로 진행했다. 믿음, 존귀, 영광, 거룩, 교회 안은 하늘 영광으로 가득 찼고 하늘의 언어들이 그 어느 때보다도 난무했다. 나는 다시 TV와 스마트폰을 켜고 세월호 침몰 관련 기사를 검색했다. 그러다 한 방송에서 단원고 유가족 어머니의 인터뷰를 들었다.

"내 아이가 죽은 게 내가 이 사회에 너무 무관심해서인 것 같아요. 전 삼풍백화점, 성수대교 무너질 때도 아무런 관심을 갖지 않았어요. 다 남의 일, 남의 불행이라고만 생각했어요. 그래서 내 아이가 이렇게 된 것 같아요. 여러분도 그렇게 될 수 있어요. 그러니 시위든 봉사든 뭐든 좀 해주세요."

이 말이 계속 머릿속에 남았다. 거기에 신앙적인 마음이 더해졌다. 학생부 때부터 36년 동안 기독교대한하나님의성회 소속 순복음교회를 다녔다. 남편과는 교회 청년부에서 만나 결혼했고 세 딸을 두었다. 나와 남편은 전적으로 교회 중심적 삶을 살았다. 몇 해 전 장로가 된 남편과 함께 우리는 더욱 교회 일에 집중했다. 교회 밖 세상에는 별로 관심이 없었다. 어울리는 사람도 교회 사람들뿐이었다. 그런 내가 처음으로 교회 밖의 일에 관심을 가지게 된 것이다. 유가족 어머니 말씀대로 뭐든 해야겠다는 생각이 강하게 들었다. 시위든 봉사든 뭐든 이라 하셨는데, 시위는 세상적인 방법이라 못하겠고 봉사가 좋을 것 같았다. 5월이 되면서 많은 시신이 수습

됨에 따라 진도에 봉사자가 줄어들었다는 소식을 페이스북에서 접했고 진도에 가야겠다고 생각했다. 교회에서 배운 대로 땅밟기 기도를 하면서 봉사해야겠다는 생각이 들어서 남편에게 말하니 같이 가자고 했다.

제일 먼저 달려온 스님

참사 31일째인 2014년 5월 16일, 팽목항 검안소 앞 유가족 대기실에서 봉사하라는 배정을 받았다. 희생자가 발견되는 일이 현저히 줄어들었지만 언제 발견될지 모르기에 자원봉사자들이 교대로 24시간 유가족 대기실을 지키고 있었다. 그곳에는 자원봉사자뿐 아니라 약사 두 분과 파견 교사 한 분 그리고 장례지도사 한 분이 함께 대기하고 있었다. 내 옆에 앉은 장례지도사분은 광주 대교구 천주교에서 신도 중 장례지도사 자격이 있는 사람을 구한다는 소식을 듣고 그길로 지원해서 왔다고 했다. 천주교 장례지도사들이 침몰 직후부터 지금까지 생업을 미뤄두고 팽목항에 와서 봉사하고 있었다. 그분들은 검안소 옆 천막 안에서 쪽잠을 자며 지금까지 희생자 290여 명의 마지막 모습을 정성껏 닦아주었다고 한다. 이야기를 나누는데 혹시라도 자신의 입에서 나온 말이 유가족들에게 상처를 줄까 조심스러워했고, 그래서 언론의 인터뷰도 모두 사양했다고 한다. 자신들은 신앙인으로서 당연히 해야 할 일을 하고 있기에 이 일로 언론의 조명을 받는 건 옳지 않다고도 했다. 철저한 자기희생과 사랑으로 신앙을 실천하는 분을 보면서 나의 신앙생활을 돌아보게 되었다.

밤이 깊어지고 천막에 미등만 켜놓은 채 대기하고 있는데 갑자기 불이 환하게 켜졌다. 누군가 들어오며 "수습됐다"고 말했고 천막 안 사람들이 웅성대기 시작했다. 조금 있으니 수습자의 신장과 옷 색깔, 머리 모양과 수습 장소 등이 인쇄된 종이가 대기실 공고판에 붙었다. 상황실 대기자들이 이 공고문을 핸드폰으로 찍어갔다. 그리고 곧바로 자신의 소속기관에 전송했다. 옆자리 교사분도 누군가에게 전송했다.

새벽 5시, 그 새벽에 유가족 대기실로 제일 먼저 달려온 사람은 다름 아닌 여자 스님이었다. 어떻게 알고 오셨냐 물으니 이곳 교사에게 문자를 받았다고 했다. 그러면서 그간 얼마나 살뜰하게 실종자(이때는 미수습자가 아닌 실종자 호칭을 썼다) 가족들을 챙겼는지 이야기를 풀어놓았다. 수첩을 보여주었는데 거기에는 모든 실종자 이름과 친분을 쌓은 가족들의 기도 제목까지 빼곡히 적혀 있었다. 어버이날에는 노란 카네이션 화분을 사서 아이들을 대신해 부모님들께 일일이 드렸고, 시신이 검안소에 도착했다는 소식을 접하면 종교에 상관없이 마지막 배웅은 꼭 본인이 하고 있다고 했다. 검안소도 유가족과 함께 들어가고 지금도 기도해주기 위해 왔노라고 말했다. 스님과 이야기를 나누고 있는데 수습자 부모님이 도착했다.

돌아와줘서 고마워

수습자는 단원고 남학생이었다. 어머니는 얼마나 긴장을 했는지 대기실 의자에 앉아서도 몸을 심하게 떨었다. 스님이 어머니께 다가가 기도해드리겠다고 하자, 자신은 교회에 다닌다며 스님의 기도를 거부했다. 그 말에 내가 용기를 냈다. 제 남편이 장로인데 기도해드리고 싶다고 하자, 어머니는 허락했다. 남편이 기도하는 동안 대기실 약사분을 비롯한 그리스도인 봉사자들이 다가와 어머니의 어깨에 손을 얹고 기도에 동참했다. 기도를 마치자 어머니는 한결 안정되어 보였다. 아이를 기다리는 동안 어머니와 이런저런 이야기를 나누었다. 아이가 얼마나 성실하고 효자인지 들었다. 평소에도 양보를 참 잘하는 아이였는데, 이번에도 반 친구 모두가 올라오고 담임선생님까지 올라온 후 아들이 맨 마지막으로 올라오기로 했다고 한다. 이 학생의 반은 단 두 명만 살아 돌아왔다. 이곳에 계시는 동안 신앙생활은 어떻게 하셨는지 여쭤보았다. "못 했어요. 기도가 아예 나오지 않더라고요. 교회연합회 텐트에서 기도받으러 오라고는 했는데 가지 않았어요." 안타까웠다. 지나가다 본 교회연합회 텐트 안에 목사님들이 여럿 계시던데 왜 이런 분들을 찾아다니면서 기도해주지 못했을까? 이곳 스님이 하시는 일을 왜 우리는 하지 못하는 걸까? 적어도 그리스도인 유가족은 우리가 챙겨야 하는 게 아닐까 하는 생각들이 들었다. 이런저런 생각을 하고 있는데 누군가 수습자가 도착했다고 알려주었다. 바다에 32일이나 있었던 아이는 너무 많이 상해서 부모는 보지 않는 게 좋겠다고 관계자들이 말렸다. 하지만 어머니는 무조건 보겠다고 했다.

"내 아이 상태가 어떠하든 이렇게 엄마를 찾아 힘들게 돌아왔는데 당연히 엄마가 마중 나가야지요."

막상 아이를 보겠다고 했지만 얼마나 긴장했는지 어머니는 검안소로 가는 내내 다리에 힘이 풀려 자꾸만 주저앉았다. 그러자 관계자가 내게 어머니를 부축해 함께 들어가 달라고 했다. 어머니를 부둥켜안고 검안소 안으로 들어가는 순간 처음 맡아보는 약품 냄새가 코를 찔렀다. 어머니가 가서 아이를 만지려고 하자 관계자는 체온이 닿으면 안 된다고 보기만 하라고 했다. 네가 왜 이렇게 되었느냐며 울부짖던 어머니는 아이에게 고맙다고 말했다.

"돌아와줘서 고마워. 널 못 찾을까 봐 너무 무서웠어. 아, 그런데 나는 너를 찾아서 가는데 나머지 아이들은, 남아 있는 부모들은 어떡하나. 미안해서 어떡하나…"

이 광경에 나는 할 말을 잃었다. 죽은 아이를 찾은 것만으로도 감사하고, 아직 아이를 찾지 못한 부모에게 죄인이 되어 발길을 옮기지 못하는 이분들의 현실이 기가 막혔다. 아이 어머니와 헤어진 후 교회연합회 텐트를 찾았다. 담당 목사님을 만나서 유가족 대기실에서 있었던 일을 말씀드렸다. 목사님은 많이 죄송해하면서 좀 더 적극적으로 나서겠노라 약속해주었다. 그러면서 청해진해운 구원파를 기독교로 인식하는 분위기가 있어서 교회연합회 텐트에서 유가족에게 적극적으로 다가가기에 어려움이 있다고 조심스레 말씀했다. 이날의 목격은 서울로 올라와서도 쉽게 잊히지가 않았다. 이후에도 나는 세 번을 더 팽목에 내려갔고 같은 장소에서 봉사하고 먹먹함으로 돌아왔다. 돌아와서도 마음은 늘 팽목에, 미수습자들에게 있었다.

양심에 의지해 선한 일을 하는 사람들

2014년 7월 15일 오전, 유가족들이 국회의사당에서 특별법 제정 촉구 서명지 전달식을 한다는 소식을 보고 서둘러 집을 나섰다. 국회에 전달할 서명지는 단원고 유가족이 반별로 버스를 대절해 전국을 다니면서 받은 것이었다. 총 360만 부를 모았는데 그중 140만 부는 법륜 스님의 "정토회"에서 받아준 것이라 했다. 정토회에서 140만이 넘는 서명을 받는 데는 딱 2주가 걸렸단다. 놀랍고 부럽고 또 부끄러웠다.

우리 기독교는 교회와 교단별로 모금은 할지언정 특별법 제정 촉구 서명을 모아주는 데는 협조할 뜻이 없었다. 더 황당하고 씁쓸했던 건 당시 내가 다니던 교회에서는 세월호 특별법 서명 같은 건 관심 밖이었고, 조용기 목사 탄원촉구 서명을 교역자들이 전 교인을 상대로 받고 다녔다. 유가족이 원하는 것은 모금이 아니었다. 그들은 '진상규명'에 필요한 특별법을 만들기 원했고 그러기 위해서는 범국민 서명이 절실했다. 국회 전달식이 끝난 후 광화문으로 갔다. 당시 국회 앞에서 유가족 열 분 정도가 단식하고 있었는데, 광화문에도 다섯 분이 있다는 이야기를 들었기 때문이다. 광화문에 도착하니 단식하는 아버님들 앞에서 긴 플라스틱 테이블을 놓고 사람들이 서명을 받고 있었다. 외국인들도 몇몇 그 앞을 쭈뼛대며 이게 무슨 일인가 궁금해했다. 그래서 세월호라는 배가 침몰하면서 많은 사람이 희생되었는데, 그 유가족들이 사고 원인을 밝히기 위해 특별법을 제정해달라고 굶으면서 농성하는 중이라고 이야기해 줬다. 외국인도 서명해도 되느냐고 물어봐서 서명받는 분에게 이야기했더니 해도 된다고 했다. 한국말로 된 서명지를 내밀고 영문서명을 받았다. 그러면서 생각했다. '아, 이곳에서 내가 할 일이 있겠구나.' 그날로 나는 광화문 세월호 농성장 서명지기가 되었다.

광화문 세월호 광장에는 수많은 사람이 봉사라는 이름으로 오고 갔다. 짧게는 하루에서 길게는 수년간 이름도 모르고, 어디에 사는지는 모르고, 무슨 일을 하는 사람인지 알리지도 않은 채 소리 없이 와서 눈인사만 하고 열심히 자기 일을 하다가 소리 없이 사라졌다. 손팻말을 들고 1인 시위를 하는 사람들, 노란 리본을 만드는 사람들, 단식하는 사람들, 커피를 내려 나누는 사람들, 나처럼 서명대에서 진상규명을 위한 특별법 서명을 받는 사람들로 세월호 광장은 날마다 북적였다. 아무런 이해관계도 없는 사람들이 유가족과 아픔을 함께하고 서로를 격려했다. 광화문 천막카페는 목회자와 그리스도인이 주축으로 활동했지만, 나머지 장소의 봉사자들 대부분은 신앙이 아닌 자신의 양심에 의지해 선한 일을 하고 있었다. 그간 교회만 알고 모든 것을 교회를 통해서만 하고 살았던 내게 광화문에서의 이 모습은 적지 않은 충격이었다.

날마다 버라이어티한 우리 종교의 패악

농성장의 유가족과 봉사자를 날마다 모욕하는 이들도 있었다. 참사 초기부터 농성장 길 건너편에 수시로 등장하는 극우 교회의 횡포가 그것이다. 그들은 한 손에는 십자가를, 다른 한 손에는 태극기를 흔들며 확성기를 크게 켜고 찬송가와 애국가를 번갈아 부르고 소리쳐 기도했다. 기도의 내용은 세월호 유가족과 광장에 있는 사람들을 향한 회개 촉구와 애국 종용 및 종북 빨갱이 퇴진이다. 농성장 건너편에서 전도 현수막을 걸고 확성기에 찬송가를 틀고 마이크로 전도를 하는 이들도 있었다. 이들은 광장에 무슨 일이 일어나건 말건 아무런 관심도 동요도 없었다. 시위대와 경찰 수십 명이 코앞에서 몸싸움을 해도 그저 마이크를 들고 찬송가를 부르며 "예수천국 불신지옥"만을 외칠 뿐이다. 서명대에 와서 농성장에 상주하는 세월호 유가족이 구원을 받았는지 안 받았는지 궁금해하는 이들도 있었다. "아이고, 신앙이 있어야 하는데, 신앙도 없이 어찌 이겨내려고…. 불쌍해서 쯔쯧. 세월호 유가족들 다 예수 믿어야 해요. 그래야 이겨낼 수 있어요." 이들은 이렇게 말하고 전도지를 서명대에 던져놓고 갔다.

신촌 모 대형교회 전단지를 들고 온 자매는 자신의 교회에서 열리는 치유음악회에 세월호 유가족을 초대하려고 왔다고 했다. 유가족을 만나지 못하게 막으니까 언성을 높였다. "왜 막아요? 저분들은 치유가 필요해요! 우리 교회 치유음악회에 오면 치유받을 수 있다고요!"라고 소리쳤다. 보다 못한 내가 "저분들이 치유받는 걸 정말로 원하신다면 저분들이 원하는 걸 해드리세요. 그게 치유예요"라고 말했다. 그러자 손가락으로 분향소를 가리키며 고래고래 소리를 질렀다. "저거요. 저게 다 뭐죠? 성경에 죽은 자는 죽은 자들로 장사하라고 했지, 어디 산사람더러 하라고 했나요? 저거 우상숭배예요! 저거 빨리 치워요!"

날마다 버라이어티한 우리 종교의 패악으로 인해 광장 사람들은 기독교에 진절머리를 내며 대놓고 '개독'이라 불렀다. 창피하고 참담했다. 고통받는 사람에 대한 공감 능력은 전혀 없고 억울하게 희생된 망자와 유가족을 욕보이는 사람이 다름 아닌 나와 같은 종교를 가진 사람이라는 사실이 절망스러웠다. 이런 이들이 사탄처럼 보였다. 신앙과 상관없이 하나님의 마음을 가진 자들을 만날 때는 그들에게서 살아 계신 하나님이 보였다. 세월호 참사 이후 내 마음 가운데 끊임없이 올라오는 질문은 이것이다. "국가란 무엇일까?", "교회란 무엇일까?" 광화문에서 바라본 우리 사회는 참 많이 병들어 있었다. 내가 평생 의지하던 내 종교 역시 뭔가 잘못되어 있었다. 그때 가장 위로가 되었던 것은 건강하고 수평적인 교회 목사님들과 성도님들의 적극적인 참여와 격려였다.

세월호 때문에 나온 광화문에서 나는 세상의 수많은 절망을 목격했다. 원통하고 억울한 일을 당한 전국 각지의 사람들이 매일 광화문으로 몰려왔다. 세월호 부모님뿐 아니라 억울함을 표현할 길 없는 힘없는 사람들은 자신의 몸을 혹사하는 방법으로 시위를 이어갔다. 오체투지와 삼보일배를 하고, 풍찬노숙을 하고, 빌딩 꼭대기와 전광판에 올라갔으며, 장애인은 휠체어를 탄 채 도로에 뛰어들고, 삭발하고, 온몸에 대자보를 붙이고 피켓을 드는 사람들이 거기 있었다. 교회 안에서만 살던 나는 한 번도 보지 못한 세상이었다. 아이들에 대한 미안함으로 시작했던 봉사가 점차 공권력의 부당함과 비상식적인 장면들을 계속해서 목격하면서 분노의 마음으로 바뀌어갔다. 세월호 진상규명은 멀어만 가고 서명을 받고 리본을 만들고 커피를 내리던 손들이 피켓을 들고, 단식을 하고, 촛불을 들고 거리 행진에 참여하고 시위에 가담해 캡사이신 물대포를 맞았다. 시위는 세상적인 방법이라 꿈도 못 꿨던 내가 세월호 부모님들처럼 투사가 되어갔다.

세월호 참사로 다시 태어난 신앙

매번 전쟁을 치르고 아픈 몸과 마음을 이끌고 주일날 교회에 가면 여전히 허공을 치는 설교와 앵무새처럼 반복하는 "감사 찬송 거룩 존귀 영광" 레퍼토리를 들어야 했다. 교회 안과 밖의 온도 차이와 괴리감 때문에 앉아 있기가 힘들었다. 고개를 숙이고 있다가 가슴을 치면서 예배 도중 밖으로 나오는 날이 점점 많아졌다. 그토록 친하게 지냈던 교회 사람들과도 대화가 잘 통하지 않았다. 세월호에 대한 내 마음 바탕은 분명 신앙이었으나 교회 사람들은 나를 세상적이고 정치적인 일에 빠져 사는 사람으로 보는 것 같았다. 분명한 건 세월호 참사를 불편해하고 가장 먼저 정치화한 곳이 교회이고 목사들이라는 사실이다. 더 이상 형제 사랑, 이웃 사랑, 아버지 사랑을 말하는 사랑 설교가 듣기 싫어졌다.

나와 우리 가족은 세월호 참사 3주기 무렵 교회를 떠났다. 남편이 시무장로였기에 많은 고민과 망설임이 있었다. 그냥 교회가 아니었다. 학생부 때부터 36년간 모든 것을 교회 중심으로 살았던 우리에게 그곳은 젊음과 추억과 땀과 기쁨과 슬픔이 고스란히 배인 삶 자체였다. 천국까지 동행할 사람들이라는 생각에 친척보다 더 친하게 지내며 소중히 여기던 교회 식구들이었다. 그런 곳을 우리는 떠났다. 세월호를 겪지 않았다면, 아니 팽목에 가지 않았더라면, 광화문에 가지 않았더라면, 유가족을 만나지 않았더라면 나는 여전히 그곳에 안주하며 눈먼 상태로 신앙생활하고 있었을 것이다. 광화문에서 보낸 5년여 시간은 물리적인 시간으로는 도저히 설명할 수 없는 큰 가치관의 변화가 일어난 기간이다. 신앙에 대한 관점이 가장 크게 달라졌는데, 전에는 추상적이었다면 지금은 아주 실제적인 신앙으로 변했다. 전에는 내 신앙이 온통 하나님께만 집중되어 있었다면 지금은 하나님보다 하나님이 바라보시는 사람에게 집중된 것 같다. 믿음, 거룩, 영광이라는 단어보다도 하나님의 정의와 공의, 공평, 복음의 공공성이라는 말에 더 마음이 간다. 현재 우리 가족은 하나님의 정의와 공의, 복음의 공공성에 관심이 많은 일산은 혜교회에 등록해 다니고 있다.

세월호 유가족에게 세월호 이전과 세월호 이후의 삶이 완전히 달라졌듯이 나 또한 그러하다. 이렇듯 내 삶을 크게 바꾼 세월호에 대해 누군가 "세월호는 당신에게 무엇입니까?"라고 묻는다면 자신 있게 이렇게 대답할 것이다. "세월호는 내 삶이고 신앙입니다." 세월호 참사로 인해 내 신앙이 다시 태어났기 때문이다.

당신의 약속과 잇대어보면

김진수

장로회신학대학교에서 공부하고
옥바라지선교센터에서 싸우고
416합창단에서 노래하고 있다.

잘 있어요, 아들들

2015년 어느 가을밤이었다. 흐릿한 기억이다. 목요일이면 안산합
동분향소 컨테이너에 불이 밝혀졌다. 그날도 여느 목요일과 같았
다. 여기저기 흩어져 살던 그리스도인들이 연대의 기도를 이어가기
위해 모였다. 함께 기도하고, 삶을 보듬고, 따뜻한 저녁 식탁도 차려
서 나누었다. 그날도 그랬을 것이다. 모든 순서를 마친 후 함께 기
도회를 꾸려가던 목사님들과 신학생들이 모여서 회의를 했던 걸로
기억한다. 어떤 이야기를 주고받았는지는 기억나지 않지만, 그날
저녁의 풍경이 아직도 가슴속에 남아 있는 것은 한마디 인사말 때
문이다. "잘 있어요, 아들들." 집으로 향하던 세월호 참사 희생자의
어머님이 남긴 짧고 경쾌한 인사다. 그 한 문장이 아직도 심장에 남
아서 울컥울컥 피어나곤 한다. 짧은 순간이나마 우리는 그분의 아
들이었다. 아들을 떠나보낸 이의 아들. 그 저녁부터였다. 세월호 참

사 피해자들과 끝까지 함께해야겠다고 다짐한 날, 연대가 아니라 '나의 일'이 된 날, 신앙의 이름으로 다시 한번 다짐한 날이었다.

그날 이후

2014년에 나는 인천의 한 주민센터에서 사회복무요원으로 근무하고 있었다. 주민센터도 공공기관이었기에, 긴급속보가 나갈 때면 운영시간 내내 커다란 텔레비전으로 뉴스를 틀어두었다. 4월 16일 수요일, 믿을 수 없는 소식에 모든 TV를 켰다. 다급한 영상과 글자들이 나타났다 사라지고, 나타났다 사라졌다. 점심시간 즈음 되었을까. "사고가 났는데 전원 구조래, 다행이다"라고 말하며 도시락을 들고 숙직실로 가서 밥을 먹었다. 시금치나물을 먹었던 기억이 난다. 그렇게 한숨 돌리고 나오니, 이제는 꺼져 있어야 할 텔레비전 화면에 이해할 수 없는 영상들이 계속 나오고 있었다. 그렇게 켜진 TV를 보며 며칠을 지냈는지 모르겠다.

그해 부활절, 익숙했던 교회를 벗어나 서울로 향하는 지하철에 몸을 실었다. 보신각 앞에서 난생처음 거리 예배를 드렸다. 숨 막히는 시간이었다. 따가운 봄볕이나 오고 가는 차가 뿜어내는 소음과 매연에 둘러싸여 예배하는 것은 처음이었다. 하지만 그보다 목을 더 옥죄어오던 것은 '감사'라던가 '기쁨', '부활'이라는 소중한 단어가 그 뜻을 잃어버린 것 같은 느낌 때문이었다.

나는 모 선교단체 출신이다. 하나님의 세미한 음성을 잘 듣고 분별하라고 배워왔다. 모든 일에는 다 하나님의 뜻이 있고, 우리는 그 하나님의 뜻을 발견하고 순종하면 된다고, 그렇게 하면 하나님께서 그분의 뜻을 이루실 것이라고 배워왔다. 그 안경으로 바라본 세상은 밝고 아름다운 곳이었다. 전능하신 하나님, 선하신 하나님이 통치하는 세상. 크고 작은 악과 실패들이 있지만 언젠가 승리할 것. 슬픔은 잠시 스치는 것이고 항상 기뻐할 것. 지휘봉을 잡은 하나님이 거장 지휘자처럼 세상을 조율하고 이끌어간다고 믿었다. 크고 작은 불협화음도 하나님이 보시기에는 필요하거나 간단한 문제라고 생각했다. '하나님의 뜻'에 부합하는 일이라면 다 잘 될 것이라는, 막연하지만 밝고 아름다운 곳이 내가 살던 세상이었다.

2014년 4월 이후 그 밝고 아름답던 세상이 무너지기 시작했다. '감사'나 '기쁨'이 그 의미를 잃은 것처럼, 나를 지탱해주던 믿음의 언어들이 그 힘을 잃어버렸다. 매일 드리던 기도, 그 단어 하나하나의 색깔이 바랬다. 익숙하던 모든 말과 표현들이 사치스럽게 느껴지고 사탕발림 같아 침묵하다 눈을 뜨곤 했다. 성경 말씀을 묵상하려 할 때마다 익숙하던 표현들이 어찌나 낯설게 느껴지던지. '왜?', '그래서 뭐?'라고 표현 하나하나마다 핀잔을 두다 성경을 덮기 일쑤였다. 평일 저녁이면 찾아가던 화요모임이니 목요모임이니 하는 것들도 더 이상 가고 싶지 않았다. 심지어 주일 청년부 예배에서 부르는 찬양 가사들도 목울대에서 막혀 튀어나오지 못했다. 승리하신 주님도, 전능하고 선하신 주님도 노래할 수 없었다.

교회는 또 얼마나 답답한지, 포털사이트에 '세월호 교회'나 '세월호 목사'라고 검색해둔 채 새로 고침을 누르며 실시간으로 올라오는 기사들을 보기도 했다. 내가 사랑했던 교회는 내가 알고 있던 교회가 아니었다. 인터넷에 떠도는 가짜뉴스나 자극적인 표현을 그대로 설교에 인용하는 목사들, 신학적으로든 성경적으로든 말도 되지 않는 이야기를 내뱉는 설교자들, '순수한' 애도를 말하며 모든 논의에서 벗어나 하늘만 바라보려는 신앙인들. 하나님의 손과 발이 되어 이 세상을 돌보고 있다고 믿었던 교회는 내가 선 자리에서는 잘 보이지 않았다.

참 많은 말과 글이 오간 것은 기억한다. 하지만 "세월호 이후는 달라야 한다"라는 수많은 말과 글이 내 마음에 뿌리를 내리지는 못했다. 신학자들의 강연도 듣고 책도 읽어보았지만, 무너져가던 내 세계를 지탱해주지는 못했다. 그 시절 내가 갈구했던 것은 '모든 악을 깨부수는 승리의 신'이나 '원수의 머리채를 잡고 바다에 처박는

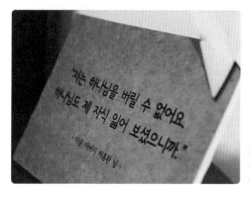

장신대 "하나님의 선교" 학생들이 축제 기간에 학교 앞 카페를 빌려 미수습자 9명의 귀환을 염원하는 전시회를 열었다.

신'이었다는 것을 새삼 깨닫는다. '평화의 하나님'이라든가 '함께 고통받는 하나님'은 필요 없다고 생각했는지도 모르겠다. 무너져가는 세계 속에서 고립되어가던 나를 구원한 것은 "세월호 가족들과 함께하는 목요기도회"였다.

목요기도회

"세월호 가족들과 함께하는 목요기도회"는 2015년에 처음 시작했다. 안산 합동분향소에 그리스도인 부스가 차려졌고, 그 부스에서 목요일마다 기도회로 모였다. 나는 장로회신학대학교 "하나님의 선교" 동아리에서 활동하며 동료들과 목요기도회의 한 부분을 채웠다. 처음에는 무척 조심스러웠다. 어떤 표정을 지어야 할지, 어떤 단어를 써야 할지 헤아리기 어려웠다. 좁은 컨테이너 안에 모여든 사람들 모두가 비슷한 마음 아니었을까 싶다. 섣부른 위로의 말을 건넬 수 없었고, 나의 작은 슬픔에 매몰되어 있을 수도 없었다. 그렇다고 밝은 표정으로 있을 수도 없었다. 그렇게 하루만큼의 기도가 조금씩 쌓여갔다.

막연하게 '도움이 되지 않을까' 싶었다. 기도로, 시간으로 '돕는다'고 생각했다. 나의 기도가, 내가 찾아가는 발걸음이 위로가 되고 도움이 되지 않을까 싶었다. 그렇게 '이웃을 돕는' 태도로 매주 안산을 찾았다. 그러나 한두 달이 채 지나지 않아 깨달았다. 내가 얼마나 무력하고 오만했는지. 돕겠다고 간 곳에서 도움을 받은 것은 나 자신이었다. 무너진 나의 작은 세계, 그 잔해를 끌어안고 고민하고 방황하던 내 앞에 길이 보이기 시작했다. 퇴색해 껍데기만 남았던 나의 언어에 다시금 색이 차올랐다. 침묵과 성경 묵상 속에서 희미해졌던 길이 다시 새롭게 생겨났다.

위로를 받은 것도 나였다. "하나님이 어디 계시냐?"고 슬피 묻던 내게 "하나님이 여기 계시다"는 믿음이 찾아왔다. 글과 책 속에서 배워가는 하나님 나라가 아니라 삶으로 만들어가는 하나님 나라에 대한 소망이 피어났다. 이 모든 게 시간이 갈수록 단단해지던 세월

예은 엄마(박은희 전도사)가 서울시의회 세월호 기억관 목요기도회에서 가족 증언을 하고 있다
목요기도회는 매월 셋째 주 목요일 저녁, 세월호 기억관 앞에서 진행 중이다.

호 부모님들에게 배운 것들이다. 그 흔들리지 않는 눈빛에서 배웠다. 성경 속에서 실마리를 찾아 생명의 길을 만들어가는 지혜로부터 배웠다. 모든 것에 저항하며 옳은 말을 할 수 있는 용기를 배웠다. 분향소가 사라질 때까지 목요일마다 나는 신앙과 삶에 대해 처음부터 다시 배웠다.

홍대입구역 8번 출구

2015년 여름이었다. 홍대입구역 8번 출구에서 피케팅으로 연대하자는 제안을 받았다. 2014년 11월 정부의 세월호 실종자 수색 종료 공식 선언 이후, 누구보다 힘든 시간을 보내고 있는 실종자 가족들에게 힘이 되어야 하지 않느냐는 물음이었다. 한낮의 홍대 앞, 뜨거운 태양 볕 아래에서 만난 어머님의 거친 손과 그을린 피부를 잊을 수 없다. 오고 가는 수많은 사람의 눈을 잠시라도 붙잡아두기 위해 자기 몸보다 더 큰 피켓을 들고 계시던 어머님. "세월호 안에 잠들어 있는 걸 아는데 왜 실종자라고 해야 합니까? 우리는 잃어버린 게 아니라 아직 수습하지 못했을 뿐입니다. 그래서 실종자가 아니라 '미수습자'입니다"라고 말씀하시던 어머님을 기억한다. 팽목항과 서울과 안산을 오가며 기다리던 시간이 참 길었다. 전국을 오가며 "아직 세월호 안에 사람이 있다"고 외치던 어머님들의 시간이 참 무거웠다.

2017년 봄이 되어서야 세월호가 다시 바다 위로 올라왔다. 만감이 교차하는 시간이었다. 아마 모두가 그러했으리라 생각한다. 어떤 사람들은 "박근혜가 내려오니 세월호가 올라왔다"고 쉽게 말하기도 했다. 그 말을 들을 때마다 마음이 쥐어짜듯 아렸다. 사고 이후 3년이 흐를 동안 죽을힘을 다해 알리고 싸우며 버텨왔던 사람들의 시간을 쉽게 접어버리는 듯한 느낌이 들었기 때문이다. 세월호를 올리고, 목포로 옮기고, 바로 세워서 다시 수색을 재개하기까지도 참 오랜 시간이 걸렸다. 팽목항에서의 두려운 기다림, 목포에서의 미안한 기다림. 그 지난한 시간을 지나 네 명의 미수습자를 수습할 수 있었다.

그렇게 곁에 머물며 체득한 것은 하나님의 현존을 찾는 길이다. "하나님을 어디서 만날 수 있느냐?"라는 질문에 스스로 실마리를 찾아가는 방법이었다. 글과 책 속에서 보았던 '기다리시는 하나님', '침묵하시는 하나님', '고통당하는 하나님'의 섬광을 포착하는 기회였다. 상처 나고 아픈 곳에 온몸의 신경과 집중이 쏠리듯, 아픔이 있는 곳에 하나님이 계신다는 노랫말을 온몸으로 느낄 수 있었던 시간이었다. 그 하나님은 마주 잡은 손에, 같이 나누던 차 한 잔에, 나란히 들고 있던 피켓과 함께 흘리던 눈물 속에 계심을 알 수 있었다.

또 한 가지 배운 것이 있다면 하나님께 따지는 방법이다. 머릿속에 떠다니는 수많은 물음표를 갖고 하나님께 나아가는 것, 무능한 것처럼 보이는 하나님께 요구하는 것, 말 구유 위에 누웠던 아기와 나귀를 타던 왕을 부르는 것. 그렇게 모순적인 탄원과 기도 사이에서 흔들리며 걸어가는 방법을 배웠다.

노래여

혼자였다면 아마 쉬이 지쳐서 포기했을지도 모른다. 교회와 학교를 오가며 외롭게 사그라들었을지도 모른다. 그때마다 함께 불렀던 노래가 나를 구원했다. 혜화동의 낡은 카페에서 이어폰으로 416합창단의 "어느 별이 되었을까"라는 곡을 듣자마자 없던 용기가 생겨났다. 나는 합창은커녕 교회 성가대나 중창단도 해본 적이 없다. 악보는 전혀 볼 줄도 몰랐다. 다만 저 화음에 함께 섞여 노래하고 싶었다. 유행하는 사랑 노래보다 훨씬 고귀하게 느껴졌기 때문이다. 나는 그 합창단에서 지금도 노래하고 있다.

노래에는 참 특별한 힘이 있다. 합창은 더 그렇다. 옆에 있는 사람, 다른 파트와 지휘자, 그 노래를 듣는 사람들을 하나로 묶어내는 특별한 힘이 합창에 있다. 노래는 스스로에게 하는 다짐이 되었다가 함께 노래하는 이들을 감싸는 위로가 된다. 지휘자의 눈길을 따라 꽃처럼 피어나서 듣는 이들의 삶을 와락 껴안기도 한다. 그렇게 다짐과 위로가 시공간을 채워 한 덩어리가 된다. 이는 어떤 설교도 만들어낼 수 없는 공감과 일치의 순간이라 생각한다.

유명한 예술작품을 눈으로 보거나, 실력 있는 가수의 노래를 들을 때도 감동을 받지만, 416합창단의 노래는 조금 다른 결의 감동을 선사한다. 미안함, 웃음, 기쁨, 애처로움이 한꺼번에 솟아난다. 노래를 잘해도, 노래를 못해도 아름답게 서글프다. 함께해온 동지들을 위로하고, 지나간 약속을 되살려내고, 함께 손을 흔들며 다짐하게 한다. 6년의 시간 동안 쌓인 노래들이 얼마나 많은 사람의 마음에 다가갔을까. 그리고 얼마나 더 많은 약속을 세상에 내놓게 만들었을까.

당신의 약속과 잇대어보면

이 글을 읽는 당신의 약속이 궁금하다. 언제 어디서 무슨 약속을 했는지, 2014년 4월 16일이 당신의 삶에 어떤 흔적으로 남았는지, "잊지 않겠습니다"라는 약속이 여전히 유효한지 묻고 싶다. 듣고 싶다. 어떤 약속의 길을 걸어왔는지, "끝까지 함께하겠습니다"라는 약속이 어떻게 삶에 녹아 있는지 궁금하다. 보고 싶다. 우리가 했던 약속들이 여전히 뜨겁게 차올라서 구호가 되는 것을 보고 싶다. 우리가 믿는 하나님이 어떻게 역동하는지 보고 싶다. 그리고 여전히 멀어 보이는 길을 서로의 어깨를 맞닿으며 걸어가고 싶다. 부디 이 짧은 글이 당신의 약속과 맞닿기를, 나의 이야기에 당신의 약속이 잇대어져서 새봄을 같이 열어가기를 바란다.

그저 함께 아파했을 뿐입니다

김동은

대구에 살며 계명대학교 동산병원 이비인후과에서 일하고
인도주의실천의사협의회 회원으로 활동하고 있다.

세월호 유가족과의 첫 만남

"세월호 유가족들께서 대구에 오시는데 함께하실 수 있나요?" 평
소 알고 지내던 선생님으로부터 연락을 받은 건 2014년 7월 9일,
세월호 참사 85일째 되던 날이었다. "네. 당연히 가야지요." 흔쾌히
대답했지만, 자식을 가슴에 묻은 부모를 만나면 무슨 말을 어떻게
해야 할지 고민되었다. 억울하게 고통당한 욥의 아픔을 들은 친구
들이 7일 밤낮 동안 그의 곁을 지키며 아무런 말도 없이 함께 울어
주었듯(욥 2:13), 고통당하는 이와 함께 있는 것만으로도 위로가 될
수 있다는 말씀을 붙들고 유가족을 맞으러 갔다.

　포항에서 서명운동을 마치고 출발해 유가족들은 밤 10시가 넘어
서야 숙소를 제공한 월배성당에 도착했다. 버스에는 "특별법 제정
을 위한 천만 서명운동 세월호 가족 버스"라고 적혀 있었다. 대구
경북 지역의 서명운동을 맡은 단원고 2학년 3반 학부모와 담임 김

초원 선생님의 아버님이 버스에서 내리셨다. 여장을 푼 후 성당 앞 허름한 식당에 함께 둘러앉았다. "아직 참사 발생 100일도 안 되어 이런 자리를 마련하는 것이 조심스러웠습니다." 마중 나온 이들을 대표해서 한 선생님이 말씀드리자 유가족들은 아니라며 손사래를 쳤다.

"정부는 저희를 트라우마 환자로 몰아가요. 집에 있으면 찾아와 문을 두드리고 무조건 상담을 받아야 한대요. 설문지 내용을 보면 주로 이런 거예요. '지금 자살하고 싶냐?' 그런 상담이 저희에게 도움이 되겠어요? 오늘처럼 여러 사람과 둘러앉아 이야기를 나누는 게 훨씬 더 좋아요." 그동안 답답한 마음을 토로할 기회가 없었다는 말씀도 덧붙였다. "웃으면 유가족이 웃는다고 욕하고, 울면 이제 그만 울라고 욕해요." 그들은 주위의 시선에 힘들어했다.

아이들의 짧았던 삶과 소중했던 꿈에 관한 이야기를 나누며 함께 울던 중 단원고 2학년 3반 최윤민 학생의 어머님이 나에게 이렇게 질문했다. "선생님 어떻게 하면 암에 걸릴 수 있어요? 암에 걸리면 우리 딸에게 갈 수 있잖아요. 우리 딸은 하늘나라에 갔는데 거기에는 우리 딸을 맞아줄 사람이 아무도 없어요. 남편과 우리 둘 중 한 사람은 먼저 가자. 그래서 윤민이랑 같이 있어 주자. 그래야 여기 남은 한 사람도 마음이 편하지. 요즘 이런 이야기를 자주 해요." 말씀을 들으며 연신 눈물이 흐르고 목이 메어 아무런 대답도 하지 못했다.

늦은 밤까지 이어진 대화가 마무리될 무렵 유가족들은 준비해온 '노란 리본'을 마중 나온 이들의 가슴에 직접 달아주었다. 우리는 유가족 한 분 한 분을 꼭 안아드렸다. 유가족들이 함께 입고 온 티셔츠에는 단원고 2학년 3반을 뜻하는 숫자 '3' 자가 크게 그려져 있었고, 숫자 안에는 억울하게 희생된 학생 26명의 이름과 담임 선생님의 성함이 적혀 있었다.

진정한 하나님의 뜻

세월호 참사 후 많은 이들이 외상 후 스트레스 장애(PTSD)를 걱정했다. 하지만 유가족을 만나보니 '외상 후'의 상태가 아니라 여전히 '외상 중'이었다. "이제 그만해라", "놀러 가다 사고 난 것 아니냐?", "유가족이 벼슬이냐?" 유가족을 향한 '2차 가해'에 마음의 상처는 더 커졌다. 상처를 치유해야 할 목회자까지 여기에 가세했다. "가난한 집 아이들이 수학여행을 설악산이나 불국사로 가면 될 일이지, 왜 제주도로 배를 타고 가다 이런 일이 빚어졌는지 모르겠다." 어느 목회자의 어처구니없는 언사는 국민적 분노를 불러일으켰다. 무능한 정부를 향하던 "이게 나라냐?"라는 물음이 무정한 교회를 향했다. "이게 교회냐?" 어떤 목회자는 세월호 참사가 "하나님의 뜻"이라고 말해 유가족의 마음을 더욱 아프게 했다. 그렇다면 의사가 하는 치료의 모든 결과도 '하나님의 뜻'이라고 하면 될지 묻고 싶었다. 나는 힘든 수술 중 결정적인 순간마다 마음속으로 간절히 기도

하며 하나님을 의지하지만, 수술 결과에 대한 책임은 의사가 진다. 의사의 태만으로 발생한 '의료 과오'까지 '하나님의 뜻'이라고 할 수는 없다.

'오 하나님, 왜입니까?' 세월호 참사를 바라보며 수없이 들었던 생각이다. 그러나 세월호 참사는 '하나님의 뜻'이 아니라 명백히 '인간의 죄악'이 초래한 참혹한 사건이다. 타인의 고통을 줄여보겠다며 너무나 쉽게 '하나님의 뜻' 운운하는 것은 전혀 신앙적으로 보이지도 않고 오히려 피해자의 고통을 더 크게 할 뿐이다. 하나님은 인간이 고통받기를 원하지 않으신다. 아울러 이런 말은 세월호 참사에 책임이 있는 이들에게 일종의 면죄부를 주는 것과 같다. 진정한 하나님의 뜻은 세월호 참사의 원인을 규명하고 책임자를 처벌해서 이런 참사가 다시는 되풀이되지 않는 새로운 나라를 건설하는 것이 아닐까?

학생들에게 보낸 사과

"기성세대의 한 사람으로 여러분에게 사과합니다." 2014년 1학기 의예과 수업 마지막 시간에 세월호 참사 희생자들의 명복을 빌며 함께 묵념한 후 학생들에게 사과했다. 2014년 4월 16일 기성세대는 모두 죄인이 되었으며 우리 공동체를 이끌어갈 젊은이들을 지켜내지 못한 큰 책임이 나에게도 있었기 때문이다. '입시 지옥'에 갇혀 고생하던 아이들이 잠시나마 숨을 돌리러 떠난 수학여행 길에서 어른들의 잘못으로 배에 갇혔는데 구해주지 못했다. 생명과 안전이 아니라 돈과 이윤을 향한 잘못된 항로로 항해하는 세상을 바로잡지 못했다. 특히 무고한 생명을 앗아간 두 번의 참사를 대구에서 직접 겪으며 국가의 구조와 수습 방식에 문제가 많음을 목격하고도 개선하기 위한 아무런 노력도 하지 않은 스스로가 부끄러웠다.

1995년 4월 28일 대구 상인역 지하철 공사 현장에서 가스 폭발 사고가 발생해 중학생 42명을 포함해 101명이 사망했다. 나는 당시 사고 현장 인근에 살던 때라 사고 직후 달려가 보니 마치 전쟁터와 같았다. 무허가 굴착 작업 중 가스관을 파손해 발생한 명백한 인재(人災)였다. 구조작업도 체계가 없어 보여 더 안타까웠다.

2003년 2월 18일 대구 지하철 1호선 중앙로역에서 화재가 발생했다. 당시 가까운 대학병원에서 당직을 서고 있었는데 수많은 화상 환자가 응급실로 실려 왔다. 한 남성의 방화가 원인이었지만 기관사 등 관계자들이 초기에 적절한 대응을 하지 못해 참사가 더 커졌고 결국 192명의 승객이 숨졌다.

이처럼 셀 수 없이 많았던 참사의 경험을 법적·제도적 개선으로 연결하지 못한 '학습 부재 사회' 대한민국의 병폐가 결국 세월호 참사를 초래하고 말았다. 많이 늦었지만, 이제부터라도 그동안 겪었던 참사의 교훈을 살려 '이윤'이 아니라 '안전'이 존중받는 세상을 만들어야 한다. 그것이야말로 생존한 기성세대가 세월호 희생자들에게 진 마음의 빚을 조금이나마 갚는 길이다.

세월호 참사가 세운 워싱턴 D.C. '들꽃교회'

2016년 2월 미국으로 1년간 연수를 떠나게 되었다. 그곳에서도 어김없이 4월이 돌아왔다. 수소문해본 결과 4월 16일 토요일 저녁 워싱턴 D.C. 인근 한 교회에서 세월호 참사 2주기 추모 행사가 열린다는 걸 알게 되었다. 왕복 900km에 달하는 먼 거리였지만 참석하기 위해 길을 나섰다. 한국에서 공수해온 '노란 리본'도 가슴에 달았다. 해가 저문 후에야 "세월호 2주기 추모의 밤" 행사가 열린 '윌리엄 조 평화센터'에 도착했다. 한쪽에는 세월호 분향소가 마련되어 있었고 아직 돌아오지 못한 아홉 분과 희생된 단원고 학생들의 이름이 게시되어 있었다. 국화꽃 한 송이를 고이 올리고 희생된 분들을 위해 두 손 모아 기도를 드렸다. 추모 모임에 참석한 현지 교민들이 멀리서 오느라 고생했다며 우리 가족을 반갑게 맞아주었다.

추모 행사를 준비한 '들꽃교회'는 사실상 세월호 참사로 세워진 교회였다. 2014년 부활절 예배가 드려졌지만 불과 나흘 전에 발생한 세월호 참사로 희생된 아이들을 위해 기도하지 않는 기존 한인 교회에 실망한 교인들이 독립해서 교회를 세운 것이다. 대형 십자가도 교회 간판도 없는 '들꽃교회'는 주일 오전에 '윌리엄 조 평화센터'를 빌려 예배를 드렸다. 세월호 참사 1주기에는 '세월호 주간'을 선포하고 링컨 기념관 앞에서 촛불집회도 열었다. "불의한 것을 불의하다고 말하는 것이 복음의 핵심입니다. 세월호 참사는 하나님을 믿는 사람들이 신앙적 응답을 해야 하는 일이었습니다." 들꽃교회 홍덕진 목사님의 말씀이 깊은 울림으로 다가왔다.

세월호 희생자를 기억하는 부활절 예배

세월호는 2014년 '고난주간'에 침몰했다. 그리고 나흘 뒤 부활절을 맞았다. 무거운 마음으로 교회로 향했지만, 목사님의 설교 말씀 서두에 세월호 참사가 잠깐 언급되었을 뿐 여느 주일과 크게 달라 보이지 않았다. 1주기, 2주기 그리고 8주기를 맞은 지난해 부활절에도 세월호는 언급되지 않았다. 어느 순간부터 '세월호'는 교회에서 마치 금기어가 된 듯했다. '세월호'를 말하면 못마땅한 표정을 짓는 이들도 있었다. 2014년 6월 서울의 한 대형교회에서 열렸다는 "세월호 참사 위로와 회복을 위한 연합 기도회"는 유가족이 아니라 마치 대통령을 위로하기 위한 기도회 같아 보였다.

매년 부활절 오후가 되면 노란 리본 장식이 가득한 대구 '바보주막' 마당에서 찬양 소리가 들려온다. "세월호 희생자를 기억하는 부활절 예배"가 드려지기 때문이다. 뜻을 함께하는 몇몇 교회와 세월호 희생자를 기억하는 시민들이 함께 준비하는 예배다. 우리는 희생자 304명의 이름을 함께 호명한 후 귀한 말씀을 나누고 찬양하며 기도한다. 예배를 드린 후에는 '세월호 진상규명', '책임자 처벌'이라고 적힌 피켓을 들고 대구 시내를 행진한다.

"오늘 여기에 꽃이 진다고 그대를 잊은 적이 없는 사람들이 세월호 8주기를 맞아 주님 앞에 모였습니다. 주님의 부활을 기념하는 부활주일에 우리 아이들도 동시에 기억되니 고맙습니다. 세월호에서 희생된 304명을 기억하고 그들의 희생을 헛되게 하지 않기 위해 행동하는 우리들의 발걸음도 복되게 하시옵소서." 2022년 4월 17일 "세월호 참사 8주기 부활절 연합예배"를 함께 드린 단원고 2학년 5반 이창현 학생 어머님의 간절한 기도다.

"가장 기쁘고 복된 이날 우리는 다시 상복을 입고 억울하게 죽은 이들을 호명하면서 죽음과 부활을 나란히 놓고 예배를 드리고 있습니다. 세월호 참사를 말하지 않으면서 어떻게 예수의 죽음과 부활을 말할 수 있습니까?" 수년째 세월호 희생자를 기억하는 부활절 예배를 준비해온 대구 누가교회 정금교 목사님의 말씀이 세월호 참사 앞에서 예수 부활의 진정한 의미가 무엇인지 다시 생각하게 했다.

세월호 유가족이 보내준 핸드크림 선물

2020년 2월, 코로나19 1차 대유행이 대구를 강타했다. 시민들은 공포에 휩싸였고 최일선의 의료진도 서서히 지쳐갔다. '의료 붕괴'의 위기 속에서 매일 간절한 기도를 드리던 3월 초, 병원에 큰 택배 상자가 도착했다. 보낸 사람은 '경기도 안산 은화, 다윤 엄마'라고 적혀 있었다. 은화와 다윤이는 수학여행을 떠난 지 1,123일, 세월호가 뭍으로 올라오고 25일이 지나서야 긴 수학여행을 마치고 엄마 곁으로 돌아온 소중한 딸이었다. 피붙이를 찾겠다며 3년 5개월 '풍찬노숙'을 했던 두 어머님이 '코로나19'와 싸우고 있는 의료진을 위해 핸드크림을 한 박스 가득 보낸 것이다.

"많은 분이 함께하고 있습니다. 그 마음 덕분에 저희도 팽목항의 세찬 바람을 견딜 수 있었습니다. 선생님들의 그 헌신! 그 마음, 그 손길 정말 고맙습니다. 얼마나 고생하시는지 아니까 더 힘내시라 말하기가 조심스럽지만, 선생님들 힘내세요."

저녁 6시, 선별진료소 일을 마치고 두 어머님이 보낸 편지를 의료진과 자원봉사자들이 함께 읽었다. 내가 읽기 시작했지만, 목이 메 다른 분이 이어서 낭독했다. 많은 간호사 선생님이 눈물을 흘렸다. 핸드크림을 하나씩 받아 품에 꼭 안았다. 하루에도 수십 번 독한 소독제로 손을 소독한 탓에 거칠어진 손에 '핸드크림'을 발랐다. 차가운 바람이 불어왔지만, 양손에는 따뜻한 온기가 가득했다.

4.16 세월호 참사 피해자 가족협의회와 4.16연대, 세월호를 기억하는 해외 동포들 역시 코로나19 팬데믹으로 고통받는 대구의 취약 계층을 위해 마스크, 생활 물품, 간식 등을 보내주셨다. 이처럼 더 큰 고통을 당한 이들이 전해준 따뜻한 '연대의 손길' 덕분에 지쳐 있던 의료진과 어려운 이웃들이 힘을 낼 수 있었고, 이 힘이 대구가 코로나19 팬데믹의 위기를 극복하는 원동력이 되었다.

광화문 기도회 예배단의 등불처럼 세월호의 진실도 빛 가운데
드러날 날이 속히 오기를 바란다.

세상이 아프면 교회도 아파야 한다

세월호 참사 유가족과 함께한 지 9년째다. 고통 속에 있는 유가족
을 위해 무슨 일이라도 하고 싶었지만 내가 할 수 있는 일은 너무나
적었다. 그저 함께 아파하며 그들 곁을 말없이 지키는 것이 전부였
다. 416합창단이 대구 무대에 서면 관객석에서 함께 노래하다 함께
울고, 416가족극단 "노란 리본"이 대구에서 공연하면 관객석에서
함께 웃다가 함께 울었다. 대구 국제마라톤 대회가 열리면 세월호
깃발을 들고 유가족과 함께 뛰었고, 매년 개최되는 "세월호 가족과
함께하는 대구 송년회"에는 꼭 참석해 '송구영신'을 함께했다.

　광화문 세월호 기억 공간, 안산 화랑유원지 합동 분향소, 아이들
이 잠들어 있는 하늘공원 그리고 팽목항을 찾아가 말없이 유가족

곁에 있었다. 이것이 내가 할 수 있는 전부였다. 그래서 헌신적으로 뛰어다니는 4.16 연대 활동가들과 9년째 세월호 서명을 받고, 노란 리본을 만드는 고마운 분들, 그리고 유가족과 이제는 별이 된 아이들에게 늘 미안한 마음이다.

우리는 그동안 '잊지 않겠다'고 수없이 다짐했다. 참사 날짜나 희생된 아이들 이름을 기억하면 그 약속을 지킨 것일까? 결코 아니다. 세월호 참사를 딛고 우리 사회가 그리고 우리의 삶이 이렇게 바뀌었다고 희생된 아이들에게 보여줄 수 없다면 '잊지 않겠다'는 약속을 지켰다고 할 수 없을 것이다. "우리 윤민이를 다시 만났을 때 엄마 아빠가 애써서 다른 아이들은 이런 슬픈 일 겪지 않고 살 수 있는 세상이 되었다는 말을 할 수 있어야 하잖아요. 그래야 덜 억울하잖아요. 그래서 이렇게 서명받으러 다니는 거예요." 최윤민 학생 어머님의 말씀 속에 '진정한 기억'의 의미가 들어 있다.

"자식을 잃은 부모가 십자가를 들고 걷는데도 돌아보지 않는 세상과 싸우며 포기하지 않고 투쟁하겠습니다." 2014년 8월, 6kg이나 되는 예수님이 달린 십자가를 짊어지고 안산에서 진도 팽목항을 거쳐 대전까지 38일간 900km의 '십자가 순례'를 한 단원고 2학년 8반 이승현 학생 아버님의 말씀이다. 그 세월호 십자가는 미사를 집전하기 위해 대전에 온 교황에게 전달되었고 교황은 아버님께 세례성사를 내렸다.

"저는 유가족과 연대하기 위해 세월호를 추모하는 노란 리본을 달았습니다. 어떤 이가 다가와 '떼는 게 낫겠다'고 말했습니다. 제가 그 비극적 사건에 중립이어야 한다는 얘기였습니다. 하지만 인간의 고통 앞에서 중립을 지킬 수는 없습니다." 십자가를 전달받은 교황이 한국을 떠나며 전한 말씀은 한국교회가 세월호 참사에 직면해 교회다운 역할을 제대로 감당했는지 돌아보게 한다.

세상이 아프면 교회도 아파야 한다. 세상의 아픔에 공감하지 못하는 교회는 이미 건강한 교회가 아니다. "우는 자들과 함께 울라"(롬 12:15)는 하나님의 말씀은 우는 자와 같은 마음이 되라는 뜻이 아닐까? 우는 자들을 '위해' 우는 것이 아니라, 우는 자들과 '함께' 우는 교회가 되어야 한다. 고난 속에 있는 이들과 함께 울며 함께 드리는 기도에는 '치유의 힘'이 있음을 몸과 마음이 아픈 이들 곁에서 자주 경험하기 때문이다. 아울러 '각자도생'의 무한 경쟁에 매몰되지 않고 믿음 안에서 서로 연대하며 '이윤'보다 '생명'의 가치가 존중받는 새로운 삶을 열어가는 그리스도인이 되어야 한다.

세월호 참사가 여러 참사 중 하나로 기억될지, 아니면 하나님의 정의와 공의가 가득한 새로운 나라로의 전환을 가져온 출발점으로 기록될지는 오늘 이 땅을 살아가는 그리스도인들에게 달려 있다. 지금은 우리 마음속에 노란 리본보다 더 환하고 오래 가는 '기도의 등불'을 하나씩 켜야 할 때다.

그들의 희생이 헛되지 않으려면

끝나지 않는 슬픔이 그래도

의미 있는 옷을 입으려면

여기 남은 우리가

더 정직해지는 것

더 겸손하고 성실해지는 것

살아 있는 우리 모두 더 정신 차리고

다른 이를 먼저 배려하는 사랑을

배우고 또 실천하는 것

공동선을 지향하는 노력으로

신뢰가 빛나는 나라를 만드는 것

나비를 닮은 노란 리본보다

더 환하고 오래 가는 기도의 등불 하나

가슴 깊이 심어놓는 것이 아닐까요

　　_이해인,「슬픈 고백」중에서

작은 그리스도인의 세월호

이선옥

세월호 참사 후 수원 성대역에서 지인들과 피케팅을 서고 있다.
일상에서 이웃의 존재를 잊지 않고 살고픈 그리스도인이다.

우리는 계속 피켓을 들었다

2014년, 세월호가 침몰했다는 뉴스를 보게 된 장소는 시어머님의
장례식장이었다. 경황없이 오가는 장례식장 복도에 걸린 대형 TV
화면에서 세월호 침몰 자막이 계속해서 지나갔다. 그때는 그 사건
을 통해 벌어질 앞날의 격랑을 꿈에도 예상하지 못했다. 누군들 안
그랬겠는가. 304명의 생명이 순식간에 사라졌고, 우리는 아직도 그
이유를 알지 못한다. 사람들은 세월호 참사 이전으로 돌아갈 수 없
음을 받아들이지 못했고 이해하지 못했다. 엄청난 현실에 내동댕이
쳐진 세월호 유가족만이 처참하게 직면했을 뿐이었다.

세월호 참사의 문제를 알고 걱정하던 어느 날부터 교회 지인들
과 함께 성균관대 전철역 근처에서 피켓을 들기로 했다. 은폐된 세
월호의 진상조사와 이 사실을 잊을지도 모르는 망각의 위험에서
벗어나기 위한 피케팅이었다. 더운 여름에는 땀을 닦아가며, 차가

운 겨울에는 언 손을 녹여가며 피켓을 들고 서 있었다. 하지만 교회는 이런 참사 앞에 고요했다. 대형교회에 속했던 나의 교회도 세월호의 이름을 입에 올리기 주저하고 묵인하며 지나가려 했다. 어디 그리스도인뿐이겠는가. 보통의 사람들이 그랬다. 거대한 참사 이후 우리 사회의 풍경은 많이 달라졌다. 어떤 사람들은 아무 일도 없었다는 듯이 다시 일상을 살아갔다. 이제껏 살아왔던 대로 살고 싶어 하는 사람들은 세월호 유가족들의 막막한 현실을 마주했을 때 그 아픔과 슬픔의 본질을 직면하기 두려워했다. 하지만 어떤 사람들은 역사적 참상 앞에 문제의식을 느끼고, 움직이고, 새로운 삶의 일깨움을 경험했다.

우리가 든 피켓에 관심을 주기는커녕 비웃으며 지나가는 행인들을 이해는 했지만, 화가 났다. 우리는 유가족을 만났고, 그들의 절박함을 알고 있었기에 더욱 그랬다. 그들의 아픔을 제대로 안 이후 우리는 가만히 있을 수 없었다. 처음에는 많았던 피케팅 성원이 점차 줄었고, 때로는 개인적인 이유로 마무리되면서 지금은 늘 함께하는 사람들로 재구성되었다. 우리는 함께 개인사를 나누고 세월호 소식을 공유하며 일체감을 느꼈다. 다른 풀뿌리 시민단체 가족도 동참하여 피케팅이 더욱 풍요로워지기도 했다. 무엇보다 세월호 유가족 몇 분이 정기적으로 방문해서 소식을 들려주는 시간은 우리에게도 힘이 되었다. 그분들의 얼굴을 보면 안정감이 들었다.

우리가 지금 우리를 둘러싸고 있는 최악의 상황과 싸우면서 인간으로서 올바른 삶을 살아간다는 것은 그 자체로서 놀라운 승리입니다.

_하워드 진

주일마다 피켓을 드는 행위를 통해 우리는 아픈 이웃에게 동참하는 마음이 무엇인지를 알아가기 시작했다. 머릿속 생각만으로는, 단지 이해하는 마음만으로는 그들에게 위로가 되지 않음을 주일마다 서로의 얼굴을 마주 보며 느꼈다.

간혹 '우리가 그들에게 진정으로 공감하는가', '세월호 유가족의 아픔에 어느 정도 다가가 있는가' 하는 본질적인 의문이 들 때도 있다. '피켓을 드는 이 작은 행위가 그들에게 실제적인 도움이 되는가' 하는 내면의 고민이 우리를 늘 따라다녔다. 그럼에도 계속 피켓을 들었다. 유가족의 지지와 격려가 큰 힘이 되었기 때문이다. 하나님의 길을 따르는 신앙인으로서 이 행위는 힘들어하는 그들 곁에 같이 있고 싶은 마음의 표현이기도 했다. 나아가 말씀 속의 실천적 삶을 연결하여 피케팅을 예배의 연장선으로 여기는 마음도 들었다. 이웃을 위해 무언가를 해보는 작은 행위도 주님 앞에서 드리는 예배가 아닌가 싶다. 세월호 유가족은 예수님이 설파하신, 우리에게 당면한 '약자'가 아니던가. 피케팅은 지금의 현실에서 '누가 우리의 이웃인가'에 대한 질문이자, 이 상황에서 우리는 '무엇을 해야 하는가'를 고민한 결과였다.

그리스도인의 책임 의식

야속하게도 아무것도 해결되지 않은 상태로 시간은 흘렀고 유가족도, 지지하는 우리도 지쳐갔다. 세월호 참사 8년이 지나고 9주년을 맞이하는 자리에서 다시 일어서는 마음이 필요하다. 세월호 유가족은 아직도 4월 16일을 가슴에 담고 거리에 서 있다. 그들 곁에 선 우리도 여기서 멈추지 않고 힘차게 나아갈 것이다.

세월호 참사는 우리나라 역사의 많은 참사와 궤를 같이한다. 천안함 사건이 그렇고, 그 이전 5.18 민주화운동을 겪은 아픔의 상처가 그렇다. 느닷없는 사고를 당한 사람들이 있고, 그들을 뺀 나머지 사회는 그들과 상관없이 여전히 잘 굴러간다. 같은 시대를 살아가는 종교인으로서 우리는 어떻게 해야 할까. 역사책에서 아픈 역사를 보듯 멀리 서 있지 않고, 지금 바로 이 땅 위에서 여전히 고통당하고 있는 자들과 함께해야 하지 않을까? 나는 많은 그리스도인이 세월호에 책임의식을 느끼길 바란다. 세월호 참사와 유가족은 한국 교회에 이웃의 구체적 존재에 대해 눈뜨게 한 장본인이다. 교회는 세월호 사건을 통해 새로운 신앙의 동력으로 거듭나는 계기를 삼아야 한다.

세월호 참사는 선진국을 외치던 우리의 병든 모습이며, 교회 또한 우리 사회와 크게 다르지 않음을 보여주었다. 세월호 사건의 진상조사를 함께 해결해나가는 것이 바로 이 땅에서 우리가 갈망하는 진정한 하나님 나라를 실현하는 길일 것이다.

세월호, 그 회한의 시간 앞에서

김디모데

예하운선교회 대표 목사,
평화나무 기독교회복센터 소장으로
4.16 세월호 참사 이후 진상규명과 책임자 처벌을 위해 함께 연대해왔다.

"아빠, 형이랑 누나들이 왜 (세월호에서) 죽은 거야?" 유치원생 아들
이 노란 리본을 보며 내게 던진 질문이다. "아, 그건 말이야. 그게,
있잖아…." 나 역시 한 가정의 아버지였기에 복받쳐 오르는 눈물과
감정을 주체하기 힘들었다. 우리가 그리스도인으로서 이 땅에 산다
는 것은 어떤 의미일까? 이 땅의 아픔과 상처에 대해서는 무관심한
채 그저 죽어서 가는 천국만을 외치고 바라면 되는 걸까? 오로지
영혼 구원만을 강조하면서 교회 건물을 더 크게 짓고 교인을 많이
늘려 천국 가서 상급 받고 주님과 함께 영원히 살면 그만인 걸까?
내가 그리스도인을 만날 때 그의 신앙관을 어느 정도 가늠해볼 수
있는 세 가지 대화 주제가 있는데, 바로 '세월호', '촛불집회', '코로
나19'에 대한 이야기다. 한국교회와 그리스도인들은 이 세 가지 사
회적 현안을 바라보는 시각을 통해 자신의 신앙관을 고스란히 드
러내기 때문이다.

유가족들이 간절히 원하는 것

2014년 4월 16일 세월호 참사가 발생했을 당시 교회는 그 주간 20일에 부활주일을 앞두고 있었다. 온 국민이 비통함에 잠겨 있는 참담한 현실 앞에서 나는 목사로서 다가오는 부활절이 눈치 없는 그리스도인들이 벌이는 '그들만의 잔치'로 비칠까 우려스러웠다. 그래서 교회 부활절 행사를 최대한 간소하게 줄이고 조용히 생존 자들의 구조와 무사생환을 위한 기도회로 대체했다. 세월호 참사를 바라보고 함께 아파하며 무언가라도 돕고 싶어 했던 그리스도인들도 많았다. 그러나 막상 현실에서는 어떤 행동을 하기가 쉽지 않았고, 어떤 방법으로 도와야 할지 막연하기만 했다. 서울과 수도권에 있는 사람들은 멀리 진도 팽목항으로 가서 봉사활동을 하자니 거리가 부담스러웠고, 광화문으로 가서 시위에 참여하자니 평소 시위 분위기가 익숙하지 않은 교인들에게는 이것이 큰 괴리감으로 다가왔다. 세월호 참사 초창기 교회에서는 세월호와 관련한 행사나 프로그램을 좀처럼 찾아보기 힘들었다. 이러한 점을 감안하여 예하운 선교회에서는 뜻 있는 그리스도인들이 참여할 수 있는 세월호 관련 행사들을 기획해 진행했다. 이는 한국교회도 시민사회의 구성원으로서 세월호 문제에 대한 도의적 책임을 함께 통감하며 연대하자는 의미였다.

내가 대표로 있는 예하운선교회는 2013년 추수감사절에 설립되었다. 선교회가 설립된 후 첫 공식 사역은 세월호 참사의 진상규명과 책임자 처벌에 힘을 실어주는 프로젝트를 진행하는 것이었다. 나는 감히 유족들 앞에서 예배드리자, 기도하자, 찬양하자는 말조차 꺼낼 수 없었다. 이분들에게는 하나님의 뜻이 있을 것이라는 말 자체가 폭력이었다. 오히려 하나님이 대체 왜 이러셨냐고 되물을 수밖에 없기 때문이다. 나는 그저 유족들 곁에 머물며 이분들의 눈물과 탄식, 자책과 절망을 보듬어주고 그분들이 가장 원하는 일에 조금이나마 보탬이 되어드리고 싶었다. 유가족분들이 무엇보다 간절히 원하는 것은 진상규명과 책임자 처벌이었다. 그리고 우여곡절 끝에 "4.16 세월호 참사 특별조사위원회"(이하 "특조위")가 설치되었다. 세월호 참사의 진상을 밝히기 위해서는 개인이나 개별 단체의 힘만으로는 한계가 있기에 특조위가 설치된 것이다. 그런데 얼마 지나지 않아 특조위에 중대한 문제가 생겼다는 소식이 들렸다. 세월호 참사가 발생한 지 2년 정도가 조금 지날 무렵이었다. 특조위 활동 시기를 두고 이를 방해하려는 음해세력은 특조위에 수사권과 기소권도 부여하지 않고, 오히려 세금 잡아먹는 도둑이라고 비난하며 사사건건 특조위의 활동을 방해했다. 결국 박근혜 정권은 특조위 사무실을 폐쇄해버렸다. 특조위 임기가 갑자기 끝나버렸고 더 이상 업무를 지속할 수 없는 상황이었다. 그런 중에 다행히도 특조위에서 근무하던 조사관들이 한국YMCA전국연맹의 도움을 받아 YMCA 사무총장실에 임시 사무실을 꾸리고 자비로 업무를 계속 이어가고 있다는 사실을 알게 되었다.

광화문과 단원고를 오가며 계속 들었던 의문은 '도대체 진상규명과 관련된 일은 왜 이리 진전이 없는가?'였다. 특조위 조사관들은 진실을 밝히려고 안간힘을 쓰고 있는데, 박근혜 정부는 도대체 왜 더 이상 밝힐 게 없다며 특조위를 해산시키려는 것인지 도무지 수긍하기 어려웠다. 당시 박근혜 정권에서는 어떤 이슈가 발생해 그것이 세월호 진상규명과 이어지거나 연결되면 여지없이 멈추거나 유야무야 덮어버렸다. 이런 모습이 수도 없이 반복됐다.

진실을 응원합니다

특조위 조사관들이 사비를 털어 조사를 이어간다는 소식에 나는 작은 도움이라도 되고자 "진실을 응원합니다"라는 프로젝트를 기획했다. 세월호를 주제로 성탄 카드를 제작해 성탄의 의미를 돌아보게 함과 동시에 거기서 마련된 수익금을 특조위에 전달하여 진실을 밝히는 데 힘을 실어주자는 취지였다. 감사하게도 이 소식을 들은 캘리그래피 작가 한성욱이 함께해주어 큰 힘이 되었다. 카드는 핸드메이드로 총 다섯 종류가 제작되었는데 나와 한성욱 작가가 각각 두 종씩 만들고 나머지 한 종은 콜라보로 만들었다.

만약 예수님이 이 땅을 찾아오신다면, 그리고 성탄절에 한국을 찾아오신다면 화려한 성탄 트리가 장식되어 있고 멋진 성가대의 찬송 소리가 울려 퍼지는 교회는 아닐 것이라고 생각했다. 그분은 필시 자식을 잃은 고통과 말로 다 표현할 수 없는 한 맺힌 아픔이 새겨져 있는 팽목항을 제일 먼저 찾아오셨을 것이다. 그리고 사람들로부터 빨갱이라고 손가락질당하고 외면받는 세월호 유가족들을 만나러 광화문 천막으로 찾아오실 것이라 생각했다. 예수님은 아직도 가족들 품으로 돌아오지 못한 미수습자들의 이름이 적힌 리본을 손에 쥐고 유가족들을 끌어안으며 함께 아파하실 것이다. 성탄 카드에 그려 넣은 예수님의 가슴에는 세월호의 노란 리본이 달려 있다. 예수님의 심장 한가운데에는 세월호와 노란 리본과 아이들이 있을 것이다.

이후 한성욱 작가와 함께 성탄절 이브까지 판매된 성탄 카드 판매 수익금 전액을 들고 특조위 사무실을 찾아갔다. 사무실 문에는 우리가 전해드린 성탄 카드가 붙어 있었다. 카드 샘플을 보내드렸는데 조사관들이 사무실 문에 붙여놓은 것이다. 특조위 조사관들은 한국교회와 그리스도인들이 세월호와 특조위에 이렇게 많은 관심과 지지를 보내고 있다는 사실에 놀라워했다. 한 조사관의 말이 아직도 기억난다.

"목사님, 우리 특조위를 향한 음해와 유언비어가 얼마나 많은지 아시지요? 특히 교회에서 특조위를 비난하고 종북 세력이라고 할 때는 참 마음이 아팠습니다. 그게 한두 번이 아니라 정말 빈번하게 그랬거든요. 그런데 우리를 돕겠다며 성탄 카드를 팔아 성금을 들고 오는 목회자와 선교회도 있네요. 또 이렇게 몇백 세트나 사서 응원해준 그리스도인들도 있네요. 정말 고맙습니다."

현장에서 만난 비그리스도인들의 말도 뇌리에 남는다. "교회는 세월호 참사에 관심 없지 않나요?", "정말 예수 믿는 사람들이 세월호를 돕겠다고 후원해주신 게 맞습니까?", "교회가 다 나쁜 것만은 아니군요." 나는 이런 말들이 늘 잊히지 않는다. 세월호 참사 이후 이들이 체감했던 한국교회에 대한 인식이 그랬던 것이다. 물론 참사 초기부터 지금까지 여러 모양으로 세월호 문제에 관심을 갖고 지속적인 도움의 손길을 펼치고 있는 교회와 그리스도인들도 있다. 그러나 내가 현장에서 체감한 한국교회에 대한 이미지는 적어도 세월호와 관련한 사안에서는 거의 최악에 가까웠다.

세월호는 그리스도인들의 신앙 문제

내가 세월호 참사 문제에 대해 그리스도인들의 연대와 동참을 호소할 때마다 꼭 전하는 말이 있다. 예수님이 말씀하신 '하나님 나라'는 내세적 의미의 '천국'만을 뜻하지 않는다는 것이다. 교회 공동체는 물론 바로 '이 땅', 우리가 발 딛고 살아가는 '사회'도 그 범주에 해당한다. 그러나 안타깝게도 적잖은 교회들이 아직도 이 부분에 대한 인식이 결여되어 있다. 어떤 이들은 이러한 문제는 소위 사회운동으로서 시민단체가 해야 할 역할이지 굳이 교회가 나서야 할 일은 아니라고 보기도 한다. 그러나 나는 그리스도인들에게 세월호 문제에 대한 참여와 연대 행위는 단순한 사회운동이 아닌 '하나님 나라' 운동이라고 말하고 싶다.

구약성경의 예언자 아모스가 외쳤던 정의와 공의가 마르지 않은 강같이 흐르는 세상, 예수님이 말씀하셨던 하나님 나라의 모습과는 너무나 거리가 먼 우리 사회의 현실 속에서 그 '간극'을 좁혀 나가자는 것이다. 이는 "뜻이 하늘에서 이루어진 것같이 땅에서도 이루어지이다"의 주기도문 말씀을 현실에서 살아내는 것과 같은 이치다. 왜냐하면 세월호 참사는 단순한 해양 사고가 아니기 때문이다. 세월호는 우리 사회의 부패와 구조악의 민낯을 적나라하게 드러낸 하나의 결정체라 볼 수 있다. 온 국민이 미안해하며 거리 곳곳에 "미안합니다, 잊지 않겠습니다"라는 문구를 새긴 현수막을 내걸었다. 왜 미안한 것일까? 이 아이들의 희생, 특히 이 땅의 다음 세대인 어린 학생들의 어이없는 죽음에 기성세대의 잘못이 있었고, 우리 모두의 잘못이 있었기 때문이다. 여기서 '잘못'이란 이러한 사고가 발생하기까지 사회 구성원이었던 우리 모두에게 도의적 책임이 있다는 것이고, 여기서 한국교회와 그리스도인들 역시 자유로울 수 없다. 어느덧 세월호 참사는 9주기에 이르렀다. 그럼에도 불구하고 지금껏 제대로 된 진상규명이나 관련자 처벌이 전혀 이루어지지 못했다. 세월호 문제에 한국교회가 함께 참여하고 지속적인 관심을 기울이는 일은 이 땅 가운데 하나님 나라를 선포하며 살아가는 그리스도인들에게 정의와 공법의 문제이자 우리 모두의 신앙 문제다.

이제 우리는 무엇을 해야 할까?

최근 「오마이뉴스」 손병관 기자가 쓴 『노무현 트라우마』(메디치미디어, 2022)라는 책을 읽었다. 책을 읽고 내 머릿속을 맴도는 단어는 다름 아닌 '세월호'였다. 나와 같은 소위 개혁진영에 속한 목사들과 진보진영에 속해 있으며 문재인 정권에 기대를 걸었던 많은 이들은 과거 노무현 대통령을 지켜주지 못했다는 일종의 부채의식으로 인해 문재인 정권이 미흡하거나 때로는 실책을 보여도 비판보다는 옹호에 가까운 모습을 보이곤 했다. 그러나 결과적으로 세월호 진상규명과 책임자 처벌은 문재인 정권에서도 제대로 이루어지지 못했다. 나는 개인적으로 세월호 진상규명의 미완이 노무현 트라우마로 인해 문재인 대통령을 과도하게 옹호했던 패착 중 하나였다고 보고 있다. 나 역시 이 문제에서 자유롭지 못하다.

물론 우리 사회의 뿌리 깊은 적폐 기득권 카르텔이 대통령 하나 바뀌었다고 하루아침에 개혁되긴 쉽지 않았을 것이다. 나는 처음부터 문재인 정권이 지난 10년 동안 이명박근혜 정권이 싸질러 놓은 것들을 뒤처리하느라 제대로 된 개혁을 온전히 완수할 수 없을 것이라고 생각했다. 적어도 이 나라가 적폐 기득권으로부터 벗어나 진정 국민을 위한 정부로 관료사회가 변화하려면 민주개혁진영이 최소 10년에서 20년은 집권해야만 정상궤도로 들어설 수 있을 것이다. 대통령 5년 단임제 국가에서 대통령이 권력을 행사할 수 있는 시간은 사실상 4년밖에 안 되며, 이 제한된 기간에 대통령 한 사람이 반세기에 걸쳐 뿌리 내린 적폐 기득권 카르텔을 단칼에 쳐낸다는 것은 사실상 불가능에 가깝기 때문이다. 검찰개혁과 언론개혁, 사법개혁과 남북관계, 부동산 문제와 중대재해처벌법까지 그 어느 것 하나 문재인 정권이 촛불집회에 참여했던 시민들의 기대치에 찰 정도로는 성과를 내지 못할 수밖에 없다고 생각했다. 그럼에도 불구하고 문재인 정권은 다른 것은 몰라도 '세월호'만큼은 사활을 걸고 반드시 해결해야만 했다. 최소한 지난 박근혜 정권이 은폐조작을 일삼는 시간에 비례할 정도라도 진상규명과 책임자 처벌에 혼신의 힘을 다해야 했다. 사실 문 대통령의 당선은 세월호 참사로 속절없이 떠나보낸 304명의 아이들에 대한 국민들의 한없는 미안함에 기인했다고 볼 수 있다. 문재인 대통령이 당선 이후 세월호 유가족들을 청와대에 불러 위로의 시간을 가졌을 때만 해도 작금의 현실을 상상이나 했을까? 그러나 세월호 유가족들을 포함해 촛불시민들은 시간이 갈수록 문재인 정권에 대한 기대가 실망으로 돌아섰고 실망을 넘어 절망으로, 절망을 넘어 배신감으로 바뀌기 시작했다.

문재인 정권이 들어서고도 세월호 진상규명과 책임자 처벌이 지지부진한 모습을 보였을 때, 2020년 9월에 열린 생명안전공원 무사 건립을 위한 예배 당시 416예배팀 조선재 집사님이 한 말씀이 아직도 기억에 생생하다. "촛불 정부를 자임하는 문재인 행정부와 민주당 국회의원들이 입법부를 장악한 상황에서 더 이상 핑곗거리는 있을 수 없습니다. 세월호 참사는 해상 교통사고가 아닙니다. 문재인 정부는 7주기까지 세월호 방정식의 해를 구하십시오. 문재인 대통령 임기 내에 진실 규명을 완수하십시오." 그러나 결국 해결된 것은 없었다. 어처구니없게도 당시 세월호 특별수사단을 설치했을 때 수사단장이 하필 우병우 전 민정수석 비서관의 인맥으로 분류되는 임관혁 검사였다. 우병우 씨는 416연대에서 발표한 세월호 참사 책임자 처벌 대상 1차 명단에 들어간 인물로, 임관혁은 그와 한패나 다름없었다. 이뿐만이 아니다. 피의자 진술에 의존해서 결론 내린 특검은 시민사회는 물론 유가족들조차 도무지 수긍하기 어려운 수많은 의혹만 남긴 채 종료되어버렸다. 그렇게 시간은 속절없이 흘러갔고 세월호 수사를 깔아뭉갠 윤석열 검찰총장이 어느새 이 나라의 대통령이 되었다.

이제 우리는 무엇을 해야 할까? 다시금 어느 길로, 어디를 향해 가야 할까? 이러한 암울한 상황 앞에 한국교회는 세월호 참사를 위해 앞으로 무엇을 해야 하며, 유가족들과 어떻게 연대해야 할까? 막중한 과제 앞에 9주기를 맞이하게 되었다. 무슨 말을 더 할 수 있을까? 그저 죄송하고 송구할 뿐이다. 지금도 유가족들이 가장 애타게 원하는 것은 미완으로 남겨진 세월호 진상규명과 책임자 처벌이다. 2014년 4월 16일 그날 나는 아이들과 유가족분들께 잊지 않겠다고, 함께하겠다고 약속했다. 그 약속을 지키기 위해 앞으로도 끝까지 함께할 것이다.

각자도생에서 함께 어울려 사는 사회로

김미숙

단원고가 있는 고잔동에서 22년째 살고 있다.
엄마가 되고부터 세상의 모든 기울어진 곳에 관심을 갖게 되었다.
즐겁게 할 수 있는 일을 찾아 열심히 살고 있는 안산 시민이다.

주고도 더 주고 싶은 사람

"선생님, 저 그거 알아요. 이태원 참사 맞지요?" 지역에서 만난 한 초등학생이 내 옷에 꽂힌 배지를 보고 한 말이다. 내 가슴 왼쪽에는 "당신 잘못이 아닙니다"라는 문구가 새겨진 연노랑 배지와 검은색 리본이 꽂혀 있다. 순간 2014년 4월 16일 이후 당시 초등학생이던 딸아이가 세월호 참사의 영향을 받으며 자라나듯, 지금의 아이들은 이태원 참사의 영향을 받으며 자라겠구나 하는 생각에 마음이 너무 아팠다.

가족이 소중하긴 하나 서로 다른 가치관을 가지고 각기 다른 분야에서 생활하기에 명절, 생일, 애경사를 제외하고는 따로 만나기가 쉽지 않다. 오히려 같은 지역 안에서 매일 얼굴을 보는 이웃들이나 주기적으로 만나는 사람들이 서로 더 마음을 쓰며 잘 챙기고 산다. 그런 이웃 중에 주고도 더 주고 싶고, 시간만 있으면 더 많이 만나고 싶은 사람들이 있다. 내겐 영옥 언니와 은희 언니가 그런 존재였다.

'세상에 이렇게 착한 사람이 있을까' 싶은 생각이 드는 영옥 언니와 나는 같은 빌라, 같은 동, 같은 라인에서 3층과 1층에 살았다. 딸아이를 임신한 지 6개월 무렵이던 2002년 봄에 이사해 만났으니 올해로 만 20년이 지났다. 영옥 언니는 연년생인 남매에게 늘 건강에 좋은 음식을 만들어주곤 했는데 떡이나 샌드위치, 부침개 같은 음식을 만들 때면 종종 나와 딸아이를 초대해주어서 즐거운 시간을 보내곤 했다. 늘 칭찬하고, 나눠주는 영옥 언니의 인품을 따라 두 남매 역시 잘 자라 하루에 몇 번을 만나도 만날 때마다 허리를 굽혀 인사했다. "아까 인사했는데 또 해?"라고 웃으며 말하면 남매 모두 배시시 웃는 게 똑같았다. 다섯 살이나 어린 우리 가온이와도 잘 놀아주던 수현이는 겨우 한 살 차이 나는 누나가 무거운 가방 들면 힘들다고 들어주고, 세상이 험하다며 해가 지면 누나를 꼭 마중 나갔다. 수현이를 볼 때마다 내 자식도 아닌데 어찌 그리 속이 꽉 차던지 절로 엄마 미소를 머금게 됐다.

은희 언니는 2006년 봄, 여성인력개발센터의 독서지도사 과정을 수강하며 처음 만났다. 나는 우리 아이를 사교육에 맡기지 않겠다는 의지로, 은희 언니는 꽃우물마을의 화정교회에서 만든 꽃우물작은도서관을 운영하는 데 도움이 될까 싶어 수강을 했다. 그해 가을 무렵, 한 달에 한 번 책과 함께하는 주말 체험을 한다며 도서관에 초대해주어서 언니를 다시 만났다. 언니는 이전에 독서프로그램을 진행해본 일이 없다는데, 어쩌면 그렇게 멋지고 다양한 아이디어로 책을 읽고, 아이들과 함께할 자연 놀이를 생각해내고 진행할 수 있는지 놀라웠다. 딸아이와 함께 주말 체험에 참여할 때마다 너무도 즐거운 시간을 보냈다. 우리는 자연스럽게 매주 꽃우물작은도서관에서 만나는 독서모임에 참가하고, 주말 체험을 도우며 함께 성장했다. 돌아보면 그때가 우리의 아름다운 시절이었다. 우리 가온이와 은희 언니의 네 딸인 하은이, 예은이, 성은이, 지은이는 그 시기 매주 함께 어울려 놀았다.

미래에 우리가 어떻게 살지에 대한 이야기를 자세히 나누지는 않았지만 세월이 흘러도 늘 그렇게 살 줄 알았다. 아이들의 성장을 기뻐하며 서로 깊이 애정을 나누며 살겠거니 했다. 4.16참사로 인해 언니들이 자신의 목숨보다 소중하게 여기는 딸과 아들을 떠나보낼지 그땐 상상도 하지 못했으니까.

끝내 돌아오지 못한 아이들

2014년 4월 16일, 인터넷을 통해 배가 침몰했다는 소식을 듣고 가장 먼저 영옥 언니가 떠올랐다. 아이들은 모두 구조됐다는데, 갈아입을 옷이 필요할 것 같아 서둘러 수현이 옷을 챙겨 내려가고 있다고 걱정하지 말라는 언니의 얘기를 듣고도 놀란 마음이 진정되지 않았다. 그날은 때가 되어 배는 고픈데 기운도 없고, 입맛도 없는 이상한 날이었다. 반찬도 없이 물에 밥을 말아 한술 뜨고 다시 인터넷에 접속해보니 상황이 급변해 있었다. '아, 어떻게 이런 일이 있을 수 있지? 그래도 괜찮을 거야. 대한민국이 어떤 나란데, 걱정할 일은 없을 거야.' 아이들이 아무도 다치지 않고 무사히 돌아오기를 바라는 마음으로 딸아이를 데리고 지척에 있는 단원고등학교를 찾아갔다. 간절한 마음으로 모인 이들끼리 촛불을 켜고 기도했다. 이런 날들이 며칠이고 이어졌지만 수현이도, 슬기도, 예은이도, 이삭이도 끝내 돌아오지 못했다.

그날 이후 아이를 떠나보낸 이웃과 우리 가족, 우리 동네는 예전과 같은 삶을 살 수 없었다. 정치와 언론의 무책임한 행태와 보도는 유가족을 향한 악의적인 비난과 거짓말을 낳았고 가족과 이웃을 둘로 갈랐다. 배상금·보상금과 관련한 막말을 시작으로 유가족의 말, 표정, 옷차림, 먹는 음식과 음료 등을 사방에서 검열해 자식 잃은 사람이 웃고 다니더라, 옷 색깔이 튀더라, 맥주를 골라 마시더라, 한 달이나 지났는데 밤마다 우는 소리가 귀신 소리 같다는 등 말도 안 되는 비난이 마을을 휩쓸었다. 저마다 애도하는 방식이 다를 수 있는데, 자신이 생각하는 방식이 아니면 타인의 애도 방식을 맹렬히 비난하기도 했다. 유가족은 물론이고 주변 사람들까지 상처 가득한 나날이 계속되었다. 그때부터 지금까지 줄곧 몇 번을 겪어도, 몇 번을 생각해도 이해되지 않고 분노가 치솟는 것은 교회와 하나님을 믿는다는 그리스도인들의 행태다.

그들이 진짜 그리스도인일까?

나는 오랜 세월 동안 기독교 신앙 안에서 성장했고 남편 역시 모태 신앙으로 의식적이든, 무의식적이든 성경과 교회를 떠나 생각하는 것을 상상할 수 없었다. 그러나 4.16 참사는 내 신앙의 뿌리를 의심하게 했다. 사랑과 공의의 하나님이 진정 계신다면 어떻게 세월호 참사가 일어날 수 있을까? 어떻게 잘못한 사람들이 죗값을 받지 않을 수 있을까? 왜 상처 입은 자들을 위로하고자 하는 교회와 성도를 이리도 찾기 힘들까? 어째서 세상에 큰 영향력을 행사하는 교회가 세월호 참사를 하나님의 계획이라고 말할 수 있을까? 어째서 애통하는 자 옆에 서지 않고, 거짓된 세상을 바꾸어보려 노력하지 않을까? 왜 믿지 않는 사람보다 더 참사 당사자들을 우롱하고 가족들을 향해 삿대질을 할까? 도저히 이해되지 않는 문제들이 꼬리에 꼬리를 물었다.

생명안전공원의 위치 선정 및 공원에 어떤 가치를 담으면 좋을지에 대한 안산 시민의 생각을 모으고자 했던 토론회장에 회의를 방해하는 무리가 난입한 적이 있다. 생명안전공원을 '납골당'이라는 프레임 안에 가두고 온갖 유언비어를 퍼뜨리던 무리가 토론회장에 들어와 1시간 이상 소란을 피웠다. 무례하게 마이크를 잡은 이는 "생애 처음으로 내 집 하나 가져보는 건데 거기 납골당이 들어서면 집의 가치가 어떻게 되겠냐"며 목소리를 높였다. 이 말이 끝나자마자 내 옆에 서 있던 무리는 "아멘!" 하고 동조했다. 그들이 진짜 그리스도인일까? 하나님을 마음의 중심에 두고 사는 사람이 맞을까? 그 순간 나는 내가 그리스도인이라는 사실이 너무나도 부끄러워졌다. 참사자가 집중된 지역인 단원고 인근의 모 교회에서는 세월호 참사로 촉발한 탄핵 집회가 한창일 때, 태극기 집회에 버스를 지원하기도 했다.

딸아이는 "내가 수현 오빠 살아오게 해달라고 얼마나 기도했는데, 하나님은 없어!" 하며 교회를 다니지 않은 지 오래되었다. 나조차도 신앙의 힘을 잃어버려 딸에게 어떤 말도 해줄 수가 없다. 아무일도 없었던 것처럼 다시 같이 교회에 나가자고 말하기가 어렵다. 나 역시 억지로 교회에 출석하고 있기 때문이다. 그럼에도 내가 여전히 교회 안에 머물 수 있는 것은('이렇게 머무는 게 맞는가'라는 고민은 여전히 치열하게 진행 중) 한 달에 한 번씩 416생명안전공원 부지에서 매월 아이들을 기억하며 드리는 예배 때문이다. 그리고 시대의 아픔과 부조리함이 있는 곳에서 연대하며 늘 예배와 기도로 시작하는 YWCA 덕분이다.

왜 우리를 가지 못하게 막는 거예요?

너무도 가까이에서 슬픈 일을 목격했기에 그 슬픔의 현장에서 내가 할 수 있는 일이라면 무엇이든 해야만 했다. 촛불을 들고, 피켓을 들고, 행진을 하고, 서명을 받고, SNS를 통해 진실을 알리고자 했다. 노란 리본과 팔찌는 어떤 순간에도 떼어놓지 못했다. 그날 이

후 나의 카카오
톡 프로필 사진
은 줄곧 노란 리
본이다. 악의적
인 말을 퍼뜨리
는 빅마우스에
대적해 역사동아
리를 만들어 회
원들 모두가 선

416생명안전공원 부지에서 드린 부활절 예배의 예배단.

의의 빅마우스 역할을 했고, 마을 행사를 할 때는 유가족이 운영하
는 세월호 부스 자리를 냈다.

유민 아빠의 단식이 길어지자 하루를 굶어 사람 하나 살릴 수 있
다면 우리 가족이 해보자는 남편의 권유에 광화문에서 하룻밤을
지새우기도 했다. 이 과정에서 노란 배지를 착용했다는 이유로 가
방을 수색당하고, 딸아이가 기다리는 무궁화공원에의 출입을 저지
당하기도 했다. 외국인은 자유롭게 드나드는 광장을 정작 대한민국
국민인 우리는 들어가지 못했다. 위협적인 대열을 갖추고 경찰이
막아섰을 때 "왜 우리를 가지 못하게 막는 거예요?" 하는 딸아이의
말이 지금도 귀에 쟁쟁하다.

왜 진상규명이 되지 않는지, 왜 책임자 처벌을 하지 않는지, 왜
유가족을 범죄집단 취급하는지, 왜 고통당하는 사람들에게 국가가,

종교가, 지역사회가 외면을 넘어서 비난까지 하는지 너무나 이상하고 혼란스러워 4.16과 관련한 포럼, 세미나, 공청회, 토론장, 교육장 등 가리지 않고 참여했다.

나에서 우리로, 각자도생에서 함께 어울려 사는 사회로

416기억전시관에서는 4개월간 교육문예창작회와 함께하는 사제동행 단원고 희생자 261인의 기억시 낭송문화제인 "금요일엔 함께하렴"이라는 행사가 열렸다. 나는 여기 참여해 아이들 이름을 하나하나 마음에 새기며 얼마나 많은 소중한 생명이 우리 곁을 떠나갔는지를 확인했다. 이름 하나하나가 하나의 우주였고, 여전히 밝게 빛나는 별이었다. 이 시간은 우리가 사람임을, 사람이라면 어찌 살아야 하는지에 대해 생각할 수 있게 했다.

한양대 에리카 캠퍼스에서는 4.16교육연구소와 함께하는 "4.16교육 하하하 인문학강좌"가 35주간 진행되었다. 나는 여기 스태프로 봉사하며 생명과 안전을 바탕으로 한 이 시대의 교육이 나아갈 방향에 대해 고민하고 성찰하는 시간을 가졌다. 이 시간은 나에서 우리로, 각자도생에서 함께 어울려 사는 사회로 나아가고자하는 35주간의 몸짓이었다.

8년 하고도 8개월이 훌쩍 지나 또다시 새해를 맞는데, 세월호 참사의 원인과 책임자 처벌은 아직도 요원하다. 상처는 아물 틈 없이 새로이 덧입혀져 어느 부위에서 상처가 시작되었는지도 알 수 없다. 하루하루 이렇게 시간만 흐르는 게 너무 야속하고 조바심이 난다. 그러나 아직 4.16 가족이 포기하지 않고 계속 앞으로 나아가고 있다.

세월호 참사 집중 지역인 고잔동에서 수많은 단원고 아이들 및 부모형제자매들과 이웃하며 지내왔던 20여 년의 시간 중 내 개인의 역사, 지역의 역사를 통틀어 4.16 참사가 가장 슬프고 이상하고 강렬한 사건이다. 나는 역사를 만들어가는 주인으로서, 시대의 증인으로서 할 수 있고 해야만 하는 일에 머뭇거리지 않고 오늘도 함께하려 한다.

지난 12월 23일에 열린 "4.16 가족 성탄예배" 때 은희 언니가 이태원 참사 희생가족들에게 보내는 글을 낭독했다. 극한의 고통 속에서 살아온 사람이 또 다른 고통을 겪는 사람들을 위로하는 이런 비극적인 일이 어떻게 있을까 싶다. 한편으로는 이렇게 따뜻하고 힘이 되어주는 위로를 그 누가 할 수 있을까 싶기도 하다. 은희 언니가 "나도 자식을 잃었지만 당신들의 슬픔을 다 안다고 할 수 없다"는 말을 했을 때는 먹먹한 가슴을 내내 눌러야 했다.

지난 8년 8개월 동안 4.16 가족들이 얼마나 힘든 여정을 지나왔는지 알기에, 이태원 참사 가족들이 걸어가야 하는 길이 어떠할지 너무도 잘 그려진다. 이것이 4.16 가족들의 곁이 되어왔던 우리가 이제 이태원 참사 가족들 곁이 되어야 하는 이유다.

딸아이가 수업 시간에 책을 읽다 들키기를 여러 차례다. 왜 자꾸 그러는지 물으니 "이 책 뒷이야기가 너무 궁금한데, 내가 내일 죽을지도 모르잖아"라고 대답한다. 오늘이 지나면 오는 내일이 당연하지 않은 시대를 살고 있는 우리의 아이들에게 내일을 기대할 수 있게 만들어주는 것, 부모이자 어른 된 우리들의 책임이 아닐 수 없다. 지금 당장은 희망이 보이지 않아도 내일의 희망을 만들고자 오늘도 나는 작은 목소리와 몸짓을 보탠다.

세월호 참사를 바라보는 시선

강신하

안산416시민연대 공동대표,
세월호의 도시 안산에서 하나님 나라가 이 땅에 이루어지기를
기도하고 좌충우돌 부딪히며 변호사로 살아가고 있다.

지난 늦가을 설레는 마음으로 오랜만에 아내와 함께 전라도 있는 선운사에 들렀다. 어느새 단풍잎은 길가에 소복이 쌓여 사찰의 소박한 가을 정취를 마음껏 즐길 수 있었다. 아내는 들뜬 듯 연신 "참 잘 왔다"면서 함께 온 동료와 재잘거리며 가을을 만끽했다.

선운사를 뒤로하고 주차장으로 오는 길에 함께 온 동료가 휴대폰에서 검색한 조선일보 기사를 보여주었다. 제목이 자극적이다. "세월호 피해 지원금 시민단체 황당 사용 – 감사원, 안산시 감사" 안산청년회 등 일부 시민단체가 세월호 참사 희생자 추모와 유족 지원을 위해 마련된 국가 보조금을 김정은 신년사 학습, 호화여행 등 부당한 목적으로 지출한 정황이 잇따라 드러나 감사원이 실태 파악에 나섰다는 것이다.

안산에 있는 단원고등학교 2학년 학생 325명은 2014년 4월 16일 수학여행을 떠났다. 인천에서 세월호를 타고 제주도로 향하

던 중 학창 시절의 마지막 낭만을 즐기려던 꿈은 바다에 잠긴 배와 함께 산산이 사라졌다. 아이들의 파란 꿈은 차디찬 바닷속에서 싸늘한 시신으로 변하였다. 조금이라도 돈을 더 벌기 위해 안전을 무시하고 무리하게 과적을 한 탓이다. 어린 학생들의 목숨을 책임져야 할 선장과 선원들은 단원고 학생들에게 "가만히 있으라" 외치고는 자신들만 속옷 차림으로 침몰하는 배에서 탈출했다.

한국전쟁 발발 당시 이승만 대통령과 집권 세력은 서울을 피해 대전에 도착한 후 서울 시민을 향해 서울을 사수하겠다고 외쳤다. 피난 갈 필요가 없다는 것이다. 그러나 수많은 피난민이 한강대교를 건너고 있는 도중에 사전 통보도 없이 기습적으로 다리를 폭파했다. 이로 인해 500명이 넘는 피난민들이 생명을 잃었다. 세월호 선장은 생명과 안전보다 재물과 경제적 성장을 중시하는 위기 대처 노하우를 국가로부터 암암리에 체득한 것인지도 모른다.

당시 박근혜 대통령은 세월호 참사가 발생한 지 7시간이 지난 후에야 나타나 "구명조끼를 입었는데 왜 구조가 안 되었나"라며 횡설수설하더니 세월호 참사의 진상규명도 하기 전에 해양경찰청을 해체하는 등 사건을 마무리하려고 하였다.

정부는 코로나 이후 2022년 10월 29일 이태원에서 개최된 핼러윈 축제에 10만 명 이상의 인파가 비좁은 이태원 골목길로 몰릴 것을 충분히 예상했음에도 불구하고, 어떠한 사전 예방조치도 취하지 않았다. 영문도 모른 채 축제를 즐기기 위해 이태원에 도착한 젊은이 159명은 갑자기 몰린 수많은 인파에 밀려 비명횡사했다. 희생자들이 경찰에 수차례 구명 연락을 요청했는데도 무용지물이었다. 정부는 이태원 참사가 발생한 후 희생자 유족의 의사도 물어보지 않고, 영정도 위패도 없는 분향소를 설치한 후 유족들도 모르는 사이에 조문을 마쳤다. 정부는 희생자를 위로하기는커녕 정권 유지에만 여념이 없다. 희생자 유족들이 공식적인 사과를 요구하고 있지만 윤석열 대통령은 희생자와 유족 앞에서 정식 사과조차 한 적이 없다.

대한민국 헌법 제10조는 "모든 국민은 인간으로서의 존엄과 가치를 가지며, 행복을 추구할 권리를 가진다. 국가는 개인이 가지는 불가침의 기본적 인권을 확인하고 이를 보장할 의무를 진다"고 규정하고 있다. 국가는 국민의 생명을 보호할 신성한 의무가 있다. 정부는 정권에 충성하기 위해 존재하는 것이 아니라, 국민의 생명과 안전을 보호하기 위해 존재한다.

세월호 참사가 발생한 이후 안산은 우울한 도시가 되었다. 안산을 한층 더 우울하게 만든 것은 추모공원 설치 예정지에 살고 있는 안산 시민 일부가 추모공원 설치를 방해한 일이다. 납골당은 사람이 보이지 않는 주거지에서 먼 곳에 설치해야 한다는 것이 주된 이유였다. 자신들이 살고 있는 주거지에서 가까운 화랑유원지에는 납골당을 설치할 수 없다는 것이다.

추모공원을 설치할 화랑유원지 근처 아파트는 고속지하철이 생기고 아파트 가격이 급등한 곳이다. 따라서 아파트 가격이 조금이라도 떨어지는 일은 용납할 수 없었을 것이다. 세상이 온통 타인의 고통에 공감 능력을 상실한 집단 사이코패스 환자투성이다. 지금도 세월호 유족을 비난하는 극우시민단체는 자동차로 안산 시내를 돌아다니며 확성기로 시민단체들이 세월호를 이용하여 국민의 혈세를 낭비하고 있다며 혐오를 부추기고 있다.

내가 속한 "민주사회를 위한 변호사모임"(이하 "민변")에는 세월호 참사 당시 세월호 희생자 유족들을 법률적으로 돕기 위한 대응팀이 생겼다. 서울에서 안산을 오가는 데 지하철을 이용하면 왕복 3시간가량 걸린다. 자가용을 이용하더라도 족히 2시간은 걸린다. 민변에 속한 수십 명의 회원들은 자발적으로 유족들을 위한 변호인단에 참석하였다.

나는 세월호 유족들이 살고 있는 안산에서 1998년부터 지금까지 변호사 생활을 하고 있다. 민변 회원들이 세월호 유족을 위해 헌신적으로 일할 때 나는 기존에 수임한 사건의 처리만으로도 벅차다고 위안 삼으며 참여하지 않았다. 안산에 있는 수많은 시민이 세월호 유족들과 함께 참사가 발생한 팽목항으로 가 밤을 새워가며 유족을 위로할 때도 함께하지 못했다.

민주주의는 시민의 참여에서 비롯된다. 정치인들은 시민들이 외치지 않는 곳은 쳐다보지 않는다. 시민들이 일어서 외쳐야 조금이라도 관심을 가진다. 세월호특별법이 제정되고, 진상규명이 조금이라도 이루어진 것은 온전히 시민의 참여와 노력 덕분이다.

안산시는 박근혜 대통령 재임 당시 여야 합의로 국회에서 제정된 세월호피해지원법에 따라 안산시 주민의 심리적 안정과 공동체 회복을 위해 안산 시민 전체를 대상으로 하여 비영리민간단체, 공익단체, 동호회 등에 정부예산을 지원하였다. 당시 세월호 피해자와 유족만을 한정해서 지원한 것이 아니다. 이러한 사실을 누구보다도 잘 알고 있는 집권 여당과 조선일보는 안산 시민단체들이 세월호 국가보조금을 김정은 우상화 교육 및 호화여행에 사용한 것처럼 국민들을 호도하고 있다. 심지어 이에 동조한 우경시민단체는 사건의 실체도 제대로 파악하지 않은 채 안산 시민단체를 고소하기에 이르렀다.

집권 여당은 이태원 참사로 인한 여론 악화를 막는 데 혈안이 되어 세월호 유족을 위해 헌신한 시민단체들을 국민의 혈세를 낭비한 파렴치한 단체로 비난하고 있는 것이다. 지난 총선의 경험 탓에 여론의 역풍이 두려워 차마 세월호 유족을 직접 표적으로 삼아 문제를 제기하지 못하고 있을 뿐이다.

박근혜 정부 때 제정된 세월호피해지원법 제31조는 아래와 같다.

제31조(공동체 회복 프로그램의 개발·시행)

① 국가등은 피해자 및 안산시 주민의 심리적 안정과 공동체 회복을 위하여 다음 각 호의 사항을 고려한 프로그램을 개발하고 시행하

여야 한다.

1. 성별·나이·직업 등 피해자 및 안산시 주민의 특성

2. 피해자 및 안산시 주민의 지역사회 이탈 방지, 삶의 질 향상

3. 건강·복지·문화·체육 등 안산시에 소재하는 비영리 민간단체,
   공익단체 및 동호회 등의 참여와 연계

② 국가는 안산시가 제1항에 따른 프로그램을 시행하는 경우 그에 필
   요한 비용의 전부 또는 일부를 지원할 수 있다. 이 경우 그 지원의
   내용·방법 및 기간 등에 필요한 사항은 대통령령으로 정한다.

③ 국가등은 제1항의 프로그램 개발에 피해자 및 안산시 주민의 의견
   을 충분히 수렴하여야 한다.

④ 국가등은 제1항의 프로그램 개발·시행을 위하여 필요한 조사·연
   구 등을 수행할 수 있다.

집권 여당과 조선일보가 문제 삼은 안산시의 시민단체 예산 지원
은 이렇게 이루어졌다. 박근혜 정부가 세월호피해지원법에 따라
2015년 11월부터 2016년 3월까지 지방행정연구원에 다음 연구를
의뢰했다. "세월호 피해 관련 안산 지역 공동체 회복 프로그램 개발
및 공동체 복합시설 설치방안에 관한 연구." 이 결과를 기준으로 마
련된 사업집행 가이드에 따라 안산 시민단체 및 주민을 대상으로
한 공동체 활성화 사업을 공모했다. 이 사업 공모에 신청한 시민단
체를 심사위원회가 심사를 거쳐 적법하게 선정하였고, 절차에 따라

지원금을 지급한 것이다. 굳이 문제를 찾으려면 공모 신청으로 적법하게 선정되어 해당 사업을 실행한 안산 시민단체가 아니라 예산 지원 대상을 세월호 유족이 아닌 안산 시민단체 및 주민에게로 확대한 박근혜 정부에서 찾아야 한다.

안산 시민단체들이 세월호피해지원법에 따라 예산을 지원받은 사업도 사전에 심사위원회의 심사를 거친 내용이다. 세월호 참사에서 비롯된 안산 젊은이들의 우울한 정서를 남북한 평화통일에 대한 열정과 희망으로 승화시키자는 것이었다. 2018년 당시 온 나라가 평화통일에 대한 시대적 열망에 부풀어 올랐다. 남북한 간에 종전선언과 평화협정이 체결되면, 북한을 거쳐 대륙횡단 열차를 타고 유럽 여행을 떠날 수 있다는 이야기는 이런 분위기에서 나왔다.

북한이 2018년 신년사에서 평창동계올림픽에 참여할 수 있다는 내용을 언급하여 강의에 이를 인용했을 뿐인데, 세간에서 이 강의가 김정은 우상화 교육으로 변질되었다. 남북한 평화통일에 관해 인용한 내용은 국내에서 출간된 서적이나 인터넷 글이다. 북한의 서적을 직접 인용한 내용은 어디에도 없다.

안산의 청년 19여 명이 390만 원으로 2박 3일간 제주도 4.3 유적지 등을 견학했다. 제주 4.3 사건은 제주의 아픈 역사다. 1박에 3-5만 원짜리 게스트하우스에 머문 이들의 여행은 집권여당과 조선일보에 의해 호화여행으로 둔갑했다. 중고등학교 수학여행도 이보다 비용이 더 들어갈 것이다.

세월호 참사가 발생했을 때 나는 힘들고 외로운 세월호 피해자들에게 먼저 손을 내밀지 못했다. 내가 아니어도 이미 많은 사람이 나서서 돕고 있다며 자기합리화를 하기 바빴다. 굳이 내가 나선다고 해도 세상은 전혀 달라지지 않는다는 달콤한 악마의 속삭임에도 귀기울였다.

하나님 나라는 나 혼자 잘 먹고 잘사는 것을 추구하지 않는다. 예수님은 평생을 잠잘 곳조차 없이 사셨음에도 먼저 고통받고 소외된 자들을 찾아다니셨다. 예수님은 공생애 첫 설교에서 다음과 같이 말씀했다. "주의 성령이 내게 임하셨으니 이는 가난한 자에게 복음을 전하게 하시려고 내게 기름을 부으시고 나를 보내사 포로 된 자에게 자유를, 눈먼 자에게 다시 보게 함을 전파하며 눌린 자를 자유롭게 하고 주의 은혜의 해를 전파하게 하려 하심이라 하였더라"(눅 4:18-19).

가만히 있으면 아무것도 할 수 없다. 혼자 있으면 아무런 영향력을 발휘할 수 없다. 하나님 나라는 힘들고 고통당하는 자들과 함께할 때 이루어진다.

세월호 사람들을 만난 그리스도인

김광준

416합창단에서 노래하고 있다.
사진예술과 노래, 기타, 지휘를 하는 꾼이다.

세월호가 침몰하는 장면이 아직도 기억에 생생하다. 아침에 다른 일을 하다가 뉴스를 보는데, 사람들이 구조되었다는 내용이었다. 처음에는 인도네시아 비행기 추락 내용인 줄 알았다가 나중에서야 진도 앞바다에서 세월호가 침몰되었다는 것을 알았다. 그다음에 이어진 소식은 모든 사람을 구조했다는 내용이었다. 좋은 소식이 가득한 오전을 보내고 오후가 되어서야 구조가 되지 않았다는 것을 알게 됐다. 그리고 바로 이어지는 해경잠수부의 행동부터 국가의 모든 움직임은 비정상적이었다.

나는 사람들에게 국가가 세월호 승객들을 구조하지 않고 있다고 알렸다. 교회 단체창을 계속 울리자 사람들은 그만하라고 핀잔을 주었다. 나는 그런 교인들이 이해되지 않았다. 사람들이 죽어가고 있는데, 사람들이 희생되고 있는데, 조용히 하라는 교회가 이해되지 않았다. 이후 나는 몇몇 사람과 함께 세월호 행동 음악회를 열었다. 주님의 마음은 어디에 있을까?

나는 희생자들을 잊지 않겠다는 마음으로 늘 노란 리본을 달고 다녔다. 음악 하는 동생 하나가 그 리본을 달고 다녀도 교회에서 뭐라고 안 하냐고 물었다. 그러면서 자기는 교회에서 가타부타하는 말이 많아서 어느 순간 그냥 조용히 있는다고 했다. 왜일까? 나는 지금도 교회 찬양대에서 여러 이야기를 한다. 내가 살면서 느낀 하나님에 관해서도 이야기하고, 현재 안고 있는 고민에 대해서도 말한다. 416합창단 이야기도 가끔 한다. 얼마 전에는 10.29 참사에 관한 이야기도 했다. 그리스도인들은 그런 사고 현장에 가야 한다. 주님은 우리가 아픔과 슬픔이 있는 곳에 가기를 원하신다.

주님이 이 땅에 오신 이유를 곰곰이 생각해봤다. 성경에는 하나님의 일을 이루시기 위해, 우리를 죄악에서 구원하시기 위해 오셨다고 쓰여 있다. 그런데 꼭 육신의 몸으로 오셔야 했을까? 전지전능한 신이시니 우리가 상상할 수 없는 다양한 방법이 있었을 것이다. 선한 일을 한 사람만 우선적으로 구원할 수도 있고, 아니면 하나님 마음대로 구원자를 지정해놓고 말로만 해도 된다. 그러나 그분은 인간의 몸으로 오셨다. 나약한 인간의 몸으로.

하나님은 자신을 희생하며 인간의 고통을 함께 공감하기 위해서 오셨다. 주님은 육신이 찢기는 고통스러운 한계를 느끼며 좌절하고 쓰러지는 인간, 죽음 앞에서 두려워 떨며 나약해지는 인간의 육신으로 오셔서 그 고통에 함께 공감하셨다. 나는 이 공감이 세상에서 가장 필요한 단어이고, 그리스도인이 무엇보다 우선적으로 가져야 할 마음이라고 생각한다.

간음하다 현장에서 잡힌 여자를 사람들이 돌로 치려 하자 주님은 누구든지 죄 없는 이가 먼저 이 여자에게 돌을 던지라고 하신다. 주님은 그녀의 슬픔과 고난의 편에 서셨고 그녀의 손을 잡아주셨다. 하물며 죄지은 자의 편에 서시는 주님이 어둠 속에 있는 자들을 지나치실까. 나도 주님처럼 고난과 슬픔에 잠겨 있는 사람들에게 다가가 위로하고 그들의 편에 서서 손잡아주며 함께 걷고 싶다. 내 주위에 있는 슬픈 사람들을 지나치지 않고 들여다볼 것이다. 위로는 아주 쉽다. 그냥 가서 안아주면 된다. 아무 말도 필요하지 않다.

그 후에도 나는 계속해서 세월호 희생자들에 대해 알렸고, 기회가 닿아 416합창단에 들어가게 되었다. 416합창단에 가면 서로 웃음이 끊이지 않는다. 위로는 어렵지 않다. 서로의 이야기를 들어주고 마주 보며 웃으면 된다. 그러다 보면 어느새 행복해지기도 한다. 반면 때때로 그렇지 못한 날도 있다. 매해 4월 16일이 되면 그렇고, 이렇게 10.29 참사가 터지면 또 그렇다. 그럴 때는 그냥 우는 수밖에 없다. 화나고 슬픈 일 앞에 어찌할 수 없을 때는 울 수밖에 없다. 다만 슬픔이 주는 무력함과 패배감에 마냥 눌려 있지 않으려 애쓸 뿐이다. 우리는 그저 슬퍼하는 자를 위로하고 고통받는 자의 곁에 함께 있어 줄 뿐이다. 이제 그만하라고, 그만하면 됐다며 슬픔의 유통기한을 정해놓지 않고 그저 가만히 곁에 있어 줄 뿐이다.

예수님은 부활하신 직후 베드로를 찾아가셨다. 밤새도록 물고기 한 마리를 잡지 못한 제자들에게 예수님은 그물을 배 오른편에 던지라고 말씀하신다. 이에 제자들은 물고기가 너무 많아 그물을 들어 올리지 못했다. 베드로와 제자들이 육지에 올라오니 숯불 위에 생선과 떡이 놓여 있었다. 날이 새도록 그물을 던졌을 그들은 아마도 무척 배고프고 지쳐 있었을 것이다. 힘들게 일한 베드로와 제자들에게 예수님은 따뜻한 식사를 대접하셨다. 세월호 유가족들에게 교회가 등을 돌렸고, 언론이 등을 돌렸다. 정치인들도 마찬가지다. 과연 예수님은 그들에게 어떻게 하셨을까?

간음한 여인에게 사람들이 돌을 던지려 할 때 예수님은 그녀의 편에 서주셨다. 왜 그러셨을까? 예수님은 정죄보다 회복을 원하셨다. 그래서 돌을 던질 수 있는 자들 옆이 아니라 약한 자의 편에 서신 것이다. 그분은 우리 모두가 다 나약한 자라고 말씀하신다. 인간은 모두 약한 존재다. 권력이 곧 자기 자신이라고 생각하고 무기 휘두르듯 그것을 휘두르는 사람도 마찬가지다. 간음한 여인에게 돌을 든 사람들은 예수님의 말씀을 듣고 자신의 나약함과 죄인됨을 깨달았지만, 오늘날 손에 돌을 든 사람들은 그것을 깨닫지 못하고 있다. 그래서 계속해서 돌을 던진다. 그들은 자신은 앞으로도 아무 상처나 슬픔을 당하지 않을 것처럼 생각한다. 나는 아무 잘못이 없고 오직 문제를 당한 자들만 잘못이 있다고 말한다.

예수님은 자기를 희생함으로써 우리를 구원하셨다. 그리고 그분을 믿는 우리도 그렇게 하기를 원하신다. 낮은 곳으로 흘러가며 묵묵히 자기 곁을 내주는 그리스도인들이 더 많아지기를 원하신다. 나는 함부로 비방하기 좋아하는 떠들썩한 자들이 아닌 우리가 입으로 늘 말하는 그 예수님의 사랑을 한 자락이라도 실천하고 싶어 조용히 아픈 사람들을 안아주는 그리스도인이 되고 싶다. 나부터 그 사랑을 실행하고 싶다. 나라도 그 주님을 닮고 싶다.

세월호와 함께한 나의 노래 일지

김영민

낮에는 안산시립합창단에서 베이스 단원으로 직장생활을 하고,
저녁에는 선교단체 새벽이슬의 간사,
SOL 중창단의 지휘자로 이곳저곳에 출몰하며
고난받는 이들과 연대하는 사역에 작게나마 함께하고 있다.

단 한 명이라도 살아 돌아오길

2014년 4월 16일, 서른한 살의 나이로 뒤늦게 군복무를 하던 중 예비군 동대본부에서 세월호 침몰 소식을 듣게 되었다. (모두가 그랬겠지만) 놀라고 걱정된 마음이 생겨나던 중 얼마 지나지 않아 전원 구조되었다는 뉴스가 들려와 가슴을 쓸어내렸다. 하지만 그것이 사실이 아니었다는 또 다른 뉴스에 충격을 받았고, 집에 돌아와서는 서서히 가라앉고 있는 세월호를 비추는 뉴스 화면을 밤늦게까지 반복해 보면서 더 이상의 희생자가 없기를, 한 명이라도 생존자가 나타나기를 간절히 기도했다.

세월호 참사가 일어난 후 맞이하는 첫 번째 주일은 부활주일이었다. 교회에서 찬양 인도와 성가대 지휘를 맡고 있었던 나는 몇 주, 몇 달에 걸쳐 부활주일에 어울리는 신나고 화려한 찬양들을 준

비하고 있었다. 하지만 아픔을 당한 이들 앞에서, 충격과 슬픔에 빠진 상황에서 아무렇지도 않게 그 찬양들을 연주할 수는 없었다. 찬양팀원들과 성가대원들께 양해를 구하고 차분하면서도 생명의 소망을 담은 곡들을 급하게 선곡하여 애도하는 마음, 기도하는 마음으로 찬양을 고백했다. 감사하게도 찬양팀과 성가대의 모든 분이 기꺼이 동의해주었고, 같은 마음으로 찬양을 고백해주었다.

축복송

2014년 8월 11일, 세월호의 진상규명과 실종자 수색이 표류하며 유가족들이 국회에서 농성을 시작했을 때 그리스도인들은 국회 앞에서 기도회를 열었다. 그때 나는 전역을 하루 앞두고 있었다. 당시 시국이 엄했던지라 집회 채증을 하는 경찰들이 신경 쓰이기도 하고, 그 자리에 가는 것이 조심스럽기도 했지만 국회 안에 고립되어 있는 유가족들을 만나고 싶은 마음에 국회로 발걸음을 재촉했다. 국회 입구의 철문을 사이에 두고 목소리로나마 인사를 나누며 힘내시라고, 기억하고 함께하겠다고 응원을 전해드렸다. 기도회 참가자들이 유가족들을 향해 "축복송"을 불렀는데, 나도 큰 목소리로 함께 노래했다.

때로는 너의 앞에 어려움과 아픔 있지만

그해 10월 27일, 서울 시청 앞 광장에서 "세월호 참사 진실규명을 위한 기독인 연합기도회"가 열렸다. 세월호 참사가 일어난 지 200일 정도 되었던 때였다. (그 자리에서 신학생 한 명이 대표기도를 했는데, 그분이 지금 우리 교회에서 우리 아이들을 가르쳐주시는 전도사님인 것을 최근에 알게 되어 깜짝 놀라기도 했다. '내 주위에도 세월호를 잊지 않고 함께하는 이들이 있구나' 하는 것을 느꼈던 순간이었다.) 그날 기도회에서 나는 SOL 중창단 친구들과 함께 특송을 했다. 유가족들에게 노래로 위로를 전하는 자리에 SOL 중창단 친구들은 기꺼이 함께해주었다. 우리는 그날 조혜영 작곡의 "못잊어"를 불렀다.

못 잊어 못 잊어
못 잊어 생각이 나겠지요

2년 후인 2016년 목동에서 열렸던 쌀의 노래 콘서트에 SOL 중창단이 게스트로 함께하게 되면서, 416합창단 앞에서 이 노래를 한 번 더 불렀다. SOL 중창단 바로 앞 순서가 416합창단이었는데 "너는 어느 별이 되었을까"를 들으며 우리 멤버들은 눈물샘이 터졌다. 다음 순서였던 우리는 목이 메어 노래를 제대로 부르지도 못했다. 당시에 416합창단 반주자였던 김영명 목사님이 콘서트 후에 이 곡의 악보를 공유해줄 수 있는지 묻자 나는 그 자리에서 악보 파일을 빼드렸다. 몇 년 후에 어느 연주회장에서 조혜영 선생님을 만나 악보를 공유한 위 이야기를 전해드리자, 선생님은 괜찮다며 잘했다고 오히려 나를 다독여주었다.

"못잊어"를 불렀던 두 번의 자리가 SOL 중창단에게도 잊을 수 없는 기억이 되었다. 우리의 노래로 유가족들을 조금이나마 위로해 드릴 수 있어 감사했고, 그 노래를 부르며 우리도 "잊지 않겠다"고 함께 다짐할 수 있어 좋았다. 그리고는 한 해가 지난 2017년 여름에, SOL 중창단이 제작한 음반에 이 곡을 수록하게 되었다. CD 자켓 곡목에는 노란 리본을 함께 그려 넣었다. 그것이 노래하는 사람들이 할 수 있는 연대였다.

특송으로 초대받는 일은 그나마 내가 할 수 있는 역할이 있어 감사하면서도, 한편으로는 곤혹스럽기도 했다. 유가족들 앞에서 '부를 노래', 더 정확히 말하면 '부를 찬양'이 마땅치 않았기 때문이다. 대부분의 기독교 찬양은 희망을 노래하고, 믿음으로 기도하면 문제가 해결되는 서사들이 많다 보니, 여전히 아픔 속에 있는 이들 앞에서 부를 노래가 없는 것이 어찌 보면 당연했다. 2015년 5월 14일, 광화문 세월호 광장에서 진행된 촛불교회 기도회에서는 "평화가 있기를"이라는 곡을 불렀다. "여러분, 곧 진실이 밝혀질 것입니다"라는 허망한 약속보다 그저 "힘내세요", "여러분들에게 평화가 함께하시기를 빕니다"라는 말이 더 좋을 것 같아서였다. 그다음부터는 세월호 기도회가 있을 때마다, 그리고 해고노동자 및 고난받는 이들이 모인 자리에 갈 때마다 이 노래를 불렀다.

연세대에서 찬양팀 사역을 함께했던 반주자 세린 씨와 동행할 때는 반주에 맞춰 노래하고, 반주자가 없을 때는 피아노 MR을 현장에 가지고 다녔다. 아내가 집에서 녹음한 반주 음원은 지금까지도 여러 현장에서 쓰이고 있다.

평화가 있기를 평화가 있기를
너희에게 하늘의 평화가 깃들어 있기를
힘을 내라 힘을 내라
끝날까지 내 평화가 함께할 것이니

상처 입은 치유자

2016년 12월, 다시 416합창단을 만날 기회가 생겼다. 그해 성탄절에 서울역 앞에서 "고난받는 이들과 함께하는 성탄절 연합예배"가 열렸는데, 416합창단에 특송을 부탁드렸다. 다시 만난 416합창단은 몰라 보게 단단해져 있었고, 음악적으로나 여러모로 많이 성장한 것이 느껴졌다. 더 놀라운 것은 누군가에게 위로를 받아야 할 이분들이 또 다른 아픔을 겪는 이들을 찾아가 노래로 그들을 위로하고 연대하는 모습이었다. 그 모습을 보며 헨리 나우웬의 책 제목인 『상처 입은 치유자』가 떠올랐다. 당시 성탄절 연합예배는 부당해고를 당하고서 10년 넘게 투쟁 중이었던 KTX 승무원들과 함께했다. 이후에도 416합창단은 노래가 필요한 곳에 언제나 기꺼이 함께해주었다. 스텔라데이지호 침몰 1,000일이 되었던 2019년 성탄절에는 광화문 광장에서 "인간의 노래"를 불러주었고, 2020년에 열린 5.18 민중항쟁 40주년 기념행사에서는 "그대 눈물 마르기 전에"를 불러주었다.

세월호 참사 가족협의회 마당에서 드린 2019년 성탄예배. 초저녁 하늘에 빌딩들의 스카이 라인이 선명하다.

그 외에도 전국, 아니 세계 곳곳을 다니며 세월호를 알리고, 또 다른 아픔에 공감하며 위로와 연대의 노래를 부르고 있다.

안산 합동분향소 내 합창단 연습실을 처음 방문한 날, 첫 방문자는 노래로 인사를 해야 한다 하기에 머뭇거리다가 "소나무"라는 노래를 불렀다. 416합창단원은 "사랑합니다"를 답가로 불러주었는데, 아내와 나는 그 노래가 온몸을 휘감는 온기처럼 느껴졌다. 그해 성탄절 연합예배에서는 "주 예수여 오시옵소서"와 "금관의 예수"도 불러주었다. 나와 아내도 416합창단 사이에 서서 같이 노래를 불렀다. 그날의 선율은 지금도 귀에 선하다.

오 주여 이제는

여기에 우리와 함께하소서

2018년 4월, 서른다섯이라는 늦은 나이에 직장생활을 시작했다. 지금도 근무하고 있는 안산시립합창단이다. 입사할 당시에 주위 사람들이 "왜 서울에서 안산으로 출퇴근하는 거예요?"라고 종종 물었다. 안산시립합창단은 합창음악계에서는 국내외로 널리 알려진 곳이라 늘 동경해왔다. 사람들의 질문에 나는 진심을 담아 이렇게 대답한다. "안산이어서요."

성가곡집 녹음을 위해 안산을 처음 방문했던 2014년 12월, 연습이 끝난 후 나는 화랑유원지 내의 정부합동분향소에 들러 조문을 하고 집으로 돌아왔다. 합창단원이 아니던 시절부터 연습을 위해 안산을 방문할 때마다 분향소에 들렀다. 나의 노래, 성가와 세월호는 그렇게 한 겹 한 겹 겹치게 되었다. 노래를 부르면 세월호 생각이 났고, 조문을 가서는 문득 어떤 성가곡 가사가 떠오르기도 했다.

입사한 지 두 달이 지난 4월, 당시 4주기를 맞아 화랑유원지에서 정부 합동 영결 추도식이 열렸다. 아이들을 떠나보내는 슬픈 자리에서 안산시립합창단과 평화의나무합창단, 이소선합창단이 함께 추모의 노래를 불렀다.

잊지 않을게 잊지 않을게
절대로 잊지 않을게
꼭 기억할게 다 기억할게
아무도 외롭지 않게

우리 큰 걸음으로

안산에서 직장생활을 하게 되면서, 416합창단과도 조금 더 가까워졌다. 연습실을 방문해 발성법을 알려드리기도 하고 함께 노래를 부르며 마음을 나누기도 했다. 그해 2018년 여름에 416합창단은 "우리 큰 걸음으로"라는 노래를 연습하고 있었다. 진상규명과 책임자 처벌, 안전사회건설이라는 목표는 여전히 멀리 있는 것 같지만, 416합창단과 유가족들은 그 노래 가사처럼 멀리 내다보고 호흡을 가다듬으며 보다 큰 걸음을 준비하는 것 같았다. 그 노래를 부르며 나도 마음이 뜨거워졌다.

안산시립합창단에서 기획하는 공연 중 하나인 "찾아가는 음악회"에서 내가 솔로 무대를 맡은 적이 있다. 보통은 잘 알려진 곡, 대중들이 좋아할 만한 곡을 부르면서 호응을 끌어내기 마련인데, 나는 "우리 큰 걸음으로"를 부르고 싶었다. 당시 단원들은 조금 의아해했을지도 모르겠다. 나는 내가 있는 자리에서 416합창단과 유가족들의 걸음을 응원하고 싶었다.

> 우리 큰 걸음으로 성큼 달려
> 새 세상의 뜨거운 열망이 빛나는 곳

2020년 12월, 코로나가 기승을 부려 일상이 멈추고 거리가 한산했던 그 겨울날, 세월호 유가족들은 청와대 앞에서 노숙 농성을 시작했다. 촛불정부가 탄생한 지 3년이나 지났지만 특조위는 지지부진하고, 정부는 세월호에 관심을 갖지 않아 야속함과 실망감이 가득한 나날이었다. 유가족들은 칼바람이 부는 날씨에도 연연하지 않고 농성을 진행했다. 나는 여러 상황으로 그 자리에 함께하지 못했는데, 유가족들의 건강이 염려되고 죄송한 마음이 가득했다. 대체 언제까지 차가운 바람을 맞으며 거리에서 외치고 투쟁해야 하는 것일까. 그날 유가족들을 생각하며 부른 노래를 한 곡 녹음하고 촬영하여 페이스북에 올렸다.

바람이 부네요

춥진 않은가요

밤 깊어 문득 그대 얼굴이 떠올라

세월호 진상규명을 촉구하는 청와대 기도회의 리본과 십자가.

그 이후 청와대 앞에서 진행된 기도회에 새벽이슬 청년들과 함께 참여했고, 가족과 함께 416합창단의 기획공연을 관람하기도 했다. 새벽이슬 청년들은 세월호 초기부터 팽목항을 오가며 기도로 연대해왔고, 세대가 바뀐 지금도 같은 마음으로 기꺼이 연대하고 있다. 우리 아이들은 집 앞 공원에서 배 한 척만 봐도 "아빠, 저 배 보니까 세월호 생각나"라고 말한다. 416합창단 공연을 보고 와서는 "아빠, 세월호 영상 한 번만 더 보여주면 안 돼?" 한다.

　내 주위에 있는 학생들, 청년들, 그리고 교회 교인들과 이야기를 나누다 보면, 내 손목에 있는 노란 팔찌 때문에 자연스럽게 세월호 이야기를 하게 된다. 많은 사람이 (눈에 띄지는 않지만) 세월호에 대한 공감과 연대의 마음을 가지고 여러 모양으로 "함께"하고 있는 것을 확인하게 된다. 나도 세월호 전도사가 된 것마냥 주위 사람들에게 "잊지 말고, 기억하고, 관심 갖고, 함께하자"고 권면하고, 기도회가 있을 때마다 이 사람 저 사람 초대해서 함께 가곤 한다.

우리 함께

매월 첫째 주일 오후에 생명안전공원에서 416 가족과 함께하는 예배가 있다. 나는 작년 9월에 드린 예배에서 특송을 자처해 참석자들 앞에 섰고, 직접 만든 노래 "함께"를 나누었다. 세월호 유가족들을 생각하며, 그리고 스텔라 데이지호, 해고 노동자 등 이 시대에 아픔을 당하고서 거리로 내몰려 힘겨운 투쟁을 이어가고 있는 이들을 생각하며 쓴 노래다. 우리가 힘겨운 걸음을 이어갈 수 있는 것은 하나님이 우리와 함께하시기 때문이며, 내가 당신과 함께하기 때문이라고 말하는 내용의 곡이다. 9년 가까운 시간 동안 멀리서나

마 유가족들을 뵈면서 가졌던 마음과 나의 신앙 고백이 어우러진 노래가 감사하게도 유가족들에게 위로와 힘이 되었던 것 같다.

끝이 보이지 않는 외로운 싸움 중에
하루를 견디고 내일을 꿈꿀 수 있었던 것은
무더운 햇빛 아래도 차가운 바람 속에서도
오늘을 버티고 내일을 소망할 수 있는 것은
주님께서 우리와 함께하시기 때문에
이 고난의 자리에 평화 주시기 때문에
함께하시네 주께서 여기 함께하시네
정의가 이길 때까지 주님 함께하시네 함께하시네

비 오는 거리에서도 차가운 시선 앞에서도
걸음 멈추지 않고 이 길을 걸어갈 수 있는 것은
너와 내가 이렇게 함께하기 때문에
이 고난의 자리에 함께 손에 손 잡고서
걸어가리라 언제나 주님 함께하시듯
정의가 이길 때까지 우리 함께하리라 함께하리라

나에게는 세상을 단번에 바꿀 만한 힘이 없다. 그래서 때때로 무력감에 빠지기도 한다. 다만 내가 부르는 노래가 어려움에 빠진 사람들을 응원할 수 있으면 좋겠다. 세월호의 진실이 밝혀지고, 유가족들의 눈물이 완전히 그칠 때까지 그분들 곁에서 노래로 연대하고 싶다. 그분들이 아무 부담 없이 공연을 보러 와서 웃으며 즐겁게 노래하는 날이 속히 왔으면 좋겠다.

비상식적인 행태로 유가족들의 가슴에 상처를 입힌 교회와 교인들도 많다. 세월호 참사를 안타까운 옛날이야기쯤으로 생각하는 사람들도 있다. 그 반대편에 여전히 해결되지 않은 이 참사를 잊지 않고 기억하는 그리스도인들이 있다. 세월호를 기억하고 노래하며 별이 된 아이들 곁에, 유가족들 곁에 서 있는 사람들이 있다. 2,000년 전 고통받는 자들 곁에 계셨던 예수님처럼.

잊지 않겠다. 함께하겠다.

부디 모두에게 평화가 있기를.

여호와여 언제까지입니까?

정승호

미주기아대책 사무총장으로
전 세계 빈곤 지역에서 기독교지역사회개발과
긴급구호를 위해 20여 년간 일해오고 있다.

2018년 가을 어느 날, 회의 참석차 한국에 방문했다. 그 회의 석상
에서 한 선배 목사님(당시 미주연회 감독, 은희곤 목사님)의 소개로 일명
세월호 목사로 불리는 박인환 목사님(화정교회)을 만났다. 두 분은
416합창단의 미주공연을 논의하며 공연의 코디네이터를 찾고 있
었다. 북미주를 두루 다니는 내가 적격이라고 생각한 듯하다. 미주
한인사회와 교계는 한국보다 분위기가 더 보수적이기 때문에 나는
반문했다.

"이게 가능하겠습니까?"

"자식을 잃은 부모들이 그 마음으로 노래하겠다는데…."

답이 참 쉽다. 순진한 건지, 순수한 건지…. 액면가로 이야기하면
그게 전부다. 이 일을 진행하려면 고려해야 할 사항들이 많다. 지난
20여 년 동안 NGO 사역을 위해 북미주의 한인들, 특히 교회들을
만나면서 듣고 체득한 정서가 있다. 아마 한인교회 공연은 어려울

수도 있겠다는 생각이 들었다.

나를 이끈 말씀, 우는 자와 함께 울라

그러나 그런 장애물을 넘어 나를 이끄신 건 하나님의 말씀이었다. "가난한 자에게 복음을 전하게 하시려고"라는 누가복음의 말씀이 나를 이끌어 여기까지 왔는데, 지금 심령이 가난하고 애통하는 이들의 탄식의 노래에 귀를 막을 순 없었다.

그냥 성경 말씀대로 "우는 자와 함께 울라" 그게 전부였다. 그렇게 나를 이끄는 말씀에 순종하며 미주공연 투어를 준비하기 시작했다. 이동 수단, 숙박, 식사는 기본이다. 공연 도시와 장소를 마련하고, 홍보하고 초청하고 이동 동선을 계획해야 한다. 몇 명이 참여하는지에 따라 준비하는 것도 달라진다. 공연 장소에 따라서도 준비할 것이 천차만별이다. 일은 곧 경비다. 그리고 일은 다 사람이 한다. 나를 포함해 일할 자원봉사자들을 구해야만 했다.

처음 몇 곳에 도움을 요청하자 어김없이 거절당했다. 나와 같은 NGO 활동가, 선교 동원가에게 거절은 일상이다. 그런 일로 상처 받으면 이 일을 할 수 없다. 이때 사막의 오아시스 같은 이들을 만났다. 도시마다 세월호 희생자 가족들과 마음을 같이하는 시민단체와 사람들이 있었다. 세월호 희생자 아이들과 비슷한 아이들을 가졌을 법한 젊은 엄마 아빠들이 대부분이었다. 지역마다 단체의 이름(LA4SEWOL, 공감, 416세사모, 세기토 등)은 달랐지만 아픔을 공감하고 연대하는 마음만은 같았다. 그들은 지역, 도시 단위로 그리고 다양한 방식으로 함께 세월호 희생자들의 가족이 겪는 아픔을 공감하며 연대하고 있었다.

이들은 공연장소를 섭외하고, 식사에 초대하고, 만남을 주선하고, 연주회를 홍보하며 앞장서서 416합창단의 미주공연을 준비했다. 공연이 끝나면 서로 보듬어 안고 울었다. 마치 자기 가족이 당한 일처럼 말이다. 그리고 그렇게 이야기했다. "위로하러 왔다가 위로받고 갑니다."

어디든지, 언제든지 따스한 사람은 있다

그리고 또 한 부류의 사람들이 있었다. 어려운 환경에서 디아스포라 한인교회를 섬기는 이민교회의 목사님들이었다. 한인 이민교회는 대부분 신앙도 정치도 모두 보수적인 색채를 띤다. 이런 환경에서 교회를 개방해 합창단을 돕는 일은 쉬운 결정이 아니다. 그러나 목회적으로 큰 부담을 감수하고 416합창단의 미주공연에 함께해준 교회와 고마운 목사님들이 있었다. 공연 장소를 제공한 예수마을교회를 시작으로, 많은 이들이 단원들의 차량 이동과 식사 및 간식 제공 등 어려운 일들을 함께하며 416합창단을 환영하고 위로해주었다. 416합창단은 그렇게 2019년 5월 10일 LA향린교회에서의 간담회를 시작으로 2019년 5월 11일 예수마을교회 공연에 이어 12일 산호세(웨스트민스터장로교회), 17일 뉴욕(퀸즈 칼리지 강당),

19일 토론토(시청 홀)에서 공연을 개최했고, 방문 도시 곳곳의 거리에서 그리고 9.11 사태의 기억을 담은 장소 세계무역센터에서도 버스킹을 통해 아픔의 노래를 불렀다.

이 공연을 위해 기독교대한감리회 미주자치연회 소속의 예수마을교회(정인호 목사), 나성동산교회(이경환 목사), 만나교회(남강식 목사), 선한샘교회(김지성 목사), 에벤에셀교회(김환중 목사), 좋은교회(정현섭 목사), 뉴욕참사랑교회(은희곤 목사), 퀸즈감리교회(이철윤 목사), 청암교회(차철회 목사), 로즈린교회(김사무엘 목사), 뉴욕푸른초장교회(신성근 목사), 토론토강림교회(김주엽 목사), 토론토제일교회(남궁권 목사)와 KUMC 교회, 라팔마연합감리교회(김도민 목사), 홀러싱제일연합감리교회(김정호 목사)가 물심양면으로 큰 도움을 줬다.

국내에서는 평촌교회(홍성국 목사), 평택광림교회(김봉연 목사), 기쁜교회(손웅석 목사), 경인교회(김진규 목사), 남리교회(이광성 목사), 안산성천교회(박종현 목사), 참신교회(이철수 목사), 경기연회(김학중 감독), 목양교회(김완중 목사), 김승만 목사, 하나교회(노인택 목사), 화정교회(박인환 목사) 등 12개 교회가 후원금을 모아 미주공연을 도왔다.

꽃보다 아름다운 것이 사람이다. 우는 이들과 함께하는 우는 사람들이 있어 세상은 살 만하고, 그들과 공감하고 연대하는 사람들이 있어 세상은 아름답고, 그 사람들이 만들어가는 세상이 있어 절망뿐인 뉴스에도 희망을 품는다.

미국 산호세교회에서 416합창단이 노래하고 있다. 미국과 캐나다 공연에서
현지 교회와 목사들이 공연장 섭외, 홍보, 이동과 숙식까지 큰 도움을 주었다.

고난 중에 노래하는 사람들, 416합창단을 만나다

미주공연을 준비하려면 당사자들을 먼저 만나야 했다. 지휘자인 박
미리 선생님과 최순화 단장님을 만났다. 그들의 필요와 목적을 알
아야 좀 더 잘 도울 수 있고, 목적이 있는 여정이 될 수 있기 때문
이었다. 안산의 연습실에서 노래하는 그들을 보자 헨리 나우웬의
"The Wounded Healer"(『상처 입은 치유자』)라는 책 제목이 생각났다.
세월호 희생자 가족들의 노래는 자신을 치유할 뿐 아니라, 또 다른
이들을 치유하는 노래가 될 것이라는 생각이 들었다.

성경의 대표적인 노래 가사집이 바로 시편이다. 시편 150편 중에
가장 많은 내용이 탄식 혹은 탄원의 노래다. 67편이나 된다. 단일
주제로 가장 많다. 개인이나 공동체나 크게 다르지 않다. 원수를 고
발하고, 탄식하고 탄원할 일이 많지 않은가! 세상의 노래도 그렇지

않은가? 생로병사의 인생에 희로애락, 오욕의 감정을 다 담아 부르는 것이 노래다. 그래서 노동요도 있고, 장송곡도 있다. 신이 인간에게 준 최고의 선물 중 하나가 음악이고 노래다.

그러나 성경에서 탄식과 탄원의 시편들은 그것으로 그치지 않는다. 그 탄식이 구원을 열망하는 소망으로 승화한다. 절망은 희망을 부른다. 그 사이를 견디는 힘이 노래다. 그래서 구약의 시편은 메시아를 부르는 노래들로 가득하고, 마치 구세주가 온 것처럼 왕의 노래를 부르기도 한다. 신약은 메시아를 잉태했던 마리아가 부른 마리아 찬가(Magnificat)로 시작한다. 이 내용을 보면 어느 여린 소녀의 노래가 아니다. 혁명적이며 두려울 것이 없다.

> 내 영혼이 주를 찬양하며 내 마음이 하나님 내 구주를 기뻐하였음은 그의 여종의 비천함을 돌보셨음이라.⋯그의 팔로 힘을 보이사 마음의 생각이 교만한 자들을 흩으셨고 권세 있는 자를 그 위에서 내리치셨으며 비천한 자를 높이셨고 주리는 자를 좋은 것으로 배불리셨으며 부자는 빈손으로 보내셨도다(눅 1:46-53).

특히 비발디가 작곡한 마리아 찬가가 그 가사의 의미를 잘 담은 듯하다. 격정적인 찬양 속에 마리아가 짊어져야 할 무게가 처연히 드리워져 있기 때문이다. 416합창단의 노래를 들으면 수많은 마리아 찬가가 오버랩된다.

우리가 경험한 한국 현대사는 상처 입은 수많은 마리아를 낳았다. 일제하에서, 중앙아시아에서, 흩어진 디아스포라 한인들에게서, 해방전후사에서, 제주에서, 한국전쟁에서, 산업화에서, 베트남에서, 광주에서, 그리고 세월호에서 다시 이태원에 이르기까지 상처 입은 수많은 사람이 있다. 억울한 희생자들의 노래가 그치질 않는다. 그래서 시편의 노래를 마리아의 심정으로 다시 부르게 된다.

　416합창단은 그들을 대신해서 지금도 노래한다. 그들의 한을 담고, 열망을 담고, 희망을 담아 노래한다. 노래하면서 묻는다. 여호와여, 언제까지입니까?

바다 건너에서 보내는 연대

이유진

LA에서 일하며 두 아이를 키우는 평범한 엄마다.
잘 웃고 잘 우는 사람이라서 앞으로도 함께 웃고 울며 연대하고 싶다.

종교에 상관없이 모두가 얼마간 설렘으로 들뜨는 크리스마스이브에 아픈 아이와 함께 자가격리를 하며 이 글을 쓴다. 내 몸과 마음이 아파 고생한 경험이 있어야 비로소 고통받는 사람들이 눈과 마음에 들어온다. 늘 타인의 아픔을 절절하게 공감하기란 어렵다. 우리는 모두 자기 몸이 먼저인 연약한 인간이니까.

열이 오르고 아픈 아이와 단둘이 절절매는 시간을 보내면서, 세월호 참사 가족들이 겪은 상실을 생각한다. 그 생각을 하면 이렇게 아픈 아기를 돌볼 수 있는 것도 감사하다. 그런 돌봄조차 허락되지 않은 채 숱한 크리스마스와 새해와 아이들의 생일, 그리고 매해 또 4월 16일을 맞이해야 할 세월호 참사 가족의 고통을 생각한다.

그리스도인으로서 세월호를 떠올리기 조금은 부끄러운 건 내가 그리스도인으로 산 시간이 많지 않아서다. 열아홉 스물 즈음에 예수님을 만나기는 했지만, 교회라는 공간에 환멸을 느끼고 떠났다가

다시 신앙인이 된 지 얼마 되지 않았다. 세월호 참사가 내 인생을 흔들 만큼 크나큰 사건이고 마음이 아팠던 건 맞지만, 처음부터 세월호 참사 희생자들과 가족들의 고통에 연대하는 활동을 했던 것도 아니다.

언니 자식이 죽은 것도 아니잖아요

세월호 참사가 일어났던 2014년 봄, 나는 아이와 같이 살지 못하는 가난하고 아픈 싱글맘이었다. 한 달에 두 번, 주말에만 아이를 만날 수 있었다. 그렇게 되기까지 내 삶을 관통하고 지나간 고통스러운 시간이 있었고, 당시의 나는 한 치 앞도 안 보이는 안갯속 같은 시간을 살고 있었다. 아이가 언제나 보고 싶었고, 짧은 주말을 함께 보내고 헤어지면 울며 거리를 걸어 집으로 돌아왔다. 그런 시간을 보내는 중에 한국에서 일어난 세월호 참사 소식은 너무나 충격적이었다. 어떻게 그런 일이 일어날 수가 있는지, 뉴스를 보는 것도 무서웠다. 제목 한 줄만 보고도 울컥 눈물이 쏟아져 한동안 뉴스를 보지 않으려고 아주 많이 조심하며 지냈다. 그 시기에 같이 일했던 동료 한 사람은 나에게 이렇게 말했다. "뭐가 그렇게 마음이 아파요? 언니 자식이 죽은 것도 아니잖아요." 그런 무심한 말들이 고통스러운 유가족의 마음을 얼마나 후벼팠을지 오래 생각했다.

　세월호 참사 이후 2년여 동안 나는 세월호 참사를 추모하고 연대하는 공간이 있는지도 몰랐다. 그저 때때로 유가족의 인터뷰 기사나 짧은 영상을 보며 홀로 베개를 붙잡고 울기만 했다. 당시 나에게 삶은 생존의 문제였고, 아이를 지키지 못하는 엄마라는 고통의 무게가 언제나 나를 짓눌렀다. 6살이 된 아이와 다시 같이 살게 되면서부터는 조금씩 안정을 찾아갔다. 여전히 가난하고 건강하지 못했지만 그래도 엄마로서 살 수 있으니까 괜찮았다.

2016년 가을 광화문 광장에서 촛불시위가 시작되었고, 나는 그 소식을 먼발치에서 바라보며 응원했다. 그러던 어느 날 미국에 사는 여성들이 많이 들어가는 인터넷 공간에서 우연히 LA에서도 촛불집회가 열린다는 글을 봤다. 수백 명의 사람들 틈에 섞여서 함께 걷다가 우연히 건네받은 종이에서 다큐멘터리 공동체 상영 소식을 보았고, 그다음 주에 있었던 촛불집회에는 아이의 손을 잡고 함께 나갔다. 그때 나는 '세월호 7시간'이라고 쓴 피켓을 만들어 들었다. 그날을 계기로 내 삶은 달라졌다. 함께 아파하고 연대하고 실제로 행동하는 사람들을 알게 되었고, 그분들을 따라다니며 나도 함께 울고 연대하는 시간에 참여할 수 있게 되었다. 세월호 1,000일 집회가 있었던 날, LA 광장에서 나는 참 많이 울었다. 가슴에 묻고만 사는 대신 글씨 하나라도 써보며 함께 울고 기억할 수 있는 시간이 나에게는 참 소중했다. 박근혜가 탄핵되던 날 나는 기쁨의 눈물을 흘렸지만, 한편 세월호 참사가 탄핵의 이유로 인용되지 않았다는 걸 받아들이기 힘들었다.

2017년 봄, 세월호 3주기를 기억하는 자리에는 추모를 반대하는 무리의 극렬한 반대 시위가 함께했다. 그 자리에서 나는 사람의 잔인함에 치를 떨었다. 태극기와 성조기를 흔들며 확성기에 대고 험한 말을 내뱉던 그들은 세월호 참사를 기억하는 우리를 빨갱이라고 불렀다. 노란 티셔츠를 입고 노란 리본을 단 우리를 굳이 말하자면 '노랑이'라고 불러야지, 왜 '빨갱이'라고 부르는 걸까. 그때 나는 함께 기억하자며 노란 리본을 내미는 손을 향한 혐오의 눈길을 봤다. 리본은 아무도 해치지 않는데 말이다. 세월호 3주기 추모의 장소에서 반대 시위를 일으켰던 대표자의 직업이 교회 목사라는 이야기를 들었다. 국가재난의 희생자를 추모하는 자리에서 그토록 극렬한 반대와 혐오의 말들을 내뱉는 사람이 목사라니, 그만 정신이 아득해졌다.

섬김과 나눔, 연대와 실천

나는 다행스럽게도 모든 교우가 세월호 참사를 아파하고, 거의 늘 노란 리본 배지를 달고 주일 설교를 하는 목사님이 있는 교회를 만나 신앙생활을 할 수 있었다. 매년 4월이면 세월호 참사를 추모하는 시간을 따로 갖고, 꼭 그 시간이 아니더라도 예배를 마친 후 함께 관련 영상을 보기도 한다. 그 영상은 유가족이 부르는 노래이기도 했고 인터뷰일 때도 있었는데, 그때마다 펑펑 울면서 비로소 그리스도인의 사랑과 연대를 느낄 수 있었다. 416합창단이 LA를 방문했을 때도 교회에서 참여해 함께했다. 그렇게 나는 마음이 아픈 사람들을 향해 혐오와 분노를 표출하는 종교인과, 아픔을 다독이는 종교인의 모습을 모두 만났다. 5.18 민주화운동이나 4.16 세월호 참사, 10.29 이태원 참사 등을 기억하고 추모하며 연대하는 것이 그리스도인들만의 역할이라고는 생각하지 않는다. 종교가 있든 없든 사회적 참사의 고통을 나누고 연대하는 것이 사람으로서, 시민으로서 당연히 해야 하는 일이니까 말이다. 그러나 그리스도인이라고 하면서 고통 가운데 있는 사람들에게 상처만 주는 사람은 분명 그리스도와 상관없는 삶을 살 것이다.

교회를 다니는 것보다 어떤 마음가짐으로 사느냐가 훨씬 더 중요하다고 생각한다. 교회는 열심히 다니지만 누군가를 차별하고 상처 주는 데 머뭇거리지 않는 사람들을 많이 봤다. 부끄럽지 않게 살고 있는지 늘 돌아보고 이웃과 연대하려고 노력해야 한다. 하나님을 사랑하는 일은 사람을 사랑하고, 더 넓게 품고 조금 더 연대하는 길이어야 한다. 더 많은 그리스도인이 이 단순한 진리를 실천한다면 더 좋은 세상이 되지 않을까? 섬김과 나눔으로, 연대와 실천으로 이웃과 세상을 섬기는 소중한 그리스도인이 많다는 걸 잘 알고 있지만, 이 험한 세상을 비추기에는 아직도 많이 부족해 보인다.

세월호 참사를 비롯한 사회 문제에 관심을 갖고 작게나마 연대해온 지난 6년의 시간을 돌아보면, 나에게도 많은 변화가 있었다. 처음에는 그저 박근혜 퇴진 하나만을 바라보며 참여했다가 선배들을 만나고 배우며 다양한 사회 문제와 이슈들에 관심을 가지게 되었다. 박근혜가 탄핵되고 구속된 후 정권이 바뀌는 것을 볼 때는 세상을 바꿀 수 있다는 순진한 믿음도 생겼다. 문재인 정권 초기에는 정말 그런 믿음이 실현되는 것처럼 느껴지기도 했다. 하지만 손에 잡힐 듯했던 한반도 평화가 지지부진해지고, 비정규직 노동자들과 소수자들과 약자들이 겪는 고통은 여전했으며, 무엇보다도 세월호 진상규명과 책임자 처벌에 대한 거듭된 약속이 지켜지지 않았다. 박근혜 정권의 국정농단과 그 많은 헛발질에 앞서, 세월호 참사로 소중한 생명들이 수장되는 걸 지켜본 국민적인 분노와 트라우마가 깊이 자리 잡지 않았다면 촛불혁명은 결코 그렇게 큰 성과를 이룰 수 없었을 것이다.

세월호 참사 희생자들을 가리켜 촛불광장의 별빛이라고 했던 문재인 후보가 대통령이 되고 나서 그 약속들이 지켜지지 않음을 이해할 수도 받아들일 수도 없었다. 박근혜 퇴진을 위해 싸울 때는 그나마 한마음 한뜻으로 모일 수 있었는데, 새로운 정권이 약속을 지키지 않는 것에 대해서 목소리를 낼 때는 소위 내 편의 눈치를 봐야 하는 게 참 힘들었다. 대통령이 바뀌었다고 해서 유가족의 슬픔이 줄어드는 게 아닌데, 분명 함께 슬퍼하고 추모했던 사람들이 더 이상 세월호 참사에 예전만큼 마음을 기울이지 않는 모습에 괜스레 상처를 받기도 했다. 7주기가 되기 전 겨울, 유가족이 노숙 농성하는 모습을 먼발치에서 바라보며 얼마나 마음이 아팠는지 모른다. 그 추위에 피켓으로 만든 집을 짓고 농성하는 그분들에게 다가와 손 한번 잡아드리지 않고 약속을 지키지 않는 사람도 미웠지만, 이제 많은 사람에게 세월호 참사가 더 이상 가장 아픈 손가락이 아니라는 것도 참 슬펐다.

기도만으로는 부족하다

그다음 해 겨울에는 박근혜가 사면되었다. 촛불광장의 별빛이었던 세월호 희생자들도, 유가족들의 마음도 그렇게 짓밟혔다. 박근혜를 내려오게 한 건 수많은 촛불 시민들의 결집된 힘이었는데, 그렇게 세워진 권력이 정말 필요한 곳에 그 권력을 쓰지 않다가 박근혜를 사면하는 모습을 참담한 심정으로 지켜볼 수밖에 없었다. 다시 대통령이 바뀌었다. 그리고 다시 한번 10.29 이태원 참사라는 국가 재난을 겪으며 앞으로 얼마나 더 이런 참담함을 겪어야 할지 아득해진다.

나는 두 아이의 엄마로, 한 나라의 시민으로서 어떻게 살아야 할지에 대해 생각한다. 기도만으로는 부족한 것 같다. 함께 울고 마음을 나누며 멀리에서라도 언제나 기억하고 연대한다는 마음을 전하고 싶다.

세월호 5주기였던 부활주일에 LA 향린교회에서 드렸던 기도를 나눈다.

하나님, 어김없이 봄이 또 찾아오고 봄이라고 다시 꽃이 피지만 부르고 또 불러도 돌아오지 않는 사람들이 있습니다.

세월호가 가라앉고 한동안 눈물로 탄식으로 살았을 때는
숨 쉬는 것도 미안했습니다.
이제 우리는 배고프면 밥을 먹고 노래를 부르고 아이들을 키우고
하늘의 별과 땅의 꽃을 보며 살아갑니다.

구해주지 못한 게 미안해서 매일 가슴 치며 울던 그때는
한순간도 그날을 잊고는 살아갈 수 없을 줄 알았습니다.

가만히 있으라 했기에 죽어간 사람들을 기억하며
가만히 있지 않으리라 맹세했던 우리였지만
이제는 가끔만 기억하며 살아갑니다.

희생자의 가족들은 하루도 빠짐없이
그날의 바다를 떠올리며 아파하겠지요.
왜 구해주지 않았냐고 묻던 우리는 어느새 침묵하고 있습니다.
우리가 잠잠한 동안 시간은 흐르고 진실은 구조되지 않았습니다.
아직도 그 바다는 침묵 중인데
눈물 흘리고 돌아서 버린 우리였습니다.
대답도 듣지 않은 채 그냥 살아온 우리의 침묵을 반성합니다.

가만히 있지 않겠습니다.

그날의 그 배처럼 진실이 침몰하도록 내버려 두지 않겠습니다.

다시는 그런 일이 일어나지 않도록 잊지 않겠습니다.

진실의 반대말은 어쩌면 거짓이 아니라 망각일 테니까요.

그날 그 바다에서 함께 아파하셨을

예수님의 이름으로 기도드립니다.

향린교회에서 드린 세월호 7주기 기억예배. 일곱 개의 초로 7년의 시간을 형상화했다.

'적극적 사랑'이어야 진실을 품지

이재홍

416합창단 시민단원이다.
사회복지사로, 시민의 한 사람으로
'우는 이들과 함께' 울고, 노래하며 곁을 지키고 있다.

글을 부탁받고 첫 문장을 시작하는 것이 참 어려웠다. 누군들 안 그렇겠는가? 근래 일어난 10.29 이태원 참사까지 목도하면서 세월호 참사를 복기하고 떠올리는 것이 더 어려운 일이 되어버렸다. 어디서부터, 무엇부터 되돌려야 할까? 참담한 생각에 그냥 멍해지고 이 현실을 외면한 채 살고 싶은 생각이 나의 게으름을 유혹한다. 하지만 그리스도인의 신앙이 무엇인가? '그럼에도 불구하고', '참'을 찾아야 하겠지. 나의 기억은 2014년으로 거슬러 올라간다.

2014년 4월 16일 아침, 여느 때와 마찬가지로 직장에서 일과를 준비하고 있었다. 직장 1층 로비에 많은 사람이 이미 와 있었고 텔레비전을 보고 있었다. 그런데 내 옆자리에 앉아 있던 동료가 얼굴이 흙빛이 되어 딸아이의 학교로 급히 가야 한다고 말하고는 자리에 주저앉아버렸다. 그는 엎드린 채로 한참 동안 일어나지 못했다. 주변 동료들이 무슨 일인지 묻고 토닥여주었는데, 수학여행 가던

배가 잘못되었다는 연락을 받았다고 했다. 그사이 텔레비전에서는 세월호의 모습이 생중계되었고, 얼마 지나지 않아 전원 구조했다는 소식이 들려왔다. 모두 기뻐하며, 아이가 많이 놀랐을 테니 잘 데리고 오라며 그 동료를 배웅했다. 그리고는 아이와 함께 안산으로 올라올 때까지 한참 동안 그 동료를 직장에서 만날 수 없었다.

뭐라도 해야 했다

참 이상했다. 처음 중계 화면에서 배가 기울어져 있는 모습을 보면서 나는 주변 사람들에게 뭔가 이상하다고 이야기했다. 배가 45도 가까이 기울어져 있었지만, 갑판에는 아무도 보이지 않았고 심지어 승조원들의 모습도 볼 수가 없었다. "나와야 돼", "왜 안 나오는 거야?", "승조원들은 뭐하고 있는 거야?" 혼자 안절부절못하며 애간장이 탔다. 나는 함정 경험이 있어 저런 상황에서 승조원들이 무엇을 해야 하는지 잘 알고 있었다. 기울어진 배, 정적이 감도는 현장, 뭔가 잘못되었음을 직감했다.

구명벌 하나 띄워지지 않았다. 침수되면 자동으로 펼쳐지지만 위험한 상황에서는 승조원이 구명벌을 띄우고(체인이 풀리지 않으면 보수도끼로 끊어서라도) 승선 인원이 질서 있게 퇴선하도록 조치해야 한다. 하지만 아무것도 하지 않았다. 그렇게 배는 속절없이 전 국민의 시야에서 사라졌다. 장황하게 타임라인을 복기하지 않아도 모두가 알고 있다. 기가 막힐 이 상황에 그 어떤 조치도 행하지 않았으며 그 이후로도 아무것도 하지 않았던 그 비통함을 말이다. 오히려 책임을 회피하고 부인하기 위한 저들의 몸부림을 우리는 잊지 못한다.

분노했다. 눈에 보이는 것들을 다 때려 부수고 싶었다. 그날로 바로 단원고에 모이기 시작했고, 이후부터 줄곧 세월호 참사와 관련된 일을 도왔다. 봉사활동으로 늘 보던 아이들과 수학여행 간다고 사무실에 인사하러 왔던 그 동료의 아이까지, 최소한 그 아이들을 위해서라도 무엇이든 해야만 했다. 그리고 집에 있는 내 아이들을 생각했다. 부끄러운 아빠로 살지 않기 위해서는 뭐라도 해야 했다.

그렇게 오랫동안 여러 가지 일을 했지만, 내 안의 분노를 다스리지는 못했다. 글을 읽고 쓰지 못해서 직장 생활에 어려움을 겪었고, 어느 정도 나를 추스르는 데만 6-7년이 걸렸다. 그 분노는 악마와 같은 자들을 향해 있었다. 신에 대한 원망과 분노도 있었다. 불쾌한 기시감이 느껴졌다. 대학 신입생 때 다른 학교 신입생이 백골단 쇠파이프에 맞아 사망하는 사건을 시작으로 그해 무수히 많은 사람이 생명을 잃었다. 당시 내가 배우고 믿었던 신은 우리 편이 아닌 것 같았다.

이제 와서 생각해보니 나의 감정과 신은 층위가 다른 무엇이었다. 대학생 때도 그랬고 세월호 참사를 겪으면서도 또 이태원 참사를 보면서 겪은 나의 분노는 그냥 나의 '감정'이었다. 마치 사랑하는 사람에게 삐쳐서 멀리 떨어져 지내는 꼴이었다. 화해도 사과도 못 하고 여전히 신과는 먼 사랑을 하고 있는 것 같다. 먼 사랑의 기억을 어슴푸레 더듬어 몇 가지 이야기를 나누고 싶다.

얼마 전 대학 동기의 SNS에서 이런 글을 봤다. "기독교는 전복(顚覆)의 종교다. 기존의 질서와 가치를 모두 뒤집는다." 건축하는 이들이 버린 모퉁잇돌이 머릿돌이 되고(막 12:10), 부자는 천국에 들어가기 힘들고 마음이 가난한 자는 천국이 저희 것(마 5:3; 19:24)이라고도 했다. 하나님은 세상의 미련한 것들을 택하사 지혜 있는 자들을 부끄럽게 하시고, 세상의 약한 것들을 택하사 강한 것들을 부끄럽게 하신다. 하나님이 세상의 천한 것들과 멸시받는 것들과 없는 것들을 택하사 있는 것들을 폐하려 하신다(고전 1:27-29). 무엇이 '참'이고 '옳음'일까? 이 역설적인 이야기 안에서 우리는 어떻게 살아가고 있을까? 성경 구절을 인용하고는 있지만, 과연 우리는 무엇을 하고 있을까? 부끄러울 따름이다.

신앙인이라면 그래야 한다

'돈보다 생명'을 외치고 있지만, 그 '생명'을 위해 우린 무엇을 하며 무엇을 놓치고 있는 것일까? 대업이 이루어지지 않아 분노하고 실망만 하고 있는 것이 우리들의 모습이 아닐까 싶다. 우리는 참으로 약한 개인이다. 하지만 강한 자들을 부끄럽게 하려고 우리가 있는 것이라 믿고 싶다. 그런 믿음과 확신이 필요하다. 그리스도인들에게는 더욱더.

약한 존재임을 고백하는 것으로 끝나지는 않을 것이다. 더 낮은 곳으로 오신 예수를 생각하면 우리는 더 작은 존재, 더 어려운 이들, 더 아픈 이들, 더 소외된 이들을 위해 뭔가를 해야 한다. 행동해야 한다. 이런 이야기가 있다. "내가 진정으로 너희에게 말한다. 너희가 여기 내 형제자매 가운데, 지극히 보잘것없는 사람 하나에게 한 것이 곧 내게 한 것이다"(마 25:40). 그 뒤로도 같은 맥락의 이야기가 이어진다. 보잘것없는 사람 하나에게 하지 않은 것은 곧 내게 하지 않은 것이다. "저주받은 자들아, 내게서 떠나서 악마와 그 부하들을 가두려고 준비한 영원한 불 속으로 들어가거라"(마 25:41).

우리는 당장 할 수 있는 작은 일부터 해야 한다. 덕을 잘 쌓아 사후에 천국에서 호의호식하는 꿈을 꾼다면 접어두는 것이 좋을 것이다. 지금 당장 보잘것없는 이가 누구이며, 그를 위해 무엇을 할 수 있을지 묵상하고 성찰해야 할 것이다. 세상을 살아가는 것이 각박하고 어렵지만 잘 살기 위한 몸부림도 필요하나 내어놓을 수 있는 것들도 늘 찾아야겠다. 신앙인이라면 그래야 한다. 나의 작은 힘, 목소리, 시간, 노력으로도 많은 것을 할 수 있다. 천상에 복을 쌓기만 바라지 말고, 지금 여기에서 보잘것없는 작은 예수에게 먹을 것과 잠자리를 내어드리고 함께 먹고 마시면 좋겠다. "기뻐하는 사람들과 함께 기뻐하고, 우는 사람들과 함께 우십시오"(롬 12:15).

'미시오 데이'(Missio Dei)는 '하나님의 선교' 혹은 '하나님의 보내심'으로 번역한다. '하나님의 선교'에서 선교란 근본적으로 교회의 행위가 아니라 하나님의 성품이라고 본다. 그러므로 선교란 세상을 향한 하나님으로부터의 운동이다(위키백과 인용). 물론 진보적 입장과 복음주의 계열의 입장은 다르지만, 신학적 논쟁은 모르겠고 그냥 나의 신앙적 바탕을 이야기하고 싶다.

내가 일하고 있는 복지기관 중에 개신교 법인에서 수탁받아 인근 교회에서 운영 지원하는 경우가 더러 있다. 거의 대부분의 교회에서 이런 이야기를 한다. "돈 들여 복지기관 운영한다고 신도가 더 느는 것도 아니고 우리에게 무슨 이득이 있나요?" 하지만 세상을 향한 하나님의 선교는 분명 다른 것이라고 나는 믿는다. 그리스도인이라면 분명 세상을 보아야 한다. 그리고 세상으로 나아가야 한다. 그래야만 세상에서 '보잘것없는 작은 자'를 만날 수 있고, 그들과 함께할 수 있다.

함께할 자

우리에게 세월호 유가족은 '함께할 자'다. 나그네 되었을 때 잠자리를 내어주고, 주리고 목마를 때 마실 것과 먹을 것을 내어주며 이웃으로 지내야 한다. 진정한 그리스도인이라면 그렇게 해야 한다. 그래야 정의를 구할 수 있다. 진실이 침몰하지 않도록 말이다. "너희는 먼저 하나님의 나라와 하나님의 의를 구하여라. 그리하면 이 모든 것을 너희에게 더하여 주실 것이다"(마 6:33).

많은 시간이 흘렀다. 많은 교회가 세월호를 외면하고 되레 욕을 보이고 있지만, 그와 반대로 오랜 시간 동안 싸우고 부르짖고 함께하는 이들도 있다. 어쩌면 이들이 세상을 구하게 될지도 모르겠다. 의인 10명만 있어도 세상을 구할 수 있다. 소돔성을 멸하겠다는 하나님의 이야기에 아브라함이 대든다. 의인을 기어이 악인들과 함께 쓸어버리시겠냐고, 공정하지 않다고. 그러면서 의인 50명만 있으면 전체를 용서하시겠냐고 묻고, 그러다가 자신이 없어서 45명으로, 40명으로, 30명으로…, 결국 10명으로 줄인다. 하나님은 의인이 10명만 있어도 성을 멸하지 않겠다고 하신다(창 18:22-32). 10명이어도 족하니 이들이 함께 사랑하는 법을 배운다면 참 좋겠다. 오랜 기간 피폐해지고 지쳐가도 함께하는 이들을 사랑하는 노력과 방법을 배운다. 참 많은 반성과 생각이 든다. 오래 가려면 함께하는 이들을 이해하고 수용하는 인내를 배워야 한다. 참 어렵긴 하지만 부단히 노력 중이다. "이제 나는 너희에게 새 계명을 준다. 서로 사랑하여라. 내가 너희를 사랑한 것같이, 너희도 서로 사랑하여라"(요 13:34).

아리스토텔레스는 현상에 존재하는 모든 사물이 점유하는 장소 혹은 공간을 '토포스'(topos)라고 불렀다. 이는 지도상의 단순한 점이라는 개념이다. 그런데 플라톤은 장소를 모든 것의 유모, 젖먹이, 먹이는 자라고 말했다. '코라'(chora)로서의 장소는 그 자체의 에너지와 힘을 전달하며 비범한 의미를 지닌 공간이 될 때 의식의 변화가 일어난다고 한다.

생명안전공원은 아직 첫 삽도 뜨지 못했고 이름조차도 짓지 못한 '장소'다. 정부와 일부 사람들은 이곳을 '토포스'로서의 장소라 부르며 단순화하려 한다. 하지만 우리는 이곳을 '코라'로서의 장소, 공간으로 만들어가면 좋겠다. 그런 승화의 과정에 그리스도인들이 더 앞장서면 좋겠다. 부활을 신앙으로 가진 그리스도인들이라면 이 중요한 공간을 비범한 의미가 있는 곳으로 만들어가도록 기도하고 행동하자. 더 아름다운 향기가 널리 퍼지도록.

416생명안전공원 부지에서 예배 참석자들이 가족 증언을 듣고 있다.

밴드에 기도제목을 올리게 된 이유

정승민

기독교 대안학교인 소명학교에서 역사 교사로 있다.
안산 합동분향소 기독교 예배실 밴드에
아침기도 제목을 올리고 있다.

2014년 4월 16일, 세월호의 침몰은 큰 충격이었다. 학생들이 수학여행을 가다 일어난 참사 소식을 접하며 교사로서 수업을 이어가기가 쉽지 않은 하루였다. 간절히 기도했지만 침몰 이후 구조자는 없었다. 세월호 침몰에 대한 진상규명은 지지부진했고, 정부는 책임을 회피하는 데 급급했다. 세월호 유가족들은 자식이 왜 죽어야 했는지 알아야겠다며 직접 전국을 다니며 국민에게 호소하기 시작했다. 대다수 교회에서는 세월호에 대해 함구했고, 유가족의 손을 잡아주지 않았으며 기독교와는 관련 없는 정치적 이슈로 여기는 분위기가 지배적이었다. 나는 같은 그리스도인으로서 이해가 되지 않았다. 아파하고 애통해하는 사람에게 손을 내밀었던 예수님의 사랑을 이야기하는 교회의 모습이 아니었기 때문이다.

2015년 12월 30일에 유가족인 예은, 예진 어머니 두 분이 소명학교에 오셔서 학생들과 좌담회를 가졌다. "소명학교 전체 학생이

330   포기할 수 없는 약속

몇 명이죠?"라는 물음에, 학생들은 "약 200명 정도 돼요"라고 답했다. "세월호는 소명학교 전교생에 선생님까지 합한 숫자보다 더 많은 250명의 학생들이 한 번에 죽어야 했던 아픈 사건이에요"라며 이야기를 시작하던 모습이 생생하다. 두 어머니는 세월호 진상규명에 대해 관심을 갖고 기억해달라고 호소했다. 또한 단원고에서 신입생을 받기 위해 2학년 교실을 비우라고 하는 상황인데, 아이들이 생활했던 교실을 보존(존치)하자는 서명운동도 요청했다. 좌담회를 마치고 소명학교 학생들은 눈물을 흘렸다. 눈물을 흘리는 학생들을 안아주는 예진 어머니와 예은 어머니의 모습을 보며 나도 눈물을 훔쳤다. 동시대를 살아가는 사람으로서, 자녀를 키우는 부모로서, 학생들을 가르치는 교사로서 세월호 참사는 외면할 수 없는 사건이었다. 세월호 참사로 힘든 시간을 보내고 있는 유가족의 마음을 헤아리고 그들 곁에서 함께 아파하고, 그들의 목소리에 귀를 기울여줘야 한다고 생각했다. 요한복음을 보면 마리아의 오라버니가 죽었다는 소식을 들었을 때 예수님의 반응이 기록되어 있다.

> 예수께서 그가 우는 것과 또 함께 온 유대인들이 우는 것을 보시고 심령에 비통히 여기시고 불쌍히 여기사 이르시되 "그를 어디 두었느냐?" 이르되 "주여, 와서 보옵소서" 하니 예수께서 눈물을 흘리시더라 (요 11:33-35).

예수님은 누군가 사랑하는 사람이 죽었다는 소식을 들으시고 비통해하며 불쌍히 여기셨고, 가족들과 함께 눈물을 흘리셨다. 가족을 잃은 유가족의 마음에 깊이 공감하셨다. 예수님은 눈물 흘리는 가족들을 외면하거나 지나치지 않으셨다. 나는 예수님의 삶을 본받아야 한다고 설교하는 교회에서 304명의 생명이 떠났음에도 눈물은 고사하고 유가족을 조금씩 외면하는 것을 보면서 예수님의 사랑이 선택적으로 표현되는 교회의 모습이 이해되지 않았다. 그렇다고 교회에 책임을 떠넘기며 "나 혼자 무엇을 할 수 있겠어?"라며 합리화할 수도 없었다. 주님은 내게 물으실 것이기 때문이다.

소수이긴 해도 세월호 참사를 지켜보며 같이 아파하고 눈물 흘리는 분들이 주변에 있었다. 소명학교에서 인문학 수업을 했던 남기업 교수님은 세월호의 진상규명을 해야 한다며 푯말을 몸에 걸고 일상생활을 했다. 사실 나는 그렇게까지 실천할 용기는 없었다. 그렇지만 그 실천이 내게 도전과 울림을 주었다. 아마 이것이 연대로 나아가는 첫 시작이었는지 모르겠다. 용기 없음에 머물지 않고, 스스로에 대한 질문도 바꿨다. "그러면 내가 할 수 있는 일이 무엇이 있을까?", "나도 할 수 있는 게 있지 않을까?", "함께하겠다는 마음이 있으면 실천할 수 있는 어떤 것이라도 보이지 않을까?" 스스로에게 물으며 작은 실천이라도 내가 할 수 있는 것을 찾아보기로 했다.

그때 세월호에 관심이 있는 사람들이 모여 있던 기독인 밴드를 알게 되었다. 그곳에는 세월호와 관련한 각종 소식이 공유되었고, 그리스도인들이 모여 있기에 예배에 대한 소식도 종종 올라왔다. 세월호를 기억하기 위한 'Remember 0416'이라는 문구를 보면서 세월호 참사 날짜를 기억하며 그리스도인이 함께 마음을 모아 기도하면 좋겠다는 생각이 들었다. 기독인 밴드에는 다양한 분이 함께 했기에 내가 아침마다 기도제목을 올리는 것에 대해서 예은 어머니에게 취지를 말씀드렸고 흔쾌히 동의해주셨다. 그때부터 '기독인 밴드에 기도제목' 올리기가 시작되었다. 누가 시켜서 시작한 것이 아니니 주님께서 막지 않으시면 중간에 포기하지 말자는 다짐으로 이어나갔다. 월요일에는 '진상규명', 화요일에는 '나라와 교회', 수요일에는 '특별조사위원회', 목요일에는 '추모사업', 금요일에는 '세월호 가족'으로 구분 지어 기도제목을 아침마다 나누었다.

기도제목을 변경해야 하는 상황이 오면 조금씩 수정해서 올리기도 했다. 때때로 날짜를 실수로 잘못 올리면 밴드에 속한 분들이 정정해주기도 했다. 내가 실수한 부분을 알려준다는 것은, 아침마다 올라오는 기도제목을 보고 함께 기도하는 사람이 있다는 표시였다. "아멘"이라는 댓글도 마찬가지였다. 예은 어머니께서 "한결같이 함께해주셔서 늘 힘이 됩니다. 특히 요즘처럼 모두 무기력해져서 손 놓고 있는 긴 겨울 같은 때에는 더욱 힘이 됩니다"라고 문자를 주신 적이 있다. 나의 작은 실천, 작은 연대의 움직임이 유가족에게 힘이 된다면 아침에 잠시 시간을 내어 기도제목을 나누는 일도 가치 있다는 생각이 들었다.

2016년 1월 24일(일)에 649일째 기도제목 나눔을 시작했고, 2022년 12월 30일(금)에 3,181일째가 되었다. 올해부터는 기도제목 아래에 304명의 이름을 넣고 있다. 날마다 기도제목을 나누다 보니 세월호 관련 예배나 행사에 함께하는 실천으로 이어지는 것 같다.

진상규명과 안전사회가 건설될 때까지 이 책을 읽는 여러분도 짧은 시간이지만 함께 기도하면 좋겠다. 현실은 엄혹하지만 기도를 통해 우리의 마음을 주님께 아뢰며 우리가 할 수 있는 작은 실천을 찾아 일상 속에 행하는 믿음을 주님께서 기억하실 것이다. 작은 실천과 연대 가운데 주님께서 일하실 것이다. 그런 마음으로 기도제목을 나눈다.

세월호 진상규명

'완전한 세월호 진상규명'을 약속한 문재인 정부에서도 손에 쥔 세월호 진실은 없습니다. "결론이 없다"가 결론입니다. 문재인 정부는 세월호 진상규명에 실패했습니다. 주님, 어찌합니까?

9년이 돼가도록 침몰 원인조차 특정치 못했습니다. 내인설(기관고장)과 외력설(열린안)이 여전히 양립하고 있습니다. 모순입니다. 분명 하나는 참이고, 하나는 거짓입니다. 거짓은 제하여지고 참이 빛 가운데 드러나게 하소서.

진상규명이 제대로 되지 않아 처벌받은 책임자도 없습니다. 범죄자들의 공소시효는 대부분 끝났습니다. 그러나 아무리 세월이 흘러도 범죄자들의 죄는 여전히 그들을 고소하고 있습니다. 하나님의 법정에 공소시효는 없음을 만민이 알게 하소서.

문재인 정부는 대통령부터 총리, 장관에 이르기까지 세월호 참사 진상규명 실패에 대해 어느 누구 하나 사과하는 이도, 책임지는 이도 없었습니다. 그들은 입으로만 진상규명을 했습니다. 문재인 정부 5년의 세월호 진상규명에 대한 객관적 평가가 이루어져 진상규명이 중단되지 않고 진실이 드러나는 그날까지 지속되게 하소서.

'세월호 전면 재수사' 총책임자는 윤석열 검찰총장이었습니다. 고양이에게 생선을 맡겼습니다. 검찰과 특검의 세월호 수사는 형식적이었고 거의 대부분 사안에 '무혐의' 면죄부를 남발했습니다. 실무적으로 엉터리 재수사를 한 자들과 그들을 관리 감독할 책임이 있음에도 손 놓고 방치한 문재인 정부 책임자들이 상응하는 대가를 치르게 하소서. 저들은 진상규명의 골든타임을 허비하였을 뿐 아니라, 정권을 반납함으로써 향후 진상규명을 더 어렵게 만들었습니다.

문재인 정부의 세월호 진상규명은 사회적참사조사위원회가 전부였습니다. 조사권밖에 없던 사참위는 연장에 연장을 거듭하며 긴 시간 조사를 했지만 이렇다 할 성과가 없었습니다. 그럼에도 사참위의 조사보고서가 언제가 될지 모를 다음 조사, 수사에 밑거름이 되게 하소서.

문재인 정부 이후로 국가 차원의 진상규명은 사실상 종료된 상황입니다. 민간 차원에서라도 진상규명의 불씨를 꺼트리지 않고 이어가게 하소서.

생명안전공원과 국립마음치료센터 건립

문재인 정부 5년간 매해 4월 16일마다 대통령 담화문으로 생명안전공원과 국립마음치료센터의 차질 없는 건립을 약속했지만 첫 삽도 못 뜨고 정권을 반납했습니다. 그나마 예산을 확보해놓긴 했는데 행정적 절차들이 여전히 남아 있어 2023년 착공 여부도 확실치는 않습니다. 올해는 꼭 공사가 시작되게 하소서.

건설 자재비와 물가 상승 등으로 건설비용을 맞추기가 빠듯합니다. 건축 환경이 녹록지 않지만 담당자들에게 지혜를 주셔서 난관을 헤쳐나가게 하소서. 내년은 선거(총선)가 있어서 올해는 꼭 공사가 시작되어야 합니다. 지금 시작해도 내년 10주기까지 완공은 불가능합니다. 더 이상 유가족들이 마음 졸이지 않도록 순적한 길을 허락하소서.

문재인 정부는 민주당 정권이었습니다. 문재인 행정부는 끝났지만 입법부의 다수당은 여전히 민주당입니다. 민주당은 공당으로서 문재인 정부의 부실한 세월호 진상규명 성적에 무한 연대 책임을 짐과 동시에 공약한 생명안전공원 건립을 완수해야 할 책무가 있습니다. 민주당이 이를 명심하고 정치적·행정적 지원에 적극 나서게 하소서.

생명안전공원과 더불어 국립마음치료센터 건립도 더 이상 지체되지 않게 하소서. 몸과 마음이 아픈 유가족들을 돌보는 데 이 기관들이 도움이 되게 하소서.

광화문 기억관 존치와 기억교실, 팽목기억관, 세월호 선체

광화문 세월호 기억관은 촛불혁명 역사의 현장이며 동시에 비극적 참사를 통해 교훈을 얻을 수 있는 교육의 장입니다. 서울시와 시의회는 이 기억관을 다른 곳으로 옮기려 합니다. 기억관이 단원고 기억교실처럼 국가기록물로 지정돼 촛불혁명과 안전사회 건설의 상징으로 존치되게 하소서.

안산 단원고 기억교실이 후세들에게 생명의 존엄을 일깨우는 성지가 되게 하소서. 학생들에게 민주주의와 안전교육의 생생한 현장이 되게 하소서. 좋은 커리큘럼들이 개발되게 하시고 여러 모양으로 돕는 손길들을 붙여주소서.

참사 현장인 팽목항(진도항)에 기억관이 설립되게 하소서. 진도군과 지역주민들이 기억관 건립에 우호적인 태도를 취하게 하시고 대화로 문제들을 풀어나가게 하소서.

인양한 지 6년이 된 세월호는 그 자체로 진상규명의 증거물입니다. 또한 그 어떤 시청각 자료보다 큰 교훈을 주는 교육의 장이기도 합니다. 시간의 흐름 속에 세월호의 부식을 최소화할 수 있는 방법으로 잘 보존되게 하소서.

416가족협의회, 416재단, 생명안전공원 예배, 416시민들

긴 시간에 걸친 싸움으로 가족들이 많이 지치고 건강도 좋지 않습니다. 그럼에도 유가족들이 가협을 중심으로 뭉치고 한마음 한뜻으로 움직이게 하소서. 아이들과의 약속을 지킬 때까지 초심을 잃지 않고 서로에게 좋은 동지가 되게 하소서.

가협에 많은 부서가 있습니다. 합창단, 공방, 노란 리본 극단 등 각 부서가 유기적으로 상호 연대함으로써 안산 지역사회와 대한민국이라는 공동체에 선한 영향력을 끼치게 하소서.

416재단의 공익사업들이 이 사회에 소금의 역할을 하게 하시고, 또한 진상규명에도 기여하게 하소서.

매월 첫 주일에 있는 생명안전공원 예배가 더 성숙되고 깊이 있는 시간이 되게 하소서. 매월 셋째 주 목요일 저녁에 열리는 시의회 기억관 기도회도 믿음의 내공이 더해가는 시간이게 하소서.

9년을 하루같이 가족들과 함께해온 416시민들이 대한민국과 해외 곳곳에 있습니다. 진상규명이 더뎌 가족들만큼이나 시민들도 지쳐 있습니다. 그러나 연대의 끈이 느슨해지지 않고 지금까지 소통하며 연대해왔던 것처럼 모든 진실이 드러나는 날까지 또 하나의 가족으로 살게 하소서.

오직, 곁이 되어주는 것

김혜은

새길교회 사회사역위원회 총무와
'곁' 팀장으로 활동하고 있다.

4.16 그리고 10.29

2022년 대선 결과가 나온 후부터 나는 뉴스를 끊었다. 매주 촛불을 들고 나라다운 나라를 만들겠다고 용을 썼는데 그 기간이 5년 만에 끝났다는 것도 믿기지 않았고, 180석을 몰아서 힘을 실어줘도 일은 제대로 하지 않은 채 개인 영달에 치중한 국회의원들도 더 이상 보고 싶지 않았다. 대한민국 국민의 가치관과 이성이 이 정도라는 사실에 절망했고, 나라 꼴이 어찌 될지 뻔히 보이는 뉴스로 시간을 낭비하며 분통을 터뜨리고 싶지 않았다. 무엇보다도 그 얼굴을 매일 볼 자신이 없었다. 나라 소식은 포털에 뜨는 제목으로 대충 감을 잡았다. 그러다가 10월 29일 이태원 참사가 터지고 말았다.

이태원 참사가 발생한 지 2주가 훨씬 지난 날, 내가 섬기는 새길교회 사회사역위원회 주도로 참사 현장을 방문했다. 흰 국화 한 다발을 들고 현장을 찾아간 나는 지하철역 입구부터 가득 깔린 꽃들과 추모 물품을 보며 왈칵 눈물을 쏟았다. 뉴스에 등을 돌린 탓인지 이태원 참사조차도 그저 덤덤하게 보내다가 현장을 보는 순간 이건 아니지 싶었다. 무능하고 불의한 국가와 관료들이 억울한 생명을 대하는 태도에 분노가 밀려왔다. 그리고는 마음 저변에 늘 똬리를 틀고 앉아 있던 세월호 참사의 트라우마가 스멀스멀 올라오고 있었다. 내 신앙의 분기점이 되어버린 세월호 참사의 상처도 가시지 않았는데, 안전한 나라를 만들겠다며 별이 된 아이들과 약속했는데, 이게 도대체 무슨 일인가!!

2014년 4월 16일, 나는 직장에서 일손을 놓고 종일 TV를 봤다. 직원들과 발을 동동 구르며 어떻게 이런 일이 일어날 수 있을까 안타까워하고 있는데 전원이 구조되었단다. 나는 그 보도를 믿지 않았다. 배가 저렇게 되었는데 전원 구조라니 말이 안 된다고, 뭔가 이상하다고 의심하고 있는데, 다시 오보라고 나왔다. 그날부터 나의 신앙은 예전과 달라졌다. 어떻게 단 한 명도 살려주지 않았느냐며 하나님께 반항했고 야곱이 얍복 강가에서 씨름하듯 나는 지금까지도 하나님과 씨름하고 있다.

그해 5월 안산 화랑유원지에 차려진 빈소를 방문했다. 그렇게 많은 영정이 한자리에 모여 있는 것을 처음 봤다. 5월의 화랑유원지는 환장할 만큼 화사한 꽃으로 가득했다. 그래서인지 아이들의 죽음이 더 안타깝고 서럽게 느껴졌다. 세월호 참사 3주기 추모행사 막바지에 희생자의 이름을 가슴에 붙이고 노란 풍선을 들고, 304명이 뒤에서부터 앞으로 걸어오는 퍼포먼스가 있었다. 304명이 얼마나 많은 사람인지 두 눈으로 확인하는 순간이었다. 아이들의 이름을 불러주는 노래와 함께 등장한 이 퍼포먼스를 보며 처음에는 사진을 찍으려다 바로 동영상 촬영을 했다.

끝도 없이 들어오는 각각의 우주, 그들이 줄을 지어 들어와 단상에 오르자 그 넓은 단상이 가득 찼다. '304명이 이렇게 많구나.' 그날 나는 그저 숫자로 보던 것을 눈으로 확인하며 또다시 충격을 받았다. '그래도 촛불정부가 들어섰으니 이제 세월호 참사의 진실이 밝혀지겠지.' 나는 내가 지지하고 신뢰하는 정부를 믿고 긴장을 풀며 기쁜 소식을 기다렸다. 그런데 촛불정부는 진실을 밝히지도 못했거니와 유가족이 그토록 원하는 생명안전공원을 완성하기는커녕 첫 삽도 뜨지 못한 채, 악랄하고 무능한 이들에게 정권을 내어주고 말았다. 나는 긴 세월 투쟁하느라 지친 유가족들의 얼굴을 볼 자신도 없어졌다. 그리고 2020년 4월, 어느 전시회에 가서 본 다큐영화 〈알바트로스의 꿈〉을 다시 떠올렸다.

2022년 부활절 예배의 기억풍선.

크리스 조던의 <알바트로스의 꿈>

알바트로스는 태평양 한가운데에 있는 '미드웨이'라는 섬에서 서식하는 전설적인 바닷새다. 나는 이런 새가 있다는 것도 이 영화를 통해 처음 알았다. 두툼하게 생긴 기다란 부리와 포도알처럼 까맣고 동그란 눈동자를 가진 새다. 날개가 자기 몸통의 두 배쯤 되어 펼치면 엄청난 길이가 되지만, 땅에 머물 때면 비행기가 날개를 접듯 세 번을 접어 감쪽같이 숨기는 생활의 지혜를 보여준다.

　이 영화는 정말 아름답다. 감독은 알바트로스를 관찰하고 찍기 위해 육지에서 300km 이상 떨어진 태평양 '미드웨이섬'에 8년이나 머물렀다. 이 섬에는 알바트로스 외에도 많은 종류의 새들이 평화롭게 살고 있고, 사람이 다가가도 전혀 두려움을 느끼지 않는다. 알바트로스의 몸집은 91cm인데 날개는 2m에 달한다. 이 거대한 새를 찍기 위한 작가의 노력은 눈물겹도록 감동적이다. 카메라 앵글은 새와 사랑을 나누고 대화하듯이 눈높이를 낮게 맞추었고, 수컷 알바트로스가 암컷의 사랑을 얻기 위해 그들의 언어와 몸짓으로 구애하는 장면까지 섬세하게 담아냈다. 이들은 한번 부부의 연을 맺으면 60년을 함께 살아간다니 그 또한 놀랍기만 하다. 부부가 사랑해서 알을 낳으면 수컷이 알을 품고, 암컷은 긴 날개를 펼쳐 먹이를 구하러 날아간다. 기간은 일주일 정도이고, 한 번 갔다가 돌아오는 거리는 16,000km라고 한다.

　암컷 알바트로스가 먼바다에 가서 바다 위에 떠 있는 것을 낚아

채어 배가 불룩해질 때까지 몸에 저장해서 돌아올 때쯤이면, 수컷이 품고 있던 알이 부화를 준비하고 있다. 새끼가 알을 깨고 나오는 데만 이틀이 걸린다. 보통 조류들은 새끼가 알에서 나오려고 할 때 어미가 밖에서 부리로 톡톡 건드려서 껍데기를 쉽게 깨고 나오도록 도와주지만, 알바트로스는 절대로 도와주지 않는다. 보고 있기 안타까울 정도로 새끼는 아등바등 애를 쓰는데, 엄마아빠는 노래를 부르며 격려하거나 부리로 새끼의 솜털을 자극하며 스스로 나오도록 도와준다. 한 번 날면 먼 길을 떠나야 하기에 새끼들의 날개에 힘을 키워주기 위해 자력으로 부화하도록 하는 것이다. 자식에 대한 부모의 깊은 사랑을 볼 수 있어 이조차도 큰 감동을 준다.

이 영화의 시작부터 여기까지는 정말 아름다운 천국이다. 문제는 이제부터다. 이틀간의 진통을 겪고 태어난 보송보송한 새끼 알바트로스가 죽은 채로 섬 여기저기에 널려 있다. 어미 알바트로스는 부모에게 배운 대로 바다에 있는 것은 다 먹을 수 있다는 생각으로, 바다에 떠 있는 것은 모두 집어삼켜 배에 저장한다. 돌아온 어미가 배에 저장해둔 것을 새끼들 부리에 대고 게워내면 새끼들은 꿀떡꿀떡 받아먹는다. 크리스 조던은 카메라 앵글을 최대한 가까이 맞추어 이 장면을 초고속으로 촬영한다. 가까이에서 본 새끼들의 먹이는 충격 그 자체였다. 그들은 인간이 사용하고 버린 병뚜껑을 비롯한 온갖 플라스틱을 먹고 있었다. 그중에는 납작하고 날카로운 것들도 많았다. 어미가 새끼를 위해 일주일간의 긴 여행을 해서 구해온 먹이가 새끼를 살리는 게 아니라 죽이는 독이 된 것이다.

새끼를 어느 정도 키우고 나면 알바트로스는 여름을 나기 위해 다시 먼 길을 떠난다. 남겨진 새끼들은 혼자의 힘으로 날 수 없으니, 바람의 힘을 이용해서 날기 위해 태풍이 불기를 기다린다. 마침내 태풍이 불기 시작하면 몸을 최대한 가볍게 하려고 몸 안에 있던 것들을 게워내기 시작하는데, 이 날카로운 플라스틱들이 엉겨 붙어 게워낼 수가 없다. 배만 불룩한 채 몸이 무거워 날 수 없는 새끼들은 그곳에서 그대로 죽어간다. 살기 위한 욕구가 얼마나 강한지 고개를 빳빳하게 세워 하늘을 응시하다가 힘없이 축 늘어지고, 죽은 줄 알았는데 다시 고개를 들고 하늘을 바라보는 동작을 반복하다가 결국은 눈을 동그랗게 뜬 채로 죽는다.

크리스 조던은 이 안타까운 장면을 카메라에 담고, 울면서 새끼 새의 배를 가르고 그 속에 들어 있던 플라스틱을 꺼내는데 그 양이 엄청나다. 한 손에는 배에서 나온 플라스틱을, 다른 손에는 죽은 새를 들고 있는데 플라스틱보다 새의 잔여물이 더 적다. 그는 울면서 무덤을 만들고 민들레 같은 노란 꽃으로 주변을 장식한 다음, 새를 위한 애도식을 치른다.

우리는 진정 슬픔을 나누고 있는 걸까?

이 영화가 내게 깊이 각인된 이유는 영화의 마지막에 나오는 작가의 독백 때문이다. "우리는 알바트로스가 왜 날개를 펴보지도 못하고 죽는지 그 이유를 알지만, 정작 죽는 당사자들은 자신이 왜 죽어야 하는지 그 이유를 모르는 것이 안타깝다." 이 대목에서 세월호 아이들이 중첩되어 보였다. 눈을 동그랗게 뜨고 바다에 수장된 아이들도, 그 모습을 생중계로 본 국민들도 왜 아이들이 그렇게 죽어야 했는지 지금도 모르고 있다. 그 진실을 알고 있는 사람이 분명히 있을 텐데 말이다.

그게 선장이 됐든, 선원이 됐든, 정부 관계자가 됐든 이제는 누구라도 나서서 진실을 밝혀야 하지 않을까? "내가 사실을 왜곡했다." "내가 서류를 조작했다." "내가 거짓말을 했다." 크리스 조던과 같은 이 어디 없을까? 알바트로스에게는 크리스 조던이라는 단 한 명의 증인이 있었지만 세월호 참사를 직접 본 증인은 한두 명이 아닐 텐데 무엇이 두려워 이렇게 긴 세월 동안 진실을 파묻고 잠잠할까? 이대로 가면 우리는 머무는 곳에서 안전을 보장받지 못한 채 누구라도 제2, 제3의 세월호, 이태원 참사의 희생자가 될 수 있다.

이태원을 방문하고 돌아온 후에 사회사역위원회 '곁' 모임(세월호 참사가 있던 해에 고통받는 이들 곁에 가면 곁이 된다는 취지로 만들어진 모임)에서 신형철 작가의 책 제목에서 따온 "슬픔을 공부하는 슬픔"을 주제로 모임을 가졌다. 시와 산문을 낭독하며 타인의 슬픔을 우리가 어디까지 공감하고 나눌 수 있는지 이야기했다.

8년 전 갑작스레 아들을 잃은 허성우 시인이 자신의 슬픔을 담은 시「무슨 말인지 모르겠네」(『얼마든지 오래 울 수 있다』, 심지, 2022)를 읽는데 세월호 어머니들의 마음이 그대로 전해졌다.

너를 잃은 슬픔

극복하라 하네

무슨 말인지 모르겠네

너 없는 날들

명랑하게 살라 하네

무슨 말인지 모르겠네

아픔 밟고 일어나

장하게 걸으라 하네

무슨 말인지 모르겠네

너를 잃은 삶

그 너머로 갈 수 없는데

너를 놓친 고통

그 너머에 닿을 수 없는데

다시 볼 수 없는 아픔

그 외부로 날아갈 수 없는데

뭘 어쩌라는 건지

도통 모르겠네

_허성우, 「무슨 말인지 모르겠네」

사월의 엄마가 시월의 엄마에게 가듯이

지난 12월 23일 세월호 가족협의회 강당에서 드린 성탄예배에서 새로운 감동을 받았다. 말씀을 증거하는 대신 아이들 이름을 한 명 한 명 부르며 그 아이들이 살고 싶었던 삶을 낭독한 후에, 예은 어머니 박은희 씨가 "사월의 엄마가 시월의 엄마에게" 보내는 편지를 직접 읽은 것이다. 구구절절 앞서 경험한 엄마의 고통이 그대로 담겨 있지만, 유독 내 마음에 들어온 구절은 이것이었다.

저도 자식을 잃었지만 그렇다고 감히 여러분의 마음을 다 안다고 하지 못하겠습니다. 그저 잊지 않고 함께하겠다고, 먼저 시작한 저희가 절대 포기하지 않고 끝까지 버티고 있겠다고 말씀드리고 싶습니다. 그리고 하고 싶은 말, 하고 싶은 일은 정부나 정치인 심지어 시민의 눈치도 보지 말고 마음껏 하시기 바랍니다. 그런데 이 길이 생각보다 참 깁니다. 잘 챙겨 드시고 때로는 쉬시고 때로는 도움을 받아가면서 긴 호흡으로 가시기를 바랍니다. 눈에 보이지 않지만 많은 사람이 함께 하고 있습니다. 세월호 유가족도 끝까지 함께하겠습니다.

악성 댓글은 쳐다보지도 말고 눈여겨보지도 말라며 경험자가 아니면 해줄 수 없는 실질적인 조언도 곁들였다. 내가 타인의 슬픔을 아무리 공유하고 공감하고 싶어도 같은 경험을 하지 않은 이상 그것은 불가능하다. 다만 아주 조금이라도 이해하기 위해 곁에 다가가서 주변을 맴돌며 그의 슬픔을 공부할 뿐이다. 그런데 비슷한 고통을 겪은 예은 어머니는 편지에서, 감히 여러분의 마음을 다 안다고 하지 못하겠단다. 타인의 슬픔을 공부할 필요가 없을 만큼 깊은 슬픔을 경험했고, 지금도 여전히 진행형이지만 다른 사람의 슬픔을 다 알 수는 없다는 것이다.

아이들을 잃은 지 8년 8개월 동안 유가족들은 더욱 단단해졌다. 참사 이전으로 돌아갈 수 없는 삶, 모든 질서가 깨져버린 삶을 살면서도 그들은 새로운 질서를 찾아냈다. 그것은 바로 동일한 슬픔을 겪는 사람들에게 연대와 위로의 손을 내미는 것이다. 자신들의 경험을 나누면서 지난한 이 싸움을 이겨낼 방법을 알려주는 것이다. 그리고 그들 곁에 가서 곁이 되어주고 있다.

이웃입니까?

임재옥

국어 글쓰기 논술 강사였다.
세월호 참사 이후 416합창단에서
소프라노 파트를 노래하고 있다.

살면서 그리스도인이라서 뭘 하고 있다고 생각하며 산 적이 없다. 사실 그리스도인이 어떻게 살아야 하는지도 잘 모르겠고, 이참에 내가 진정한 그리스도인인가 생각해보니 그것도 잘 모르겠다. 어쨌든 아침마다 친절한 교우가 보내주는 성경 구절을 읽고 이웃의 고난에 동참하게 해달라는 것과 투병 중인 사람들과 전쟁과 폭압으로 고통받는 사람들과 기후위기에 대한 짧은 기도를 드린다. 주일이면 교회에 출석해 공동체 안에서 형식에 따라 예배를 드리고 신앙고백을 한다. 그리고 다시 일상으로 돌아가는 생활이 반복된다. 코로나로 인해 대면 예배가 어려워졌을 때는 온라인 예배에 참여했지만 교회를 가지 않는 것이 왠지 마음이 가벼웠고 부담이 없었다. 다시 대면 예배가 시작되고 사람들을 만나니 이 또한 나쁘지는 않았다.

그날 2014년 4월 16일

당시 출석하던 교회는 오전 11시에 수요 예배가 있었고 나는 수요 예배를 섬기는 성가대였다. 특송이 끝나고 설교 시간이었는데 옆에 앉은 집사님이 휴대폰으로 뉴스를 보여줬다. 지루하던 차에 솔깃해서 보니 여객선이 침몰했다는 것이다. 잠시 후 다른 뉴스에서는 전원 구조됐다는 소식이 나왔다. 오보였다. 그렇게 내 삶으로 세월호가 들어왔다.

팽목항 바다에서, 진도체육관에서, 광화문광장, 정부청사, 단원고등학교에서, 차가운 바다와 뜨거운 열기 가득한 길거리에서 유가족이 마주한 이 나라의 민낯은 그들을 투사로 만들었을 뿐 아니라 나 같은 보통 사람까지 일상의 밖으로 불러냈다. 이후 나는 세월호 참사와 같은 사회 문제에 적극적인 관심을 기울이는 교회에 다니게 되었다.

참사 500일 무렵 나는 평화의나무 합창단에 소속되어 있었는데 광화문광장에서 세월호 부모님들을 모시고 기획공연을 하게 되었다. 뜨거운 햇볕에 모든 것이 녹아내릴 것만 같았다. 평화의나무 합창단원이 부모님들을 감싸는 듯한 디귿 자 모양으로 무대를 꾸몄다. 나는 그때 처음으로 가슴이 아니라 배가 아파왔다. 그 창자와 간 어디쯤이 진짜로 아팠다. 타인의 고난과 슬픔에 이렇게 내 애간장이 녹아내릴 일인가, 나 스스로 의아했다. 낯설었다. 이게 진짜 내 모습인가? 내가 이런 사람이었나? 누군가 나를 시켜 고난에 동참하게 하는 것인가? 그 의문은 희미해졌지만 선명했던 그때의 아픔은 지금까지도 계속되고 있다.

화랑유원지 주차장에 정부합동분향소가 마련되고 각 단체의 활동을 위한 컨테이너 여러 개가 놓였다. 그중 한 곳에서 우리는 노래를 시작했다. 삭발한 지 얼마 되지 않았다고 했다. 무척 짧은 머리에 가녀리지만 한눈에도 강단 있어 보이는 그 엄마가 건너편에 앉아 있는 나에게 방바닥으로 미끄러지듯 노란 악보를 건넸다. 가장 소중하고 아까운 것을 잃고도 그래서 더욱 해야 할 일이 있으니 살아남아 그 일을 해야겠다고 다짐하는 웃지 않는 얼굴들과, 그들이 내줄 수 있었던 작은 곁을 조심스레 찾아든 사람들이 컨테이너 방바닥에 앉아 노래를 시작했다.

아, 노래라니!
노래가 무엇을 할 수 있을까? 그것은 노래였을까? 차라리 가슴속에 쌓인 찌꺼기를 뱉어내는 깊고 깊은 심호흡이라면 좋겠다고 생각했다.

우리는 사람들을 만났다. 단 한 사람을 위해서도 공연을 했고, 백만 명이 모인 광장에서도 노래했다. 음향 장비가 완벽한 공연장은 물론 학교에도 갔고, 고공 농성장에도 갔고, 굴뚝 아래에도 갔고, 병원에도 갔고, 장례식장에도 갔다. 수많은 투쟁의 현장에서 우리는 노래하며 쫓겨나는 사람들과 손을 잡았다. 어떤 때는 온통 눈물뿐인 노래가 무대를 적셨고 울음을 참지 못해 무대를 내려가는 단원도 있었다. 노래는 이미 노래를 넘어 더 큰 힘과 위로가 되었고, 노래를 통해 이야기하는 부모님들과 단원들에게 혹은 듣는 이들에게도 치유의 도구가 되었다.

416합창단은 세월호 참사 피해 당사자인 단원고 희생자의 부모, 생존자의 부모, 그리고 함께하는 일반 시민들로 이루어져 있다. 일반이라는 말에는 여러 의미가 있겠으나 우선 당사자가 아닌 함께하는 사람들을 단순 구분하는 말로 쓰였다. 나는 개인적으로 전문가 집단이 아닌 보통의 개인인 시민의 자발적 참여를 뜻한다고 해석해보았다. 일반인들이 모여서 노래를 했다. 전문가가 아니라서 혼자는 쑥스럽고 어설프지만 여럿이 모이면 힘이 났다.

백 번째 공연은 목포 신항에서였다. 관객은 하늘의 별이 된 아이들이었다. 이름을 쓴 촛불을 연결하여 리본을 만들었다. 살아 일렁이는 불빛을 보며 낮은 소리로 노래를 부르고 다짐도 했다. 나는 하늘의 별을 보며 한 가지만 약속했다. 살아 있는 한 너희들의 엄마 아빠를 외롭지 않게 섭섭하지 않게 "그냥" "곁에" 있을게.

어느 날은 멀리 남쪽 벌교중학교에 갔다. 학교에 공연을 갈 때면 부모님들의 마음은 특별하다. 마음이 많이 아프기도 하지만 진심을 다해 맞아주는 아이들과 선생님들을 만나며 힘을 주고받는 시간이기 때문이다. 산꼭대기에 시원하게 자리한 벌교중학교까지 버스가 힘겹게 올라갔다. 땀을 흘리며 축구를 하던 아이들이 장난기 가득한 모습으로 반갑게 인사하며 공연에 쓰일 장비를 함께 날라주었다. 나는 이렇게 합창단을 소개했다.

안녕하세요, 저는 부모님들의 노래 친구 일반 시민 단원 임재옥입니다. 벌교중학교 친구들, 반갑습니다. 우리 친구들도 이만큼 살다 보니 괴롭고 슬프거나 마음이 아프고 사는 게 너무 힘들 때가 있지요? 그럴 땐 어떻게 하나요? 혹시 노래를 부르는 친구가 있을까요? 힘들고 괴로운데 노래를 부르는 건 좀 그런가요?

아까 학교에 들어오다 보니 축구하는 친구들이 있던데 그걸 본 어느 엄마는 축구하고 돌아온 아들의 땀 냄새가 그립다고 하시더군요. 모든 게 그리움으로만 남아 있죠. 여기 416합창단 엄마 아빠들은 딸 아들이 하늘의 별이 되어 더 이상 볼 수도 만질 수도 없어요. 사람이 당할 수 있는 고통 중 가장 큰 고통을 겪으셨는데 그 고통을 노래로 풀어내십니다. 어둡고 차갑고 깊은 바닷속에서 마지막 숨을 쉴 때까지 엄마 아빠를 부르며 살고 싶어 한 내 아이가 왜 구조되지 못하고 떠나야 했는지 그 진실을 알아야만 하기에, 떠난 내 아이는 돌아올 수 없지만 또 다른 안타까운 희생이 있어서는 안 되기에 엄마 아빠는 오늘도 사람들을 만나고 노래를 합니다. 노래는 힘이 아주 셉니다. 노래는 사람들의 마음을 움직이고, 아주 멀리 있는 사람에게도 날아갑니다. 노래는 즐겁고 기쁠 때도 부르지만 슬픔과 괴로움으로 힘들어 지칠 때 더 큰 위로가 되고 힘이 됩니다. 함께 부르는 노래는 또 얼마나 더 힘이 되는지 모릅니다. 저희가 부르는 노래를 벌교중학교 친구들도 함께 불러주시기를 부탁합니다.

오늘 이렇게 함께 노래하는 자리에 저희를 불러주신 친구들과 선생님들, 정말 고맙고 고맙습니다.

우리는 올해만 47번의 공연에서 사람들을 만나 노래하고 이야기를 나누었다. 통산 358회의 공연을 했다. 올해의 46번째 공연은 이태원역 1번 출구 좁은 골목 앞에서였다. 그곳에 모인 사람들은 희생자들의 이름을 부르며 낯설지 않은 분노와 허탈함과 억울함과 공포를 다시 경험해야 했다. 참담했다. 찬바람이 목구멍을 덮쳐서 그랬을까? 노래는 제대로 나오지 않았다. 아니, 찬바람이 아니어도 노래를 제대로 부르기란 쉽지 않았다. 이럴 땐 눈물이 우리의 노래가 된다. 세월호 참사의 진상규명, 책임자 처벌 없이는 누구도 안전할 수 없다고 그렇게 외쳤지만 이 땅에 또다시 덮친 참사 앞에서 세월호 유족들과 시민들은 망연자실할 수밖에 없었다. 더구나 참사 희생자에 대한 대처와 유족들에 대한 정부의 태도는 세월호 참사 때와 어쩌면 그렇게 똑같은지! 참사를 덮고 증거를 없애고 유족들을 갈라놓고 책임을 지지 않으려는 세력들, 기억을 지우려는 세력들을 향해 세월호 엄마는 울부짖었다. "너희들은 죽임으로 기억을 지우려 하지만 우리는 159명의 이름을 하나하나 부르며 날마다 날마다 살려낼 것이다."

올해의 마지막 공연은 12월 28일 세월호 기억관 앞에서 열린 "416합창단과 함께하는 퇴근길 문화제"였다. 광화문광장에 있던 세월호 기억관은 광화문광장 공사 기간에 임시로 서울시의회 본관 앞으로 이전을 한 터였다. 서울시의회에서는 오래전부터 기억관 철거에 압박을 가해왔고 가족들과 시민들은 피케팅과 노래로 춤으로써 온 마음과 행동으로 그 자리를 지키고 있었다. 얼마 전부터는 전기를 끊겠다는 일방적 통보를 하더니 급기야는 오후 6시부터는 전기를 끊었고 화장실 사용을 못 하게 했다. 더 기가 막힌 것은 서울시의회 뒤에 있는 성공회 대주교 성당에다가 기억관에 전기를 대주지 말라는 요청을 했고 그 요청을 성공회성당 측이 받아들였다는 것이다. 자초지종을 들어볼 필요도 없다. 국민의힘이 다수인 서울시의회의 치졸하기 짝이 없는 행태다.

공연은 각자가 밝힌 촛불과 자가발전으로 진행됐다. 추운 밤이었지만 뜨거운 시간이었다. 어둠의 세력들은 기억을 지우려고 불을 껐지만 사방에서 빛이 반짝이고 있다. 한 사람 한 사람이 피워 올린 촛불이야말로 가장 뜨겁고 혼신을 다해 그 순간을 밝히는 진짜 불이다. 진짜 빛이다.

누가 우리의 억울함을 풀어줄 것인가?

지난 정권은 세월호 부모들의 목숨을 건 피 터지는 싸움으로 시작된 투쟁의 열매만 따 먹고 사라졌다. 그들은 세월호 참사 진상규명

연말 광화문 기억관 목요기도회. 눈이 내려 기억관 지붕이 하얗다.

과 책임자 처벌이라는 중차대한 시대의 책임을 방기했다. 세월호 참사의 책임자, 국정농단의 책임자 박근혜를 풀어주고 사라졌다. 그냥 사라지기만 한 것이 아니라 역사상 최악의 악마 정권을 탄생시키고 사라졌다. 심지어 이명박은 풀려나면서 "진실은 가둘 수 없다"고 말했다. 하지만 나는 죄지은 자들이 확실히 단죄받고 자신의 삶을 소중히 가꾸는 보통의 사람들이 안전하고 다정하게 살아가는 천국을 나는 이 땅에서 보고 싶다. 이웃들의 고난 속에서 함께 고난받는 예수가 있는 곳에 나도 함께 있고 싶다. 강도 만난 사람과 함께 강도를 당한 예수가 있는 곳에 나도 함께 서 있고 싶다. 참혹한 고통 속에 있는 사람들과 부르는 노래가 비록 어설프고 때로는 호흡이 끊어지는 미완성의 노래라 할지라도 약한 것에 집중하는 예수가 바로 거기 있다면 그것으로 괜찮을 것 같다.

이전에 활동하던 합창단 두 곳을 그만두었다. 한 곳은 예술성을 추구하는 아름답고 서정성 넘치는 노래와 은혜로운 교회 음악을 위주로 하는 합창단이고, 다른 한 곳은 사회 문제와 사람들의 살아가는 이야기를 주로 노래하는 곳이다. 참사 8년이 지나니 많은 사람이 지치는 것 같다. 그래서 나는 세월호 유가족에게 집중하기를 선택했다. 나는 전문가가 아니다. 활동가도 아니다. 체력이 좋은 젊은이도 아니다. 뭐 하나 내세울 것 없는 보통의 일반 시민이다. "그냥 곁에 있을게" 정도밖에 할 수 없는 사람이다. 우리가 부르는 노래는 뛰어나지 않다. 천사가 흠모할 만한 노래는 아닐 수 있다. 그래도 우리는 함께 부른다. 초라해 보이고 허술해 보여도 우리 삶을 노래하며 우리는 매일 새 힘을 얻는다.

진짜 희망은 있다

웃지 않던 엄마가 웃는다. 이내 슬픔 속으로 사라지는 웃음일지라도 엄마가 잠시 웃는 것만으로도 내 마음은 천국이다. 나는 이런 웃음을 자주 오래 보고 싶다. 그게 천국이니까.

암 수술을 하고 회복 중인 지인에게 소고기를 보내는 것으로 한 해를 마무리한다. 그는 내가 너무 힘들고 지쳤을 때 나를 웃게 해준 사람이다. 그 고마움을 절대 잊을 수 없다. 그처럼 나도 누군가를 웃게 할 수 있을까? 현재는 불안하고 미래는 불확실하여 소망 없음 이 정답처럼 거의 확실시되는 이 시대에 말이다. 혹시라도 내가 이 웃의 고통을 외면하지 않기를, 도움이 필요한 사람의 손길을 뿌리 치지 않기를 매일 기도한다. 부디 "이웃의 고난에 동참하게 하시 고"로 시작하는 나의 짧은 아침 기도가 이루어지기를 바란다.

벌집에 든 꿀을 선물 받았다. 벌집 채 씹다가 꿀은 삼키고 밀랍 을 뱉어서 초 기둥을 만들고 마 끈으로 심지를 심었다. 불을 붙이니 곱게 촛불이 타올랐다. 아주 작지만 진짜 불이다. 온기도 있고 빛도 있다. 여기에서 희망을 볼 수 있다. 악마들과 가짜가 득세하는 것처 럼 보이지만 진실은 사라지지 않는다. 너의 촛불과 나의 촛불이 이 웃이라는 이름으로 함께 있기만 한다면 진짜 희망은 있다.

나의 세월 이야기

이동규

2018년 안산에 내려와 희망교회를 통해 세월호 예배에 참여하게 됐고,
지금은 군포에 있는 교회에서 사역하고 있다.

처음 세월호 예배에 참여한 날은 2017년 12월 크리스마스였다. 비가 내리는 밤이었는데 많은 사람이 우비를 입고 우산을 든 채 분향소 앞에서 함께 예배했다. 나는 저만치 뒤에서 예배의 한 순서 순서들을 놓치지 않고 바라봤다. 놓치지 않으려는 마음은 그동안 놓치고 살아온 시간에 대한 후회와 반성 때문이었던 것 같다. 세월호 참사가 일어나고 정말 많은 사람이 모였다. 위로와 도움의 손길을 내밀고, 치열한 투쟁의 현장에 함께한 사람들이 있다. 그러나 나는 그곳에 없었다. 어떻게 이런 황망한 일이 벌어질 수 있는지 마음이 아팠지만 잠시였다. 이내 나는 일상으로 돌아갔다.

스물여덟의 나는 열정이 있었지만 불안했다. 내가 어떤 사람이고 어떤 인생을 살고 싶은지에 대해 잘 알지도 못한 채 취업전선에 뛰어들어야 하는 일은 받아들이기 어려웠다. 현실에서 도망칠 겸, 앞으로의 인생에 대해 생각도 할 겸 아프리카 선교를 떠났다. 1년 동

안 정말 많은 책을 읽었는데 그만큼 할 일이 별로 없었다. 선교사님 댁에 주로 머물렀던 터라 대부분이 기독교 서적이었고, 그 영향을 받아 신앙과 삶을 조금씩 연결하기 시작했다.

20대의 나에게 가장 간절했던 것은 나를 바꾸는 일이었다. 주도적이지 못하고, 마음을 표현하지 못하며, 두려움에 쉽게 무너지는 모습에서 벗어나 좀 더 자유롭게 살고 싶었다. 문제의 근원을 찾아 헤매기 시작했고, 이는 과거를 돌아보는 일이 되었다. 스스로 선택하지 않은 환경은 한 사람의 인생에 너무 많은 영향을 미친다. 환경을 탓하지 말라고들 하지만 쉽지 않은 일이다. 그러나 환경을 탓한다고 달라질 건 없기에 나는 과거에 얽매이지 않고 나를 바꿔야 했다. 두려움을 이겨내고, 용기를 내야 했다. 아프리카에 다녀온 후 바로 취업을 하지 않았다. 아르바이트를 하면서 책을 읽었다. 게스트하우스 청소로 아침을 시작하고, 오후에는 책을 보거나 사색에 잠겨 있었다. 2014년 같은 시간에는 큰 배가 침몰했고, 수많은 사람이 울고 아파하며 분노하고 좌절했다.

내가 평생을 몸담은 종교에 대해 더 깊이 알고 싶어 2015년에 신대원에 입학했다. 늦은 나이에 공부를 시작해서인지, 부모님에게 등록금을 받아서인지는 모르겠지만 늘 마음에 부담이 있었다. 또 여러 가지 궁금증에 교리적 답을 주입시키려는 교조적인 신학에 대한 반감이 들기도 했다. 2017년 CBS에서 방송한 〈낸시랭의 신학펀치〉는 당시 나의 신학적 견해를 넓히는 데 큰 도움을 주었다. 바로 그 방송을 통해 교조적 신학에 대해 자세히 알게 되었고, 이후 나는 질문이 많아졌다. 학교에서 뭔가 더 얻고 배워야 한다는 마음도 커졌다.

자연히 내 생각의 견해를 넓혀주는 신학과 교수님들에게 관심을 기울이게 되었고, 그제야 세월호 참사를 다시 들여다보게 되었다. 특히 JTBC가 국정 농단 사건을 보도하고 광화문에 수많은 촛불이 밝혀지던 때는 나도 무언가를 해야 한다는 생각이 들었다. 그때 나는 한 사람을 둘러싼 환경 그 너머의 환경에 대해 생각했다. 나의 과거를 둘러싼 이야기들이 또 다른 이야기의 배경이 되듯, 한 사람의 환경을 구성하는 데 한 사회의 구성이 얼마나 중요한지를 알게 되었다. 가부장제, 자본주의, 탐욕과 경쟁 등이 어떻게 사회를 구성하고, 한 사람의 삶에 어떤 영향을 미치는지를 더 깊게 사유했다. 또한 한 사건이 일어나는 데 얼마나 많은 환경적 요인들이 영향을 미치는지에 대해서도 생각했다. 가인이 아벨을 죽인 후 바벨의 역사가 반복되는 동안 사람은 한 번도 평등한 적이 없었다. 평등, 자유, 박애, 민주주의 등의 단어들은 이상적이고 현실적이지 않다. 나 역시 끊임없이 높고 낮음을 의식하며 살아왔다. 올라섰다 싶으면 교만해지고, 낮아졌다 싶으면 움츠러들었다.

내가 목회를 하기로 마음먹은 것은 사랑이 삶을 바꿀 수 있다고 믿었기 때문이었다. 자신이 스스로 선택하지 않은 환경에 영향을 받아 구성되는 삶이 자유롭고 행복하기 위해서는 누군가의 도움이 필요했고, 나에게는 그런 도움이 있었다는 것을 깨달았다. 신학을 공부한 것은 나도 누군가에게 그런 사람이 될 수 있으리라는 기대 때문이었다. 목회 현장에서 만난 청소년들은 내게 사역할 수 있는 원동력을 제공해주었다. 나도 누군가에게 도움이 될 수 있다는 사실을 그들이 내게 알려주었다. 가슴이 뛰었고, 고마웠다. 하지만 제도권 교회의 정형화된 신학은 분명한 한계가 있었다. 고민을 확장시키기에는 너무 협소했다. 그래서 나는 내 환경을 바꾸기로 했다.

안산에 내려오기로 결정한 것은 스물여덟의 나와 서른둘의 내가 달랐기 때문이다. 스물여덟의 나는 세월호 참사와 무관한 일상을 살 수 있었지만, 서른둘의 나는 그럴 수 없었다. 목회할 수 있는 힘을 준 청소년들을 향한 마음도 깊어졌다. 세월호 유가족과 청소년을 돕는 일을 하고 싶었다. 그런 마음으로 들꽃피네 사회적협동조합을 찾았고, 그곳에서 세월호 마을신문을 읽었다. 교회를 정하는 것은 어렵지 않았다. 그 신문에 희망교회가 적혀 있었기 때문이다. 희망교회를 통해 세월호 예배에 참여하였고, 마을에서 열리는 세월호 행사도 준비했다.

비가 내리던 밤 멀찌감치 서서 예배를 지켜보던 나는 조금 더 가까이 다가갔다. 연고도 없는 곳에 무작정 터를 잡은 것은 세월호 참사에 조금 더 가까이 가고 싶은 마음 때문이었다. 설명할 수 없는 마음의 울림, 나는 그 울림에 이끌려 3년이 지나서야 세월호 예배에 발걸음했다. 너무 늦게 찾아왔다는 미안함과 세월호 참사에 대해 무관심한 채 목회를 하겠다고 생각했던 부끄러움이 밀려왔다. 다가가기도 어렵고 그렇다고 물러설 수도 없는 그런 자리였다.

여전히 나는 그런 삶을 살고 있다. 다가가기도 어렵고 물러설 수도 없는 삶, 애매한 삶이다. 그러나 그 애매함 속에 신의 음성이 섞여 있다고 믿는다. 미안함, 부끄러움, 후회와 낙심은 참혹한 현실에 발붙이고 살아가는 누구에게나 피할 수 없는 마음들이다. 돌이켜 보면 그 마음들이야말로 나를 지키는 힘이었다. 늦었지만 발걸음을 할 수 있었고, 열정적이진 않지만 도망치지 않을 수 있었던 것은 모두 그 마음들이 있었기 때문이다.

그 마음들이 세상을 바꿀 수 있을지는 잘 모르겠다. 그러나 바뀌지 않는다 해도 그 마음을 간직한 채 살아가는 것은 의미가 있다. 뻔뻔한 얼굴로 어쩔 수 없다는 말로 정당화시키는 삶보다는 가치가 있다. 미안하고 부끄럽고 후회스러운 마음을 간직한 채 살아온 삶은 적어도 진솔하다. 여전히 다가가기가 어렵고 물러설 수도 없는 애매한 삶이지만 방향을 틀지도 멈추지도 않겠다. 나에게 세월호 참사를 기억하는 일은 그런 일이다. 서른여섯의 나는 여전히 일상을 살아가지만 스물여덟의 일상과 지금의 일상은 많이 달라져 있다.

본다는 것

416합창단과 416생명안전공원 예배팀에서 활동하고 있다.

청년들과 하는 묵상

우리 교회 청년부는 한 달에 한 번 모임을 갖는다. 모임은 침묵과 성경 독서 그리고 자기성찰 순으로 진행한다. 성경 독서와 성찰 사이에는 본문 속에서 자신에게 다가온 단어나 문장을 입으로 말하는 시간이 있다. 그 시간은 성찰에 다가갈 수 있는 중요한 과정이다. 성경 속에서 자신에게 다가오는 단어나 문장을 이야기할 때, 보다 분명히 자신의 현재를 확인할 수 있는 발판이 마련된다. 내 경험에 비춰보면 이런 작업을 할 때 다른 단어나 문장보다 유독 선명하게 보이는 표현들이 있었다.

이후 그들이 고른 표현들에 대한 성찰을 들어보면, 알지 못했던 내용에 대한 호기심, 이전에 교육받았던 성경 내용에 유형성 있는 생각의 대입, 자신의 삶에 대한 연결, 마지막으로 "그냥이요"라며 아직 발견하지 못한 어떤 지점들이 담겨 있음을 확인할 수 있다.

364   포기할 수 없는 약속

몇 글자 되지 않는 선택된 본문을 지긋이 바라보는 것만으로도 스스로가 '중요하게' 다루고 있는 자신만의 것을 발견하는 모습을 보고 있자니, 이러한 '보는' 행위로 시작되는 묵상은 어쩌면 삶의 진리를 확인시켜주겠다 싶다.

성경에서도 예수님이 기적을 일으키실 때, 보지 못하는 사람들의 눈을 뜨게 하는 모습을 자주 접할 수 있다. 이것을 있는 그대로 병을 고치는 행위로만 본다면 기적을 일으키시는 예수에서 끝나게 된다. 그 기적이 담고 있는 의미를 발견하지 않고, 기적 그 자체에만 매몰되어서 예수님을 기적쟁이로 만들어버릴 것이다. 그렇다면 기적을 일으키지 못하는 사람들은 눈에 들어오지 않을 것이다. 예수님의 기적이 담고 있는 의미는 다양하지만, 눈을 뜨고 보는 행위는 물리적인 행동 그 이상의 의미를 가지고 있음을 말해야 한다. 기적에만 매몰되어 있는 존재들에서 눈을 떠서 그 의미를 발견하게 하는 것부터 말이다.

내가 처음 본 세월호 참사

2014년 4월 16일 수요일, 병점역에서 수원으로 가는 버스정류장 앞이었다. 당시 대학생이던 나는 수업을 마치고 가벼운 마음으로 집에 가는 길이었다. 그날따라 버스정류장에 서 있던 사람들의 기류가 심상치 않았다. 핸드폰을 꺼내 뉴스 기사를 확인하니, 헤드라인에 있는 세 개의 단어가 눈에 들어왔다.

"세월호, 침몰, 구조"

기사의 내용들은 시시각각 변하며 끊임없이 다양한 내용이 흘러 나왔다. 사실이 무엇인지 파악하기 어려운 상황이라 내용을 다 읽는 것을 포기하고 핸드폰을 주머니에 넣었다. 그렇게 세월호를 처음 보았다.

내가 본 그날의 순간들은 물리적으로는 분명 보았다고 말할 수 있다. 하지만 나는 그 사건을 진정으로 보았다고 말할 자신이 없다. 아마도 보지 않고 있었다는 말이 맞는 것 같다. 당시에 내가 보고 있던 것은 학업과 진로에 대한 고민, 학내 사태에 대한 고민이었고, 그 외 다른 곳에 대해서는 눈을 감고 있었다. 당시 내 삶에 뒤섞여 있던 사상이나 경험들은 나의 시선이 머무는 모든 부분에 영향을 미쳤다. 그렇게 세월호의 시간과 나의 시간은 따로 흘러갔다.

2017년에는 신학대학원에 진학하면서 진로에 대한 심각한 고민에 빠졌다. 다수가 경험하는 교회사역을 선택할지, 아니면 도전적인 교회사역을 선택할지에 대한 고민이었다. 동기들은 대부분 십자가가 걸려 있고, 예배당이 땅에 뿌리를 내리고 있는 교회에서의 사역을 선택해 그 안에서 하나님의 뜻을 찾아가려고 했다. 그러나 내게는 다양한 목회 현장에서 하나님의 뜻을 발견하며 예수님의 삶을 실천하는 사람들이 보였다. 그들의 삶과 내가 교육받은 신학적 삶에 대한 고민이 쌓여갔다. 또다시 "너는 어떤 목회를 할 예정이니?"라는 질문이 끊임없이 나를 자극했다.

대학원이 끝날 무렵 전임으로 사역할 장소를 선택해야 할 때, 나의 발걸음은 "416가족과 함께하는 성탄예배"에 가 있었다. 그곳에서 만난 성경 구절은 이것이었다.

> 지혜로운 사람의 마음은 초상집에 가 있고 어리석은 사람의 마음은 잔칫집에 가 있다(전 7:4).

우리 청년들과 모임을 할 때처럼 이 문장은 내 눈에 가장 크게 들어왔다. 목사로서 살아가야 하는 길은 아마도 잔칫집보다 초상집이 많을 것이며, 웃는 사람들보다 우는 사람들에게 가까이 가야 할 순간들이 많을 거라고 생각했던 것 같다. 그 예배의 자리에서 함께 울어주는 신앙을 가진 사람들의 따뜻함을 느끼며 나는 비로소 처음으로 눈을 뜨고 제대로 바라보게 되었다.

함께 몸을 댄다

막상 선택을 해서 오긴 왔는데, 처음에는 내가 할 수 있는 일이나 볼 수 있는 것이 별로 없었다. 유가족과 생존자 가족, 그리고 활동하는 시민들

박인환 목사(화정교회)가 "세월호 가족과 함께하는 성탄예배"에서 축도를 하고 있다(2022).

과의 관계가 형성되어 있지 않아 낯설었기 때문이다. 그때는 무엇을 할 수 있을지, 무엇을 해야 하는지도 모른 채 꿔다 놓은 보릿자루 마냥 멀뚱멀뚱 서 있는 일이 많았다. 그러다 시키는 일들을 할 때면 그나마 뿌듯함이 올라왔다. 그곳에 몸을 기대면서 한동안은 내가 무엇을 할 수 있을지에 대한 생각만 했다. 사실 이 시기는 내게 무척이나 어려웠다. 어깨너머로 그들의 모습을 볼 때마다 내가 이 길을 선택했다는 것에 대한 대견함과 뿌듯함보다 슬픔과 죄스러움이 올라왔다. 나와 그들이 함께한 역사가 짧다는 것에 대한 자책도 있었고, 이곳에서 내가 무엇을 할 수 있는지 발견하는 것조차 어려워하는 내 무능에 대한 자괴감도 있었다. 당시에 그들의 깊숙한 마음을 볼 수 있었던 것도 아니지만, 무엇인가를 본다는 것이 이렇게 무거운 마음으로 다가오게 될 줄은 상상도 못 했다.

이 시기는 생각보다 오래 지속되었지만, 그래도 생각을 정리할 수 있는 기회가 되었다. 충격적인 사건 하나가 나의 생각을 정리한 것은 아니고, 끊임없이 그들의 모습을 보려고 발걸음을 옮기던 순간들이 쌓여가다 보니 차츰 흩어진 조각이 자리를 잡아가는 느낌이었다. 매월 첫 주마다 안산 생명안전공원 부지에서 예배를 드리는 순간, 광화문에 가서 예배를 드리는 순간, 함께 성탄예배를 드릴 때, 그리고 광화문 기억공간 앞에서 피케팅을 설 때 그랬다. 중요한 건 이 순간들을 그들과 함께했다는 것이고, 끊임없는 발걸음과 몸을 댐은 내가 의지적으로 뭔가를 하려고 했던 것보다 더 큰 에너지를 형성하는 것 같았다.

그리고 또 보이는 부분

어느 정도 마음이 연결되는 시간이 흐르면, 이제는 눈에 보이는 것들이 많아진다. 슬픔을 직면해야 하는 순간들도 많아지고, 싸움을 함께해야 하는 순간도 많아진다. 그러다 보면 힘들어도 즐거워도 함께해야 하는 시간이 늘어난다. 처음의 마음과 달라지는 것도 느끼는데 이제부터는 함께하는 사람들의 운동성보다 사람이 보이기 시작한다. 이 사람은 어떤 존재인지, 이 사람은 어떤 성격을 가지고 있는지, 이 사람이 생각하는 운동의 방향성은 무엇인지 말이다. 또 고민이 시작된다. '나는 이들과 어떻게 함께 잘 지낼 수 있을까?'

사람들은 모두 각자 다른 역사를 가지고 있기에 다양한 모습으로 서로를 만난다. 가족끼리도 굉장히 오랜 시간을 공들여야 마음이 연결될까 말까인데, 갑작스러운 사건으로 만난 우리가 한순간에 톱니바퀴가 맞물려 돌아가는 것처럼 수월할 수는 없다. 이렇게 삐걱거리다 보면 함께하는 한 사람, 한 사람의 긍정적인 모습뿐만 아니라 부정적인 모습도 보인다. 이는 앞으로 어떤 길이 펼쳐질지 알 수 없는 장소에 덩그러니 서 있는 것처럼 긴장과 지루함 혹은 곤혹스러운 시간일지도 모르겠다. 재화를 버는 일이라면 '더럽고 치사하다'는 말로 나 자신을 깎으면서 숙이거나 포기하는데, 세월호 참사와 관련된 일에는 조금은 더 관계적인 문제를 신경 쓰게 되기에,

운동의 방향성도 있지만 너와 나의 관계에 대한 부분들이 더 신경 쓰인다.

세월호 참사가 지금이라도 끝날 수 있는 단기간의 싸움이었다면 사실 이런 모습들이 보이지 않았을 수 있다. 하지만 싸움이 길어지고, 어디서 희망을 찾아야 할지 알 수 없는 상황이 될 때쯤이면 결국 그 순간 옆에 있는 사람들과 부둥켜안고, 함께 버텨내고, 한걸음이라도 걸어보려고 애를 쓰는 일밖에는 남지 않는다. 그러나 부둥켜안아야 하는 사람들이 마치 고슴도치 같은 사람이라면, 가시에 찔려가면서 그 사람을 안고 싶어 하는 사람이 얼마나 될까? 운동을 지속하는 것도 너무 힘든데 말이다.

이런 부분들이 눈에 보이면 예수님의 모습을 다시 한번 기억한다. 피 흘려가며 끌어안으시는 그분의 모습, 함께 살아갔던 제자들의 발을 씻기시던 모습, 눈먼 자의 눈을 뜨게 해주시는 예수님의 모습.

또 시작되는 이야기

솔직히 말하면 지금도 나는 무엇을 해야 하는지 계속 발견하려고 노력한다. 가끔은 적당하게 그리고 적절하게 타협하면서 몸을 대는 행동에 의미를 부여하는데, 이 또한 어떤 결과를 가져올지는 알 수 없다. 성경에 이렇게 이야기한 부분이 보인다.

세상에 있는 자기의 사람들을 사랑하시되, 끝까지 사랑하셨다(요 13:1).

시작했으니 결론이 어떻게 나든 그들을 끝까지 사랑하겠다는 다짐, 그렇게 실천하는 삶을 멈추지 않겠다는 진심, 그 마음과 실천을 지속해보려고 한다. 이 세상에 완벽한 사람이 어디 있겠는가? 우리 모두가 부족함을 가지고 살아간다. 그러니 우리 품을 좀 더 넓혀보는 건 어떨까?

고이면 썩고 썩으면 그 물은 자정작용을 하기 어려워진다. 세월호 싸움에는 새로운 사람이 계속해서 유입되어야 한다. 그래야 언젠가 끝날 이 싸움에 동력이 생길 수 있기 때문이다. 또다시 유입될지 모르는 함께해야 하는 사람들이 혹여 우리의 날카로움을 본다면, 넉넉한 품이 없는 모습을 본다면 과연 함께하고 싶을까? 우리가 보게 되는 것은 앞으로도 많아질 예정이지만, 그 순간마다 우리의 마음속에 '넉넉함'이 함께 자라나기를 바란다.

세월호와 나의 신앙

남기업

토지+자유연구소 소장이다.
2015년 1월부터 현재까지 수원 성균관대역에서
수원성교회 교인 10여 명과 세월호 피켓을 들고
노란 리본 나누기를 하고 있다.

2014년 4월 16일 아침, 출근하면서 습관적으로 핸드폰을 열어 포털 사이트로 들어갔다. 그런데 첫 화면에 세월호 침몰 사진이 떡 하고 떠 있는 게 아닌가. 이상했다. TV로 확인하고 싶었으나 시간 여유가 없어 서둘러 집을 나섰다. 출근해서 오전 11시쯤에 뉴스를 확인하니 '전원 구조'로 떴다. 가슴을 쓸어내리고 일에 집중했다. 그러나 모두 알고 있듯이 결과는 304명의 비참한 죽음이었다.

피켓을 걸고 다닐 결심

'참사' 이후 두 달 동안은 애도의 분위기가 나라 전체를 뒤덮었다. 그러나 두 달이 지나자 이상한 분위기가 감돌기 시작하더니 나에게도 유가족을 음해하는 카톡 문자가 날아왔다. 불안했다. 언론과 방송이 이 거짓말을 어떻게 다루는지 살펴봤지만 아무리 기다려도 이걸 바로잡지 않는 게 아닌가.

고민스러웠다. 어찌해야 하나. 고민 끝에 거짓을 바로잡는 문구를 적은 피켓을 만들어 걸고 다니기로 결심했다. 그 흔한 시위 한 번 해본 적 없어 정말 쉽지 않은 결정이었지만, 유가족이 비극적 죽음과 유언비어로 당할 고통을 생각하니 이렇게라도 하지 않을 수가 없었다. 첫날이었던 2014년 8월 10일 그날의 심경을 페북에 다음과 같이 적었다.

오늘부터 이러고 다니기로 했다. 좀 민망하지만 이렇게라도 하지 않으면 괴로워서 견딜 수가 없다. 방송 3사 저녁 9시 뉴스는 특별법 관련 보도를 아예 안 하고 자칭 보수 신문과 매체들은 유언비어를 바로잡지도 않을 뿐 아니라 사실마저 축소·왜곡하고 있으니 이렇게라도 해야지 어쩌겠는가.

아내와 밤늦게 피켓을 만들고 누웠는데 잠이 오지 않았다. 단식 27일째인 유민 아빠를 떠올리면서 이분들의 억울함을 풀어달라는 기도를 하늘로 올려드렸다.

오전 고등부 예배 때 부장 선생님이 발언 기회를 주셔서 학생들에게 특별법을 둘러싼 거짓과 진실을 알려주었다. 이웃 사랑은 이웃이 당하는 고통에 대한 공감에서부터 시작된다고 말했다.

내가 걸고 다니는 이 글귀를 통해 세월호 참사에 대한 진실을 알려는 사람들이 조금이라도 늘어났으면 좋겠다.

그때부터 나는 출근길에도, 교회에 갈 때도, 슈퍼에 갈 때도, 친구를 만나러 나갈 때도 늘 피켓을 걸고 다녔다. 전철에서 피켓을 걸고 서 있으면 문구를 읽어보고 묻는 사람이 많았다. 뭐가 진실인지 헷갈려 하는 시민들이 그만큼 많은 것이다. 그때마다 나는 친절하고 자세히 설명해줬다. 효과가 정말 좋았다. 어떤 시민은 고생한다는 말과 함께 밥 사 먹으라고 만 원을 주기도 했다. 물론 내게 삿대질하는 노인도 있었고, 피켓을 뺏어서 내동댕이친 사람도 있었다. 빨갱이라는 욕을 먹기도 했다.

이렇게 문재인 대통령이 취임하는 2017년 5월 10일까지, 1,000일이 넘게 피켓을 걸고 다녔다.

하나님께 항의하던 어느 날 들려온 하늘의 '음성'

2015년 1월 말부터는 내가 출석하는 수원성교회 사회환경선교부 멤버들과 함께 일요일마다 피켓을 들기 시작했다. 인근 교회의 교인들과 지역민들도 합세했다. 그러나 세월호 진상규명의 상황은 전혀 나아지지 않았다. 박근혜 정부와 새누리당의 방해는 여전했고 유언비어는 계속 퍼져나갔다. 광화문에는 진상규명을 위해 단식하는 시민들 옆에서 폭식하는 짐승만도 못한 사람들도 나타났다.

2015년 가을 어느 일요일이었다. 늘 하던 대로 피켓을 들고 있는데 속에서 천불이 나는 게 아닌가. 하나님이 원망스러웠다. 어떻게 이렇게 침묵하실 수 있냐고, 하늘을 향해 절규와 원망 섞인 말을 마구 쏟아냈다. 그러던 중에 주님의 음성이 들려왔다. 그분이 내 마음속에 이렇게 말씀하셨다.

"기업아, 잘하고 있어. 고맙구나."

'황당한' 말씀이었다. 진상규명과 책임자가 처벌되는 날이 속히 올 것이라는 응답이 아니라 고맙다니, 이게 웬 뚱딴지같은 소린가. 그러나 내 눈에서는 눈물이 흘러내렸다. 1988년부터 신앙생활을 했지만 이런 경험은 처음이었다. '아, 하나님이 고통당하는 사람들과 함께하는 것을 기뻐하시는구나', '하나님께서는 고통당하는 사람들과 함께 계시는구나' 하는 것을 통감했다. 피켓을 들고 펑펑 울었던 적은 그때가 처음이었다.

담임 목사님의 회심

매주 일요일에 하는 피케팅에 드디어 수원성교회의 교육부 담당 목사님이 함께하게 되었다. 곧이어 고등부 담당 전도사님도 함께했다. 그런데 이것을 못마땅하게 여긴 담임 목사님이 두 사람을 불러 야단을 치는 게 아닌가? 그 이야기를 전해 듣고 나는 너무나 큰 충격에 빠졌다. 교회에서 세월호에 대해 침묵하는 것도 열불이 나는데 피켓을 드는 교역자를 칭찬은 못 할망정 야단을 치다니. 정말이지 교회를 그만 다니고 싶었다.

고민 끝에 담임 목사님을 찾아가서 따졌다. 최오현 선생님도 함께했다. 2시간 동안 목사님과 설전을 벌였으나 입장이 좁혀지지 않았다. 너무 속상했다. 유언비어를 많이 믿으시는 것 같았다. 자포자기하는 심정으로 유가족들을 만나 대화해보자고 제안하자 목사님은 마지못해 알았다고 했다.

2015년 10월 28일 저녁 7시부터 세월호 유가족 4명(창현이 엄마와 아빠, 시찬이 엄마와 아빠)과 피케팅 하는 박은아 자매와 함께 목사님과 대화를 시작했다. 처음에 목사님은 상당히 긴장한 표정이었다. 그런데 대화가 이어지고 무엇보다 유가족들이 직접 겪은 일들을 들으면서, 신문과 방송 보도가 실제와 다르고 심하게 왜곡되었다는 것을 알고는 큰 충격을 받으신 거 같았다.

"이렇게 늦게 알게 되어서 부끄럽습니다. 세월호에 대해서 무관심하고 냉담한 반응을 보인 한국교회의 잘못을 대신 사과하고 싶습니다. 저희 교회에서, 그리고 개인적으로 할 수 있는 일을 찾아보고, 특별히 개인적으로 시간을 내서 안산을 방문해보겠습니다."

그 이후에 목사님은 직접 안산을 방문해서 우리 교회 주관으로 유가족과 함께 예배를 드렸다. 또 우리 교회에서 세월호 관련 간담회도 갖고, 전 교인 리본 나누기 행사도 진행했다. 물론 교회 내에 이견이 있는 분들도 있었다. 목사님은 그때마다 교회는 우는 사람과 함께 울어야 한다, 이건 정치 이념에 관한 것이 아니라 사람의 생명에 관한 것이라고 설득하고 타일렀다.

사실 나는 그날 목사님의 변화를 보고 정말 놀랐다. 그것은 일종의 '회심' 같은 사건이었다. 억울해하는 분들의 이야기를 저렇게 경청할 수 있을까 싶었고, 듣고 위로의 말을 전하는 것으로 끝나지 않고 진심으로 미안해하고 뉘우치셨다.

버티는 힘을 공급해준 '세월호'

나는 2015년 10월부터 2019년 9월까지 무려 4년 동안 내가 사는 아파트에서 회장직을 맡았다. 이 일이 얼마나 힘든지 전혀 모른 채 지인의 권유로 시작했는데, 겪어보니 내 인생 최대의 고난이었다. 15명의 동 대표 중 압도적 다수의 동 대표들이 나를 쫓아내려고 온갖 수단을 다 동원했다. 3번이나 해임투표를 진행했고, 15번 고소했으며, 한 달에 1-2번 하는 회의에서는 나를 사정없이 물어뜯었다. 그런데 신기하게도 그때마다 '세월호'가 내게 큰 힘이 되었다.

매일 같이 피켓을 목에 걸고 다니고 일요일마다 피케팅을 하는 까닭에 자연스럽게 차디찬 바닷속에서 죽어간 아이들과 유가족들의 고통을 헤아리게 된다. 세월호의 슬픔과 분노 속으로 들어가면 어느새 아파트에서 당하는 나의 고통은 가벼워졌다. 신기하고 놀라운 체험이었다. 어느 때는 내가 지금 아파트에서 당하는 고통이 사사롭게 느껴지기까지 했으니 말이다. 그렇다. 오히려 세월호가 내게 버티는 힘을 공급해준 것이다.

세월호와 나의 신앙

많은 사람이 우리 사회는 세월호 이전과 이후로 달라져야 한다고 말했다. 그러나 알고 있듯이 우리 사회는 전혀 달라지지 않았다. 세월호의 진상규명과 책임자 처벌은 아직 요원하다. 심지어 지난 10월 29일에는 이태원 도심에서 159명이 죽음에 이르는 참사까지 일어났다. 세월호 참사를 제대로 해결하지 못한 까닭에 발생한 일이다. 세월호와 이태원을 해결하지 못하면 우리 사회에는 미래가 없다.

세월호 이전과 이후의 나의 신앙은 많이 달라졌다. 이렇게 오랫동안 이웃의 고통을 기억하며 동참하려고 노력한 건 처음 있는 일이다. 이것은 그리스도인으로 살기 위한 나의 몸부림이다. 이런 몸부림 가운데 하나님이 이것을 정말 기뻐하신다는 것을 비로소 알게 되었다. 그렇다. 마태복음 25장 말씀은 사실이었다.

"임금이 대답하여 이르시되 '내가 진실로 너희에게 이르노니 너희가 여기 내 형제 중에 지극히 작은 자 하나에게 한 것이 곧 내게 한 것이니라' 하시고"(마 25:40).

아픔이 아픔에게

너무 늦게 찾아와서 죄송합니다

416합창단 단원이자
안성에 살고 있는 쌍둥이 엄마다.

이 책에 내 이야기를 담아 혹시라도 세월호 유가족분들에게 아픔이 되지 않을까 고민이 된다. 과거의 내 신앙을 드러내는 게 너무 부끄럽고 죄송하기도 하다. 그런데도 용기를 내어 이 이야기를 쓰는 것은 혹시라도 나와 같은 부끄러운 신앙의 길을 걷고 있는 사람들이 있다면 다시 한번 돌이켜 생각해보기를 바라는 마음에서다. 잘못된 신앙이 신념으로 자리 잡으면 사람들의 아픔과 상처에 공감할 수 없고 성경을 무기 삼아 칼처럼 휘두르게 된다. 나는 그게 얼마나 두려운 일인지 모르고 살아왔다. 이러한 신앙을 가지고 계속 살아가고 있었다면 아마 예수님은 평생 내 삶에 동행하지 않으셨을 것이다.

세월호 참사가 발생했던 시기에 예수님을 올바로 믿고 있다고 스스로 자부했던 내 믿음은 이러했다. "또 실로암에서 망대가 무너져 치어 죽은 열여덟 사람이 예루살렘에 거한 다른 모든 사람보다

380   포기할 수 없는 약속

죄가 더 있는 줄 아느냐. 너희에게 이르노니 아니라. 너희도 만일 회개하지 아니하면 다 이와 같이 망하리라"(눅 13:4-5).

인간은 이 세상에서 살아가는 동안 언제든지 예고 없이 다가오는 죽음의 문턱을 피할 수 없다. 그러므로 이러한 일이 발생하기 전에 반드시 회개해야 하며, 회개하지 않으면 실로암에서 망대가 무너져 치어 죽은 열여덟 사람처럼 망할 수 있다고 생각했다. 세월호에 있던 사람 중에 회개한 사람은 천국에 갔을 것이며, 회개하지 않은 사람은 구원받지 못했을 것이라 생각했다. 침몰하는 세월호를 보며 고작 생각한 것이 누가복음 말씀을 떠올리며 눈물로 회개하는 것이 전부였다. 세월호에서 죽어가던 아이들의 고통과 아이들을 떠나보내야 했던 유가족들의 슬픔에도 눈물지었지만 깊이 공감하지는 못했다. 지금 돌이켜 생각해보면 그때의 나는 사람이 아니라 양심에 화인을 맞은 괴물이었다. 세월호 참사와 관련해서 그 어떠한 행동도 하지 않았다. 그저 열심히 교회에 다니고 말씀을 읽고 기도하는 삶이 참된 그리스도인의 모습이라고 생각했다.

한나 아렌트는 인간의 무사유가 죄라 했다. 그리스도인이라면 누구나 세월호 참사에 대해 깊이 사유해야 한다. 목사님이 전하는 말씀에만 맹목적으로 "아멘" 하지 않고, 그리스도인으로서 어떻게 살아가야 할지 고민하고 행동해야 한다.

그런 내 신앙에 변화가 생기는 일이 있었다. 2019년 결혼을 준비하며 부부 상담을 받았는데, 남편의 지인이었던 상담 목사님은 그

동안 내가 만나왔던 목사님들과는 조금 달랐다. 그분이 이런 질문을 던졌다. "하나님께서 전지전능하신 분이라고 믿고 있습니까?" "하나님께서 이 세상의 모든 일을 주관하고 계신가요?" "그렇다면 세월호가 침몰한 것도 하나님이 하신 일이 맞습니까?" "결국 세월호에 타고 있던 수백 명의 아이를 죽인 것도 하나님이 맞습니까?" 그 질문 앞에서 나는 말문이 막혔다. 하나님은 전지전능하시므로 이 세상의 모든 일을 주관하고 인도하신다고 믿고 있었는데, 그렇다고 세월호를 침몰하게 한 것이 하나님이라고 인정하기는 싫었다. 내가 듣고 믿었던 누가복음 말씀처럼 내가 믿는 하나님이 단지 회개하라는 교훈을 알려주기 위해서 수백 명의 사람을 죽음으로 몰고 간 분이라고 생각하기도 싫었다. 예수님을 믿었던 사람들일지언정 침몰하는 배에서 고통스럽게 죽임을 당한 것이 단순히 천국에 갔다는 것만으로 위안 삼을 수 있는 일인가? 혼란에 혼란을 거듭하며 내 안에 신념처럼 굳어버린 생각들이 하나씩 부서지기 시작했다. 그 아이들이 부르짖었던 하나님은 도대체 무엇을 하고 계셨던 것일까? 이런 하나님이 내가 믿을 만한 분일까?

하나님은 분명히 침몰해가는 배에서 아이들과 함께 계셨을 것이다. 죽어가는 이들과 함께 울부짖으며 함께 죽어가셨을 것이다. 내가 다시 만난 하나님은 그런 분이었다. 불의한 인간들이 죄악을 저질러도 지켜보시는 하나님, 나약하고 힘없는 사람들이 고통 중에 울부짖어도 그 고통을 말끔히 해소해주기보다는 그들과 함께 울고 계시는 하나님이었다. 그러면 전지전능한 하나님이 아니므로 하나님을 믿지 않아야 할까? 아니다. 나는 그런 하나님이기에 더 믿을 수 있게 되었다. 내가 바라는 모든 소망대로 응답하지 않으시는 하나님, 9년이 되도록 목놓아 외치는 진상규명과 책임자 처벌이 아직도 이루어지지 않았지만, 함께 그것을 외치고 계시는 작고 나약한 하나님을 나는 믿게 되었다.

이렇게 생각이 바뀌자 나의 삶도 변화했다. 가장 먼저 떠오른 생각은 '너무 늦었지만, 지금이라도 내가 할 수 있는 일을 찾아야겠다'는 것이었다. 남편의 지인이 416합창단원으로 활동한다는 사실을 알게 되었고, 416합창단에 들어가면 어떨까, 생각했다. 하지만 나 같은 사람이 어떻게 별이 된 아이들의 부모님들 곁에 설 수 있을지, 이렇게 부끄러운 모습으로 함께 노래할 수 있을지 걱정이 앞섰다. 그래도 용기를 내 문을 두드렸다. 합창단 오디션을 보기 전 『노래를 불러서 네가 온다면』(문학동네, 2020)이라는 책을 한 권 샀다. 책을 읽고 책에 담겨 있는 CD를 수없이 들었다. 오디션 곡을 "네버엔딩 스토리"로 정하고 연습할 때마다 부모님들의 마음이 전해지는 듯해 눈물이 솟구쳤다. 오디션을 보러 합창단 연습 장소로 들어가 왼쪽 벽면에 붙어 있는 현수막을 보자 마음이 무너졌다. 그 현수막에는 세월호 참사로 희생된 아이들의 사진이 있었다. 나는 그 자리에서 고개도 들지 못하고 울었다. 그리고 기도했다. "너무 늦게 찾아와서 미안합니다. 정말 미안합니다. 부끄러운 저의 입을 열어 부모님들과 함께 노래해도 되겠습니까? 부모님들 곁에 제가 있어도 되겠습니까?" 고개를 들어 사진을 보니 아이들은 웃고 있었다. 고마웠다.

너무나 떨려서 오디션을 어떻게 봤는지도 기억이 안 나는데 합창단에서는 부족한 나를 단원으로 받아주었다. 단원이 되어 기뻤지만 한편으로는 무거운 마음도 들어 말과 행동 모든 것이 조심스러웠다. 합창 연습을 할 때는 주로 앞자리에 앉았다. 지휘자인 '쉼표'님의 표정, 손짓 어느 것 하나 놓치고 싶지 않았다. 가사, 음률, 심지어는 쉼표에 대한 의미 하나하나까지 정말 세밀하게 설명해주셔서 곡을 잘 이해할 수 있었다. 노래를 부를 때마다 눈물이 나와 소리를 내기 힘든 날도 많았다.

가만 가만 가만히 거기 있으라
가만 가만 가만히 거기 있으라

부모들의 시간은 2014년 4월 16일에 멈춰 있을 텐데, 노래를 부르며 그 아픈 기억들을 다시 꺼내고 또 꺼내야 하니 얼마나 힘들고 아플까? 그 생각에 노래를 부르기가 정말 힘들었다. 부모님들 곁에서 내가 무언가를 할 수 있다고 생각하고 합창단에 들어갔는데 그게 얼마나 오만한 생각이었는지 모른다. 합창하며 치유받는 것은 결국 나 자신이었다. 부모님들과 함께 그곳에 있는 것만으로 행복했고, 부모님들이 주시는 사랑을 받을 때면 하나님이 부모님들의 마음 가운데 함께 계심을 느낄 수 있었다. 416합창단에서 부모님들을 만나지 않았다면 절대로 느낄 수 없었던 하나님의 사랑이었다. "이런 거였군요. 하나님."

"아니, 임신 7주인데 공연에 왔어요? 우리 딸은 그때 움직이지도 않고 조심했는데…." 합창단 부모님들은 임신 초기에 무대에 서는 나를 염려해주셨다. 태중에 있는 우리 금빛, 은빛과 함께 노래할 때는 가슴이 더욱 뜨거워졌다. '너희들과 함께 외치고 있으니까 진실이 밝혀질 거야. 꼭 그렇게 되도록 우리 끝까지 외치자.'

16시간 진통 끝에 자궁경부에서 더 멀리 있었던 금빛이가 위험할 것 같아 수술을 진행하게 되었고, 2022년 1월 19일 02시 21분, 22분, 1분 차이로 은빛, 금빛이가 이 세상에 태어났다. 아이들이 세상에 나와 외치는 목소리는 정말 우렁찼다. 아이들의 똘똘한 눈을 보는 순간 죽을 것 같았던 해산의 고통이 까맣게 잊혔고, 벅차오르는 기쁨과 함께 이 아이들을 평생 지켜줘야겠다는 굳은 결심이 섰다. 금빛, 은빛의 표정, 모유 먹는 모습, 잠든 모습, 생리적인 현상을 위해 힘쓰는 모습 하나하나가 너무나 생생하다. 처음으로 뒤집기를 한 날, 배밀이를 하던 모습, 두 발로 서던 날, 어린 손으로 엄마 얼굴을 부비고, 젖비린내 나는 입술로 "엄마!" 하고 부르던 순간은 내 가슴에 꽉 차도록 채워져 있다. 아이가 자라는 모든 순간을 나는 절대로 잊을 수 없다.

합창곡 중에 "너"라는 노래가 있다. 아이가 태어나던 순간부터 수학여행을 간다고 짐을 싸고 들떠 있던 모습까지 생생하게 기억하며 날마다 고마웠고 매 순간 사랑했다는 가사의 노래다. 금빛, 은빛이 앞에서 이 노래를 부르면서 참 많이 울었다. 별이 된 아이들과 부모님들이 오래도록 생각났다. 내 아이들을 바라보고 있으니 세월호 참사가 얼마나 참혹한 일인지 더욱 가슴 아프게 다가온다.

합창단 연습 때마다 별이 된 친구들의 생일을 기억하고 소개하는 생일기억식을 하며 "잊지 않을게"라는 노래를 부른다. 그리고 별이 된 아이들의 생일이 되면 부모님들이 떡을 나누고 서로 축하한다. 처음에는 왜 친구들이 태어난 날을 기억하고 축하하는지 잘 몰랐다. 그런데 금빛, 은빛이를 만나고 나니 부모님들의 마음을 알 것 같다. 그건 아마도 친구들이 태어나던 순간으로 돌아가 가슴에 새겨진 아이에 대한 모든 순간순간을 다시 꺼내서 기억하는 것이 아닌가 싶다. 부모의 기억 속에서 별이 된 아이들은 너무나도 선명하게 살아 있으니까.

부모님들과 함께 노래하고, 눈물 흘리고, 식탁 교제를 하는 416합창단이 내게 진정한 교회가 되어주었다. 나는 이곳에서 만난 한 분 한 분이 예수 그리스도라고 생각한다. 내 아이들이 자라는 이 땅이 부디 안전하기를 바라며, 나도 누군가에게 예수의 형상을 나타내는 자이기를 간절히 기도한다.

세월호 가족들에게 받은 사랑과 위로

김종성

경기도 양평에서 아이를 키우며
마을 친구들과 즐겁게 지내고 있다.

2015년 4월 16일, 세월호 1주기 추모행사가 서울시청에서 열렸다. 나는 교회 친구들과 당시 초등학교 3학년이던 딸아이와 함께 추모행사에 참석했다. 아이는 세월호 참사를 무서워했다. 그날도 무섭다며 일찍 집으로 돌아가고 싶어 했다. 그 아이가 다음 해 봄이 오기 전, 사고로 먼저 하늘나라로 갔다.

세월호 아이들이 떠나고 2년이 지난 후였다. 아이를 잃고 2년 정도는 어떻게 살았는지도 모르겠다. 이웃으로 함께했던 친구들의 위로와 걱정으로 겨우 살았다. 하루는 가깝게 지내던 교회 형님이 안산에서 세월호 가족들이 예배를 드리고 있다고 알려주었다. 형님은 그분들과 함께하면 서로 힘이 되지 않겠냐고 했다. 그게 2017년 12월이었다. 어둑어둑해진 화랑유원지의 세월호 합동분향소 옆 기독교 컨테이너로 처음 목요기도회를 갔던 날이 생각난다. 모임에 함께하는 분들이 따뜻하게 맞이해주셨다. 그 모임에는 세월호로 자

4장 ● 아픔이 아픔에게   387

녀를 먼저 보낸 부모들과 세월호 가족들과 연대하여 힘이 되고자 하는 이들이 함께했다. 안산에서 사역하는 교회 목사님과 사모님도 함께하셨는데 매주 따뜻한 음식을 준비해서 나눠주셨다. 매주 나눈 그 음식이 세월호 가족들과 함께 모임에 참여한 이들의 마음을 더욱 애틋하게 이어줬던 것 같다.

그때는 아이를 보낸 지 얼마 되지 않아 사람들 앞에서 내 이야기를 하는 게 어렵고 힘들었다. 그렇지만 가족처럼 함께 기도하고 예배하는 관계에서는 좀 더 솔직해지고 싶었다. 하늘나라로 간 첫째 아이 이야기를 꺼내자 세월호 부모님들은 오히려 나를 위로하고 더 많이 걱정해주었다. 그 당시엔 다시 새 생명을 품는 일은 생각도 하지 못했는데 나중에 들어보니 그분들이 그때 우리 가정의 상황을 생각하며 새 생명이 찾아오길 기도했다고 한다. 이렇게 모임에 참석해 세월호 가족들을 위로하고 격려하기보다 오히려 내가 더 많은 위로와 사랑을 받았다.

2018년 4월, 4주기 추모식은 국가에서 주도하는 합동영결식으로 치러졌고 이 행사를 끝으로 세월호 합동분향소도 철거되었다. 목요기도회도 마무리되고 매주 드리던 예배는 한 달에 한 번 생명안전공원 부지에서 매달 초에 드리게 되었다. 예배 장소인 생명안전공원 부지 야외는 단원고 학생들이 어린 시절 뛰놀던 들판이다. 단원고가 보이는 이곳에서 예배를 드리면 세월호 학생들과 더 가까이 있는 기분이 든다. 야외에서 예배를 드리다 보니 날씨가 좋은 날도, 춥고 궂은 날도 있었다. 날이 좋으면 좋은 대로, 궂으면 궂은 대로 별이 된 학생들을 기억하며 마음 모으는 시간이 참으로 귀했다. 하지만 코로나 대유행으로 인해 이마저도 계속하지 못하고 온라인으로 매달 예배를 이어 나가야 했다. 그렇게 5주기, 6주기가 지나갔다.

나는 세월호에 관한 소식을 놓치지 않으려 애썼고, 관련 집회에도 최대한 참여하려 노력했다. 그 집회마다 416합창단이 오셔서 세월호 부모님들을 뵐 수 있었다. 교회 친구들에게 세월호 관련 소식을 계속 알렸고 모임에도 종종 초대하여 함께했다. 진상규명, 책임자 처벌을 위해 청와대 앞에서 1인 시위도 하고 노란 리본도 만들었다. 무엇보다 세월호 문제해결을 위해 간절히 기도했다. 하지만 세월호의 진실은 아직도 드러나지 않았다. 수사를 맡은 검찰은 제대로 된 수사나 기소를 하지 않았고 특별수사단은 사건의 진실을 덮은 채 마무리됐다. 너무나 화가 났다. 언론을 통해 세월호 소식을 단편적으로만 듣는 사람들은 세월호 참사가 이미 규명되었다고 착각한다. 하지만 진상은 규명되지 않았고, 책임자도 제대로 처벌받지 않았다. 전 국민이 생중계로 지켜보는 가운데 304명의 사람이 죽고 실종된 사건이 아직도 제대로 매듭지어지지 않았다.

그리고 2022년 10월 29일, 이태원 참사가 일어났다. 정부와 여당, 경찰과 검찰, 언론은 복사기처럼 2014년을 재현하는 것만 같았다. 매듭지어지지 않는 결과는 또다시 반복되었다. 너무나 참담했다.

우리는 사람의 생명과 안전에는 관심이 없고 오로지 정권과 권력 유지에만 몰두하는 정부가 이끄는 나라에 살고 있었다. 참사에 대한 반응과 대책, 수사의 방향, 유가족을 대하는 태도가 세월호 참사 때와 똑같았다. 구역질이 날 정도로 보기 힘들었다. 인간이기를 포기했다고밖에 볼 수 없다. 옆에서 지켜보는 사람도 이렇게 울화통이 터지고 억울한데 당사자들의 억울함과 분통은 얼마나 클지 짐작도 가지 않는다. 예수님이 받은 고난을 우리 시대 그리스도인들이 기꺼이 받는다면 그것은 세월호 가족과 이태원 가족들이 받는 고난에 함께하는 것이라고 생각한다. 〈416TV〉(416tv.net; 세월호 유가족이 직접 현장 상황을 카메라에 담아 실시간으로 방송하는 채널)를 통해 지성 아버님이 하는 짧은 발언이 큰 힘이 된다. 쉽지 않은 길, 힘겨운 길을

지성 엄마가 416생명안전공원 예배에서 발언하고 있다. 지성 엄마는 예배와 기도회에 꾸준히 함께하면서 416합창단원으로도 활동하고 있다. 지성 아빠는 〈416TV〉 유튜브 채널을 통해 세월호 소식을 알리고 있다.

뚜벅뚜벅 걸어가는 세월호 가족들과 함께할 때 우리는 어쩌면 예수님이 우리에게 주시는 사랑의 가르침을 배울 수도 있을 것이다.

둘째를 상상도 하지 못했던 시절,

우리 가정에 새 생명을 달라고 기도하고 있다는 세월호 식구의 이야기를 들으며 당사자인 우리는 생각도 못 하던 것을 대신 기도해 주고 있다는 것에 감동받았다. "성령도 우리의 연약함을 도우시나니 우리는 마땅히 기도할 바를 알지 못하나 오직 성령이 말할 수 없는 탄식으로 우리를 위하여 친히 간구하신다"(롬 8:26)는 말씀이 이런 기도가 아닐까 싶었다. 하지만 긴 시간 우리 가정에 새 생명은 찾아오지 않았다. 더 이상 새 생명을 기대할 수 없는 건 아닐까 생각할 즈음이었다. 2020년 봄, 하나님께서는 우리 가정에 새 생명을 품게 해주셨다. 아내는 임신 기간 내내 입덧으로 고생했다. 그리고 단풍이 한창이던 가을날 우리 가정에 아이가 태어났다. 기적이 따로 없었다. 세월호 부모님들께 아이의 출산 소식을 알리자 너무나 기뻐하며 선물을 보내주셨다. 돌림병 상황이라 직접 뵙지 못하고 온라인으로 예배를 드리던 시기였지만 출산 소식을 세월호 부모님들께 알릴 수 있어서 참 기뻤다.

첫째 아이를 떠나보내고 죽음에 대해 많은 생각을 했다. 세월호에서 희생된 아이들의 죽음과 첫째 아이의 죽음이 나에게 소중한 이와의 이별이라는 사건으로 중첩되게 느껴졌다. 그 이전에 세상의 질곡을 지고 먼저 가신 분들의 죽음 역시 하나로 중첩되어 나에게 다가왔다. 한동안 "하나님이 죽은 자의 하나님이 아니라 산 자의 하나님"이라고 하신 예수님의 말씀을 마음에 두고 지냈다. 아브라함, 이삭, 야곱이 죽은 자가 아니라 하나님 안에서 산 자라고 하신 말씀이 내게 많은 위로가 되었다. 먼저 하늘나라로 간 사랑하는 이들이 죽은 것이 아니라 하나님 안에서 함께 산 자라는 말씀은 세상을 새롭게 바라보게 했다. 하나님의 사랑과 정의 안에서 살아갈 때 그는 살아 있거나 죽어 있거나 하나님 안에서 살아 연결되어 있다.

최근 아버지가 돌아가셨다. 둘째 아이와 함께 아버지를 뵙고 온 며칠 뒤 부고 소식을 들었다. 아버지를 보내며 죽음은 벽이 아니라 관문이란 생각이 많이 들었다. 영원이라는 긴 시간과 견주어 인간으로 이 세상에서 살아가는 시간은 너무나 짧다. 하나님은 어떤 의미로 그 영원의 시간의 분모에 인간의 짧은 삶이라는 분자를 두셨을까? 무한대분의 인간의 삶이란 거의 0으로 수렴되는 시간인데, 이 세상에서의 삶 이후 하늘나라에서의 무한의 시간은 어떨지 생각해보면 죽음 이후 하나님의 품은 더 신비하고 재미있는 차원이지 않을까 상상해본다.

세월호 가족들도 사랑하는 이의 죽음을 묵상하며 삶과 죽음에 대한 이해가 많이 달라졌을 것이라고 생각한다. 별이 된 친구들이 여전히 빛이 되어 우리 삶을 비춰주고 있다. 그리고 지금 이 세상을 살아가고 있는 이들이 생명과 평화의 빛 가운데 행복하게 살기를 기도하고 있다고 믿는다. 그렇기에 세월호 진상규명과 책임자 처벌의 소망은 먼저 간 이들의 소망이자 우리의 소망이고 세상이 더 평화롭고 안전하기를 바라는 사랑의 마음이라고 믿는다. 세월호 가족들이 9년이 되어가는 시간 동안 이 험한 길을 걷는 이유는 이 사랑

때문일 것이다. 세월호 가족들의 이 사랑의 마음 때문에 우리 가정은 큰 위로와 힘을 얻었다.

세월호 진상규명과 책임자 처벌의 길은 매섭고 추운 겨울처럼 차고 시리다. 어둡고 캄캄한 밤길을 걷고 있는 것 같다. 선조들은 밤이 가장 긴 동짓날에 양의 기운이 시작된다고 믿었다. 그날로부터 하지에 이르기까지 양의 기운이 점차 커진다. 세월호 가족들과 우리는 동지와 같은 긴 밤의 시간 속에서 양의 기운을 느끼며 함께 걸어가고 있다. 그 양의 기운이 세월호 가족들과 우리 안에 있는 사랑이다.

나는 삶이 끝나는 순간이 기대된다. 첫째 아이를 다시 만나고 세월호 참사의 희생자 학생들을 다시 만나고 이 땅의 생명과 평화를 위해 먼저 가신 선배들을 다시 만나게 될 것이다. 세월호 참사의 진상규명과 책임자 처벌이 이루어질 때까지 힘을 보태고 싶다. 세월호 가족들이 가는 길이 외롭지 않게 끝까지 동행하고 싶다. 이 길을 걸음으로써 예수가 죽음을 넘어 부활로 나아갔듯이 우리도 죽음을 넘어 생명과 평화가 넘실대는 세상으로 나아가리라 믿는다.

그리스도인, 그 무거운 이름

장수현

백영고등학교 교사이자 416합창단이다.
교사로서 세월호 희생 학생들에게 미안한 마음으로,
그리스도인으로서 부끄러운 마음으로 살고 있다.

'그리스도인'이라는 단어는 늘 부담스럽다. 예수 그리스도를 닮은 사람, 예수 그리스도의 삶을 따라 살아가는 사람, 예수 그리스도를 세상에 보여주는 사람…. 사람들은 나를 그리스도인이라 부르는데, 감히 예수 그리스도의 삶에 나를 비춰 보면 모든 것이 부끄럽기만 하다.

특히 2014년 4월 16일 그날 이후로는 더더욱 그랬다. 언제부턴가 내가 종교란에 적는 '기독교'는 '개독'이라고 불리기 시작했고, 많은 그리스도인이 교회에 다닌다는 사실을 드러내기가 부담스러워졌다. 심지어 내가 근무하는 곳은 기독교 학교임에도 교회 다니는 학생을 찾으려 하면 학생들은 교회에 다닌다는 사실을 감추기 급급하다. 어느 목사의 기도문에서처럼 신뢰의 보증수표이길 바랐던 기독교는 거짓과 탐욕의 대명사가 되어버린 지 오래다.

공교롭게도 그 주간은 고난주간이었고, 주말이 다가올수록 부활주일을 어떻게 맞이해야 할지, 그 간절했던 기도에 응답하지 않고 침묵하신 하나님 앞에 어떻게 예배해야 할지, 살면서 가장 간절하게 기도했던 그 시간이 철저하게 외면당해버린 그날을 어떻게 기억해야 할지 막막하기만 했다. 평신도인 나는 부활주일을 앞두고 일어난 이 참사의 의미를 알 수 없어, 목사님들은 어떻게 이야기할지 궁금해서 부활주일 예배에 더욱 집중했고, 다른 교회들의 부활주일 설교 영상을 찾아봤다. 대부분의 설교는 어려운 시기에 우는 이들과 함께 울어주어야 한다고, 이 참사가 우리 사회에 경종을 울리고 있음을 주목해야 한다고 이야기했다. 참사 초기엔 그랬다. 그렇지만 나의 의문을 해결하기에는 너무 부족했다. 그들도 당황스러웠을 것 같다. 하필이면 부활주일을 앞둔 고난주간에….

일 년이 지난 후, 내가 고등부 교사를 하고 있던 교회에서는 이런 일이 있었다. 찬양팀 학생들이 부활주일 예배 전 찬양을 준비하면서 모두 노란 리본 배지를 달았다. 세월호 참사를 기억하고 추모하는 마음이었을 것이다. 그러자 담당 교역자가 찬양팀 학생들과 교사들을 불러 이렇게 이야기했다. "부활절은 예수님께서 사망 권세를 이기고 부활하신 기쁜 날인데, 이런 날 세월호 참사 같은 슬픈 일을 기억하는 것은 아닌 것 같으니 노란 리본은 뗐으면 좋겠습니다." 기가 막혀서 말이 나오지 않았다. 도대체 저 사람이 믿는 하나님은 어떤 하나님인지, 저 사람은 신학을 어떻게 배운 것인지, 신학이라는 게 삶과 이렇게도 동떨어질 수 있는 것인지 말문이 막혔다.

이후 많은 교회가 보수 언론과 보수 정당 정치인들이 이야기하는 종북 프레임을 그대로 받아들이며 세월호 유가족들을 적대시했다. 심지어 노란 리본을 단 성도들을 교회에서 내쫓는 곳까지 있었다고 하는데, 그들은 도대체 무엇을 믿는지 모르겠다.

결국 여러 교회들을 돌아다니며 교회를 선택하는 기준이 된 것은 세월호 참사를 바라보는 그 교회 담임 교역자와 구성원들의 시선이었다. 세월호 참사에 마음 아파하고 유가족들의 마음을 생각하며 눈물짓는 이들이 고마웠다. 안산에서 세월호 유가족과 함께하는 예배에 참석할 때면, 교회 이름으로 여러 명이 함께 참석하는 모습이 참 부러우면서도 그런 교회들이 소수인 것이 안타까웠다. 하나님 나라를 꿈꾸며 그리스도의 사랑을 나누고 살아야 할 유·무형의 교회들이 자신과 가족의 복만을 기원하는 모습으로 개인화되어버렸다. 타 종교에 대한 광기 어린 배척은 또 어떠한가.

그리스도인들의 모임인 교회는 과연 어떠해야 하는지에 대한 생각을 자주 한다. 함께 기뻐하고 함께 슬퍼하는 공동체, 그 공동체의 범위가 좁게는 가정이 될 수도 있겠고, 교회, 지역, 넓게는 이 나라 전체가 될 수도 있을 것이다. 그 교회들은 세월호 참사와 유가족들을 긍휼한 마음으로 대할 것이다. 함께 눈물 흘리며 유가족분들을 안아줄 것이다. 함께 연대하며 진실을 밝히기 위한 과정에 안타까운 마음으로 동참할 것이다. 매년 4월이 되면 매일 기도하는 마음으로 16일을 맞이할 것이다. 304명의 희생자들을 기억하려 애쓰고 희생 학생들의 이름을 부르며 그 가족들을 위한 기도를 올려 드릴 것이다. 온갖 막말로 세월호 유가족들을 조롱하고 세월호 참사의 진실이 밝혀지는 것을 방해하는 이들을 불쌍히 여기면서도 주님께서 그들의 머리 위에 숯불을 쌓아주시기를 간구할 것이다. 한국교회에 그런 교회와 그리스도인들이 많아지기를 바란다.

교회의 모습에서 실망한 부분들을 주로 이야기했지만, 사실은 나의 모습에 더 실망했다. "그리스도인으로서 나는 어떻게 살아가야 할까?" 늘 고민되고 대답하기 부담스러운 질문이다. 이 질문을 생각하면 기억 속 여러 장면이 떠오른다.

첫 번째 장면은 주일학교에 다니던 시절, 고모의 책꽂이에 꽂혀 있던 책 『예수님이라면 어떻게 하실까?』(아가페출판사, 2008)이다. 어린 나이에도 그 책의 제목이 모든 상황에서 판단의 기준이 된다는 것을 알 수 있었다. 모든 상황은 아니지만 많은 상황에서 그 기준으로 어떤 결정들을 해왔다. 물론 그 결정에 따르는 결과에 만족할 때도 있었고 '앗, 이게 뭐지?' 하는 생각이 들 때도 있었다.

두 번째 장면은 행복이를 떠나보낸 일이다. 결혼한 지 4년이 되어서야 아내가 임신을 하게 되어 얼마나 기뻤는지 모른다. 그런데 임신 안정기에 접어든 26주 차에 양수가 새는 바람에 병원에 입원하게 되었고, 이 일로 직장 동료들과 교회의 성도님들이 자기 일처럼 정말 간절하게 기도해줬다. 나 역시 그 누구보다도 간절했다. 살아오면서 가장 간절하게 하나님께 매달렸던 그 기도에 하나님은 철저하게 침묵하셨고, 행복이는 우리 부부를 떠났다. 철저히 외면 당한 기도였다. 왜 나에게 이런 일이 일어난 건지, 내가 아이를 정말 간절하게 원하고 있다는 것을 아시는 분이 왜 이렇게 철저히 기도를 외면하신 것인지 알 수 없었다. 나보다 더 힘들 아내를 생각해 집 밖에서 혼자 참 많이도 하나님을 원망하며 울었다. 그때 내 옆에는 두 부류의 사람들이 있었다. 한 부류는 하나님이 다 계획을 갖고 있을 것이고, 행복이는 좋은 데 갔을 테니 이제 그만 슬퍼하고 더 선한 것을 기대하며 마음을 잘 추스르라고 했다. 다른 한 부류는 소수지만 내 옆에서 아무 말 없이 한참 동안 내 손을 잡고 눈물을 흘리다가 안아주고 갔다. 누가 더 내게 위로가 되었을까.

이 두 장면을 통해 나를 돌아본다. 세월호 참사를 대할 때 나는 부끄러웠다. 교사로서 나 또한 지시대로 가만히 있으라고 했을 것이기에 부끄러웠고, 그리스도인으로서 예수님이라면 어떻게 하실까를 생각하기보다 주변의 시선을 신경 쓰고 있었던 것이 부끄러웠다. 세월호 유가족분들과 함께하는 예배를 섬기고 있던 선배의 권유로 예배에 참석하게 되었고, 그 이후 5년이 지난 시점에야 416합창단에서 활동하게 되었다. 게다가 그 활동에서 위로를 받은 것은 유가족분들이 아니라 오히려 나였다. 초음파 사진으로만 봤던 아이를 보내고도 너무 힘들어했으면서, 16년 이상을 아이와 함께 지내다 하루아침에 잃은 부모님들의 마음을 조금이라도 더 빨리 알고 함께 울어주지 못한 것이 못내 죄송했다. 위로의 대상인 줄만 알았던 그분들은 이미 위로자로서 대한민국 구석구석을 누비고 있었다. 어느 책의 제목처럼 "상처 입은 치유자"로 살고 있는 그분들을 통해 우는 자와 함께 우는 것이 어떤 것인지를 보게 되었다.

주위를 볼 것이 아니라 당사자를 바라봐야 하는데 그것이 쉽지 않았다. 하나님을 믿는 사람이라면, 예수님의 삶을 따라 살아가고자 하는 그리스도인이라면 정말 힘든 이가 누구인지, 우는 이가 누구인지를 보여달라고 해야 하고, 그 우는 이 옆에서 손잡아주고 함께 울어줘야 한다. 그래서 결국은 세월호 참사의 진실이 밝혀지는 날을 목도할 것을 기대하고 기도하는 마음으로, 함께 우는 마음으로 그 자리에서 연대해야 할 것이다.

여전히 그리스도인으로 살아가는 것이 쉽지 않음을 느낀다. 다행인 것은 곳곳에 나보다 더 본이 되는 분들이 계신다는 것이다. 그분들의 걸음을 따라가면 성경이 말하는 제자의 삶에 가까이 갈 수 있다는 것이 큰 위로다. 그 길을 함께 걸어갈 분들을 기다린다. 함께 걸어가자.

밥은 먹었어요?

김화숙

세월호를 기억하는 "별을 품은 사람들" 회원이자
416안산시민연대 활동가, 416합창단원이다.
『내 몸은 내가 접수한다』, 『글로 모인 사이 2』의 저자다.

"밥은 제때 먹고 댕기나?"

"엄마, 귀찮다고 밥 대강 먹는 거 아니겠지?"

오늘도 구순 노모와 환갑 딸의 통화는 밥으로 시작해서 밥으로 끝났다. 암 수술 후 9년이나 됐건만 나는 여전히 노모에겐 아픈 손가락이다. 나도 질세라 독거노인의 밥상을 묻고 확인하곤 한다. 가서 맛있는 거를 해드릴 것도 아니면서 말이다. 세상이 먹고살 만해졌다고들 하지만, 모녀는 아직 밥보다 더 나은 안부 인사를 찾지 못했다.

『밥은 먹었어요?』(걷는사람, 2022)라며 밥으로 인사하는 책이 있다. 2,345일 동안 따뜻한 밥상을 차리고 둘러앉아 늘 함께 먹는 사람들이 있었다. 세월호 유가족들 곁을 지키며 함께 울고 웃은 자원 활동가들 이야기이자 '치유공간 이웃'(이하 이웃)에 관한 기록이다. 치유공간 이웃은 2014년 9월부터 2021년 1월까지 안산에서 활동했다. 참사 소식을 듣고 가장 먼저 안산으로 달려온 사람들은 평범한 가정주부들과 직장인들이었다. 치유 밥상, 떠난 아이들의 생일 잔치, 뜨개질과 상담 등으로 그들은 어려운 시간을 유가족들과 함께 헤쳐왔다.

안산 시민단체에서 일하던 저자 이영하도 참사 후 이웃에서 피해자들을 도왔다. 그들의 이야기를 들었다. 이웃이 문을 닫은 현재는 심리상담사로 일하며 마음이 힘든 이들을 돕고 있다. 그는 이웃을 한마디로 '가장 평범한 사람들의 연대'로 정의한다.

책은 평범한 자원 활동가들의 이름을 불러준다. 최순옥, 김서원, 박혜자, 문지원, 곽정숙, 엄원주, 진선미, 김동현, 박철, 정설진⋯. 최순옥 실장의 특기는 평범한 재료로 다양한 음식을 만들어내는 것이다. 7년간 몇만 개의 밥상을 차렸다. 진선미 씨는 가장 많은 일을 한 멀티 플레이어다. 연근조림 만들기, 밥상 나르기, 생일잔치 준비에 뜨개, 전시, 예술 감독도 맡았다.

책을 읽으며 나는 영화 〈생일〉(이종언 감독, 2019)을 떠올리지 않을 수 없었다. 이종언 감독도 이웃에서 자원 활동한 경험으로 영화를 만들었다고 한다. 나는 이웃이란 공간도, 별이 된 아이들의 생일잔치도 영화로 접하고 책으로 만나고 있었다. 영화 속 수호네 옆집 아줌마 모델이 내가 만난 시민 활동가인 것도 나중에야 알게 됐다.

이웃의 자원 활동가 중 소설 쓰는 박혜지 작가가 있다. 막 등단한 후라 그는 참사 5일이 되도록 집에 틀어박혀 글만 쓰고 있었다. 한

국작가회의 행사에서 참사의 실상을 듣고 충격을 받은 후 안산에 오게 된 경우였다.

> 그때 그 소식을 듣고 "내가 가고 싶다" 했죠. 좀 거창하게 들릴까 봐 그렇긴 한데, 그냥 제가 해야 할 일이라고 생각했어요. 아무것도 모른 채 지내왔던 5일간에 대한 죄책감이 있었거든요. 그래서 작가 누구라도 가야 하는 거라면 내가 가면 좋겠다고 했죠(64쪽).

5일간에 대한 죄책감. 이 짧은 구절 때문에 나는 이 글을 쓰는지도 모른다. 5개월도 5년도 아닌 단 5일인데, 틀어박혀 글을 쓰는 건 작가의 본업이 아닌가. 안산에 가는 게 자신이 해야 할 일이라 느낀, 그 마음이 나는 알고 싶었다. 행동을 바꾸게 한 죄책감이었다.

작년 말 교수신문이 선정한 사자성어가 생각난다. 2022년 한 해를 정리하면 '과이불개'(過而不改)라고 했다. "잘못하고도 고치지 않는다"라고 꼬집은 이유는 "10.29 같은 후진국형 참사가 발생해도 책임지려는 정치가 안 나오기 때문"이라고 했다. 10.29 참사는 잘못하고도 고치지 않는 이 나라 정치의 사례로 언급됐다. 그런 참사가 일어난 것만으로도 우리에겐 고통이자 트라우마가 된다. 2014년의 4.16과 판에 박은 듯 같은 참사로 2022년에 10.29가 있었다. 잘못은 있되 잘못을 시인하는 사람도 책임지는 사람도 없었다. 권력은 변명과 책임 전가만 했다. 피해자들에게는 나라도 정부도 없었다.

'과이불개'(過而不改)에서 내게 도드라져 보이는 글자가 하나 있다. '개'(改)다. 기독교회에서 많이 쓰는 단어 '회개'와 겹쳐 보여서다. '잘못을 뉘우치고(悔) 고친다(改)'는 뜻의 회개는 교회에서 가장 많이 듣는 말이지 싶다. 그리스도인은 회개를 많이 하는가? 교회는 행동을 고치고 다른 삶을 살라고 지지할까? 자문하지 않을 수 없다. 문제는 회개를 얼마나 많이 자주 하느냐는 아닌 것 같다. 무엇을 왜 회개하느냐가 관건이다. 잘못으로 느껴야 할 것에는 떳떳하고, 잘못이 아닌 걸 잘못이라고 회개하면? 그 뉘우침은 어떤 변화를 가져올까? 뉘우치고 고칠 게 과연 있을까?

박혜지 작가가 뭘 잘못했기에 죄책감을 느꼈을까? 그가 세월호 가족을 향해 욕을 하길 했나, 단식하는 가족 옆에서 피자를 먹길 했나. 그가 느낀 감정은 아마도 사회적 무관심 또는 무책임에 대한 부끄러움이었을 것이다. 잘못을 고치고자 했을 것이다. 관점이 달라진 그의 눈에 사회적 책임이란 특별할 것 없는 당연한 자기 일이 됐을 것이다.

기독교회에서 사회적인 책임 또는 행동을 가르칠까? 나는 오랜 세월 잘못 배운 신자로 살았음을 고백한다. 사회 정의, 민주주의, 데모, 노조는 '빨갱이'와 연결된다고 듣고 자랐다. 교회에서 배운 '영적인' 삶은 그런 것과 거리를 두어야 했다. 여자는, 특히 사모의 미덕은 자신을 드러내지 않는 '순종과 희생'이라 배웠다.

세월호 참사 당시 나는 가정과 교회와 직장만 아는 지친 중년 아줌마였다. 안산 시민이었지만 지역에서 일어나는 문제에 귀를 반쯤 막고 살았다. 그럴만한 이유도 있었다. 단원구가 아닌 상록구에 살아서였고 그 봄에 내 몸이 아주 아파서였다. 아픈 봄이 가고 7월 초 암 수술을 했다. 수술 후엔 자연치유에 집중하며 은둔자처럼 살았다.

"차라리 내가 암 환자라서 얼마나 다행인가. 누가 날 탓할 수 있겠는가!"

검은 현수막이 펄럭이는 거리에 나가면 스스로를 합리화하곤 했다. 마음이 복잡했기 때문이다. 내가 사는 안산인데, 우리 막내도 고2였는데, 나는 아무 상관 없는 양 사는 게 늘 찔렸다. 해결책을 모르는 숙제였다. 어떻게 보고 어떻게 행동해야 하는지 배운 적도 없었다. 아주 부끄럽지만 사실이다. 안산 시민 촛불집회에 나는 한 번도 나간 적이 없었다. 단원고등학교도, 합동분향소도, 치유공간 이웃도 전혀 몰랐다. 세월호 가족이 주변에 한 명도 없었다.

몸과 마음이 회복될수록 내 안에 갈등도 커졌다. 2016년, 광화문 촛불집회에 나가지 못할 이유가 없었다. 거기서 세월호 부모들을 처음으로 마주했고 그분들의 목소리를 제대로 들을 수 있었다. 같이 울고 소리 지르며 나는 새롭게 일어났다. 촛불 이후 나는 이전보다 더 강하고 건강한 몸으로 새로운 삶을 출발할 수 있었다.

이후 여성단체에서 "별을 품은 사람들"로 세월호 활동에 참여했다. 『416 단원고 약전』을 읽고 토론하면서는 참 많이 울고 웃었다. 세월호 행사에 가면 부모님들과 만나 포옹할 수 있다. 계속해서 나는 416안산시민연대로 매달 "별에게 보내는 편지"로, 416합창단으로 곁에 서 있다.

마가복음 10:48로 글을 마치고자 한다. "많은 사람이 꾸짖어 잠잠하라 하되 그가 더욱 크게 소리 질러 이르되 '다윗의 자손이여, 나를 불쌍히 여기소서 하는지라.'" 여리고에서 시각장애인 거지 바디매오가 예수를 향해 소리 질렀다. "예수여, 나를 불쌍히 여기소서!" 사람들은 시끄럽다며 그를 꾸짖었지만 그는 더욱 크게 소리 질렀다. 뭘 원하느냐는 예수에게 그는 "보길 원한다"고 답한다. 어떻게 됐을까?

올해 내 삶의 기도제목은 "더욱 크게 소리 질러"다. 오랜 세월 성차별적인 사회와 교회에서 목소리와 개성을 죽이던 습관을 더 떨쳐내고 싶어서다. 내 생각과 감정을 더욱 크게 소리 질러 말하고 글로 쓰고자 한다. "나를 불쌍히 여기소서" 소리치는 이들을, 더욱 크게 소리 질러 응원하고 싶어서다. "밥은 먹었어요?" 따뜻하게 인사하고 포옹하는 이웃이 많아지길 기도한다.

쉽지 않을 새로운 한 해, 세월호 가족들과 곁에 있는 이웃들에게 크게 소리 질러 인사해본다.

"밥은 먹었어요?"

끝나지 않은 길: 가족 이야기

결국 너와 나는 하나가 될 거야

박은희

416생명안전공원 예배를 한결같이 챙긴다.
지칠 때면 곁을 지켜주는 이들이 엘리야에게 보내진 천사처럼
하나님이 유가족에게 보내주신 천사들이라 믿으며,
다시 힘을 내 진실의 길을 걷는다.

2014년 4월 16일에 터진 세월호 참사는 내가 나와 나의 가정을 보호하기 위해 견고히 쌓아온 성을 한순간에 무너뜨렸다. 사람과 사회, 심지어 하나님에 대한 기대와 믿음이 일순간 붕괴되었다. 마치 모든 보호막이 걷히고 우주 한가운데 둥둥 떠 있는 기분이었다. 지금도 종종 나는 암흑 한가운데서 길을 잃고는 한다. 그래서일까. 참사 초기부터 지금까지 나를 끈질기게 괴롭히며 따라오는 질문은 진상규명보다 이 인생의 시작과 끝에 관한 것이다. 나는 왜 태어났고, 이 지구와 우주는 왜 시작되었을까? 그리고 지금 어디로 흘러가고 있을까? 예은이는 이 시간과 공간의 장 안에서 어디쯤 있는 걸까? 우리는 만나서 서로를 알아볼 수 있을까? 미안하다, 사랑한다, 한 번이라도 말하고 안아줄 수 있을까?

아이들은 다 배 안에 있습니다

참사가 있던 날 나는 학교에서도 언론에서도 제대로 된 정보를 얻을 수 없어서 진도군청, 119, 해경, 해군 등 모든 곳에 전화를 걸었다. 하지만 돌아오는 답변은 "담당 부서가 아닙니다"였다. 담당 부서를 알려주거나 "담당 부서를 알아보고 연락드리겠습니다"라고 말하는 곳이 한 곳도 없었다. 결국 인터넷에서 서거차도에 있는 교회를 검색해 전화를 했다. 한 번에 연결되지는 않았지만 몇 시간 후 연락이 와서 목사님과 통화를 했다.

"안녕하세요. 저는 단원고 학생 엄마예요. 저희 아이가 세월호를 타고 수학여행을 갔는데 연락이 안 돼요. 뉴스에서는 아이들이 구조되어서 서거차도 말고도 인근 섬들로도 갔다고 하는데 어디로 갔기에 연락이 안 될까요?"

"…."

"도대체 그 많은 아이가 다 어디로 갔나요?"

"어머니, 아이들은 다 배 안에 있습니다."

완전히 침몰한 배 안에 아이들이 있다는 이야기를 듣는 순간 예은이가 살아 있으리라는 희망을 접었다. 주방 쪽에 모여 있다는 소식도 있었지만 믿어지지 않았다. 그래도 혹시나 하는 마음에 믿지 않는 나를 자책하며 다시 신께 매달려 기도하기도 했다. 불자인 호성 어머니도 아이를 찾게 해달라고 기도했다가 호성이를 지켜주지 않은 부처님에게 화가 나서 염주를 던졌다가 또다시 부처님이 노해 아이를 못 찾을까 봐 땅을 기다시피 하며 사라진 염주 알을 찾아 냈다고 했다. 아이들을 기다리는 부모들은 다 그랬다. 아이를 빼앗아 간 신에게 욕을 했다가 다시 신에게 용서를 빌고 아이를 꼭 찾게 해달라고 간절히 기도하기를 반복했다. 나는 점점 그게 싫어졌다. 예은이를 지켜주지 않은 신께 더 이상 아무것도 요구하고 싶지 않았다.

애초에 하나님은 이런 일을 미리 막으신다고 생각하지 않았기 때문이다. 마찬가지로 어떤 목사의 말처럼 하나님이 이런 일을 꾸미신다는 것은 더더욱 믿지 않았다. 나에게 신앙은 내가 걸어갈 길의 방향성이지 도깨비방망이가 아니었다. 하지만 마지막 순간에 아이들이 겪었을 공포와 절망을 생각하면 이 세상을 만든 신이 한없이 미워졌다. 마음 같아서는 당장이라도 예은이에게 가고 싶었다. 혼자 외롭게 가게 한 것이 미안했다. 밥을 먹는 것도 따뜻한 물로 씻는 것도 잠을 자는 것도 아무것도 할 수 없었다. 그렇게 이 세상과 저 세상 사이에서 어정쩡하게 일주일을 버티고 있었는데, 예은이가 꿈에 나타났다. 하얀 옷을 입고 동명상가 길모퉁이에서 캐리어를 들고 서 있었다. 나는 교회를 가기 위해 길모퉁이를 지나가다가 예은이를 발견했다. 무표정한 얼굴의 예은이와 눈이 마주치고 꿈에서 깼다. 차에 태우지 못하고 깨서 예은이를 영영 찾지 못하는 건 아닐까 하는 마음도 있었지만 예은이가 올라오겠구나 하는 마음이 더 컸다. 일주일 만에 따뜻한 물로 씻고 밥을 먹으니 바지선에서 연락이 왔다. "예은이 찾았어요."

선한 사마리아인의 모습으로 찾아온 하나님

예은이 장례를 치르고 교회에 갔다. 나는 '아픈 사람들을 위로하는 자가 되려고 전도사가 되었는데 그것도 교만이었구나' 하는 생각이 들었다. 목사님의 배려로 한 달간은 교회 일을 하지 않고 예배만 드렸다. 예배를 드릴 때마다 늘 불렀던 찬송가 가사들이 상처를 후벼 팠다. 평안, 위로, 인도, 찬양 등등이 고난 가운데 있는 사람들에게 얼마나 듣기 힘든 단어였는지 처음 알게 되었다. 특히 바다라는 단어가 들어간 찬송은 숨이 막혔다. 7년 정도가 지나서야 아이들에게 요나 이야기를 설교할 수 있었다.

2014년 5월 8일 어버이날에 KBS방송국 항의방문과 청와대 노숙을 하면서 우리는 시민들을 처음 만났다. 겹겹이 에워싼 경찰들의 벽을 뚫고 물과 담요 등을 건네주는 그들을 보며 교회 밖에서 '교인이 아닌 이들이 교인보다 더 예수처럼 살고 있구나' 하는 생각을 했다. 지금까지 교회 안에서만 신앙생활을 하며 고고한 척한 나 자신이 부끄러웠다. 나는 내가 늘 선한 사마리아인과 같은 삶을 살아왔다고 생각했는데, 강도 만난 사람이 되어 길에 버려져 보니 이전의 나는 제사를 핑계 삼아 도망가는 제사장의 모습을 한 자였다. 국회와 광화문에서 단식이 시작되면서 큰 집회에 가족들이 참석했다. 집회 현장마다 깃발을 들고 사람들이 모여들었다. 처음 보는 풍경에 가족들은 겁을 먹고 중간에 집으로 가곤 했다. 하지만 시민들이 건네는 위로에 힘을 받으며 점점 그들의 연대에 고마움을 느꼈다. 특별히 광화문과 청계광장과 대한문 앞에서 꾸준히 진행되었던 기도회는 내게 큰 힘이 되었다. '이들이야말로 강도 만난 이웃을 찾아가 도와준 선한 사마리아인이구나' 하는 생각이 들었다.

2014년, 본격적으로 시작된 특별법 제정을 위한 서명 받기 운동으로 가족들은 하루가 멀다 하고 전국을 누볐다. 새벽에 버스를 타고 나가면 자정이 다 되어야 돌아왔다. 늦은 밤 분향소 주차장에 도착하면 부모들은 버스에서 내리자마자 분향소 안으로 들어가 아이들에게 인사를 했다. 가끔 일찍 도착한 날이면 천주교 부스에서 미사를 드리고 나오는 사람들을 볼 수 있었다. 천주교 부스에서는 일년 가까이 하루에 두 번씩 미사를 드렸다. 반면 개신교 부스는 처음에는 안산시교회연합회에서 음료수 등을 나눠주며 지키고 있다가 그마저도 사라지고, 와동에 있는 교회에서 목사님 한 분이 유가족 몇 명과 일주일에 한두 번 모임을 갖고 있었다. 분향소를 두고 왜 먼 곳에서 모이냐고 말씀드리고 가족협의회에 부탁을 드려 부스를 마련했지만 분향소와는 거리를 두셨다. 2014년 12월에 예배실 부스에 혼자 앉아, 아픔의 자리에는 찾아오지 않고 자기 교회에서 치유음악회를 하는 안산의 대형교회들을 원망하며 울었다.

그래도 예배실이 마련되자 제일 먼저 오상렬 목사님과 장신대 "하나님의 선교" 친구들이 찾아와 목요기도회를 드리겠다고 했고, 화정교회 박인환 목사님도 지역교회와 지인 목회자들을 초청해 주일예배를 이어가겠다고 하셨다. 그런데 첫 예배는 멀리 익산에서 온 교회가 먼저 드렸다. 감리교 교단에서 지원해준 집기들을 확인하러 잠깐 예배실에 들른 날, 익산에서 오신 한 목사님이 청소년부 겨울수련회 첫 일정으로 안산 분향소에 왔는데, 예배실이 있어 반가운 마음에 들어왔다고 예배드려도 되냐고 물으셨다. 목사님과 학생들은 난방도 안 되는 예배실에서 예배를 드린 후 유가족 대기실로 가서 청소도 하고 어머니들의 한 맺힌 이야기를 1시간 넘게 들어주다 가셨다. 경황이 없어 이름도 여쭈어보지 못했다. 이후 목요일마다 장신대 "하나님의 선교" 주관으로 기도회가 진행되었고, 1월 말 "고난함께"의 주일예배를 시작으로 주일마다 오후예배도 이어졌다. 그렇게 매주 목요기도회와 주일예배가 2018년 4월까지 4년간 이어졌다. 거의 한 번도 쉬지 않고 이어졌으니 기적과 같은 일이다. 정말 많은 교회와 단체들이 다녀갔다.

가족들은 처음에는 교회에서 받은 상처 때문에 찾아오는 이들을 경계하기도 하고 화를 내기도 했지만 조용히 들어주고 공감하며 함께 울어주는 분들 덕분에 마음이 조금씩 열렸다. 유가족 앞에서만 웃을 수 있었는데 시간이 지나면서 기도회와 예배에 함께해주는 분들 앞에서 웃기도 하고 편하게 밥도 먹을 수 있게 되었다. 하나님이 우리를 버렸다고 생각했는데 오히려 하나님은 수많은 선한 사마리아인의 모습으로 우리를 찾아와 위로하셨다. 반면 예배를 찾아온 분들은 유가족들의 고통과 눈물 속에서 유가족들과 함께 아파하시는 하나님을 봤다고 했다. 참사 앞에서 당신은 어디 계시냐고 울부짖었던 유가족과 시민들이 서로 마주 보고 손을 잡으면서 각자의 얼굴에서 하나님을 발견했던 신비한 시간이었다.

진실을 가장 가까이에서 본 사람들

기도회와 예배는 안산에서뿐 아니라 광화문에서도 계속 이어졌다. 또 전국 곳곳에 있는 교회에서 유가족들을 초청해 이야기를 들어주었다. 언론에서 왜곡하거나 은폐했던 사실들을 알릴 수 있으므로 가족들은 아무리 힘들어도 찾아갔다. 다른 유가족들과 함께 다니면서 나는 매번 놀랐다. 문제의 핵심을 너무나 명확하게 짚어내는 부모들을 보면서 그 힘은 무엇일까 생각했다. 아마 그건 진실을 가장 가까이에서 본 자들이기 때문이 아닐까? 보았기 때문에 말할 용기도 생기고 장황한 설명 없이 문제의 본질을 바로 말할 수 있었던 것 같다. 송곳의 끝처럼 참사 현장은 많은 사회적 문제들이 집약되어 고여 있는 곳인데 유가족들은 그것도 다 느끼고 있었다. 예배실이 생긴 후 그리스도인 가족들이 모여 1년 정도 함께 성경책을 읽은 적이 있다. 복음서, 사도행전, 창세기, 욥기 등을 읽었다. 그때 가족들끼리 우리도 제자들처럼 진실을 말하러 다니고 있으니 또 하나의 사도행전이 아니냐고 말했다. 예수님의 제자들이 죽음도 두려워하지 않은 것은 믿음이 커서가 아니라 직접 보았기 때문이 아닐까 하는 생각이 들었다. 우리 유가족도 본 것을 말하지 않고는 견딜 수 없었다. 감추어진 모든 것을 죽음을 무릅쓰고라도 말하고 싶었다. '그래 사도들도 예수님의 죽음과 부활을 정말로 보았구나'라는 생각이 절로 들었다.

그 예배가 우리를 살렸다

2014년 9월 1일에 개신교, 불교, 원불교, 천도교, 천주교 성직자로 구성된 5대 종단 종교인들이 세월호 참사 진상규명을 위한 특별법 제정을 한목소리로 촉구하며 연합기도회를 개최했다. 보신각에서 모여 광화문까지 행진했는데 비가 오는 날씨임에도 많은 이가 함께했다. 나는 광화문에 있다가 기도회 소식을 듣고 반사적으로 달려나갔다. 둥글게 모여선 사람들이 종단별로 차례로 나와 각자의 언어와 형식으로 기도했다. 종교는 다르지만 그들의 기도에는 진상규명을 바라는 간절한 마음과 진상규명을 방해하는 자들에 대한 호된 꾸짖음이 있었다. 아주 큰 종소리를 듣는 것처럼 모든 기도가 오랫동안 여운이 남았다. 아, 이렇게 하나가 될 수 있구나. 빗속에서도 조금의 흔들림 없이 신을 향해 기도하고, 서로가 믿는 신이 다르다 하여 경계하지 않으며, 같은 것을 바라는 마음으로 그저 하나가 된 시간이었다. 이날뿐 아니라 오랫동안 광화문광장에서는 다양한 종교들이 교대로 기도회를 진행하면서 별이 된 이들을 위로하고 힘들게 싸우고 있는 유가족들과 시민들을 격려해주었다. 이렇게 세월호 참사를 계기로 다른 교단들이 또 서로 다른 종단들이 함께 모임이나 행사를 준비하는 일들이 많았다. 그러면서 시민들이나 유가족들도 자신이 믿지 않는 종교에 대한 거부감을 많이 내려놓을 수 있었던 것 같다. 기독교냐 불교냐보다 진짜 종교인이냐 가짜 종교인이냐가 중요했다. 시대의 아픔에 눈감고 손가락질하는 이들은 가짜 종교이고 가짜 종교인들이라는 것을 확실히 알게 되었다.

2018년, 안산화랑유원지에 있던 정부합동분향소가 없어지면서 예배실도 사라졌다. 막막했던 순간에 416생명안전공원 부지에서 예배드리자는 제안들이 모였을 때 투쟁 현장이 아닌 고요한 풀숲에서의 예배가 힘이 있을까 하는 생각을 했다. 하지만 5월 첫 예배를 드리면서 부모들은 울컥했다. 사방에서 아이들의 목소리가 들려오는 듯했다. 멀리 단원고 건물도 아프게 눈에 들어왔다. 나를 비롯해 유가족 모두 세월호 참사로 거리예배를 처음 경험했다. 거리예배는 현장이 주는 생생함이 있었고 예배의 참여자 모두가 함께 호흡하며 드리는 예배였다. 많은 변수조차 예배의 일부가 되었다. 광화문광장에서, 청계광장에서, 대한문 앞에서, 신학

416생명안전공원 예배에서 말씀을 전하는 용인 고기교회 안홍택 목사.

교에서, 안산 화랑유원지 등에서 드린 예배는 자식을 잃고 나서 교회를 떠나고 하나님을 떠나고 때로는 이 세상도 떠나려 했던 가족들을 붙들어주었다. 그 예배가 우리를 살렸다.

2014년, 모든 것을 잃고 거리에 주저앉아 있던 나는 끝내 삶을 포기하지 않고 살아냈다. 함께해준 모든 분 덕분이다. 특히 기도회와 예배를 통해 함께 울어주고 기도해준 모든 분에게 감사를 드린다. 그리고 그분들이 아픔의 자리로 가도록 마음을 움직여준 하나님께 감사드린다. 나를 편안하게 보호해주던 성들은 무너졌지만 이전에 보지 못했던 아픔의 자리를 보게 되었고, 다름을 옳고 그름의 기준으로 보지 않게 되었다. 그리고 예수님의 삶은 더 선명해졌다. 그분에 대한 많은 상징 중 '대속'을 '계획된 제사적 상징'이 아닌 '대신 죽음의 평범성에 대한 상징'으로 받아들이게 되었다. 대신 죽은 이들을 기억하는 것, 기억하고 우리가 변화되는 것이 이 사회를 구원하는 일이라는 생각이 든다.

이태원 참사로 또다시 세월호 가족들은 2014년을 살고 있다. 처음 자연분만할 때보다 두 번째가 더 무서웠던 기억이 난다. 경험으로 예측이 되기에 똑같은 일을 다시 겪는 것은 더 힘들다. 하지만 이 시간도 지난 9년처럼 아이들이 함께할 것이고 선한 사마리아인과 같은 이들이 함께할 것이다.

이전과 다른 모습으로 늘 함께하고 있는 예은아, 네 덕분에 엄마는 조금 성장했고 정말 좋은 분들을 만났어. 네가 잘 있는 걸 알지만 네가 그렇게 가게 된 이유를 끝까지 묻는 건 여전히 네가 같이 있음에 대한 응답이고 결국 너와 나는 하나가 될 거라는 믿음에서야. 나와 너뿐이겠니. 우리와 연결되어 있는 모든 생명을 위해 우리 좀 더 힘내보자.

한여름 416생명안전공원 예배. 나무 그늘에 앉아 예배를 드리고 있다.

기나긴 고통의 시간 그리고 섬

안명미

416합창단, <416TV>, 416생명안전공원 예배팀에서 활동해왔다.
내성적이라 대중 앞에서 말하고 행동하는 것이 버거웠지만
"엄마니까" 했다면서, "지성이가 나의 교사"라고 한다.

고통의 시간

평온한 시기였다. 지금껏 느껴보지 못한 잔잔한 호수 같은 때였다. 둘째 딸을 시집보낸 후 그 빈자리가 커서 허무했던 시기이기도 했다. 아이들이 신혼여행을 다녀온 직후 일이 터졌다. 연이은 빈자리가 더 크게 생겼다. 어처구니없이 아이를 떠나보낸 마음은 고통이었다. 배 안에서 전화를 한 아이가 "아빠, 배가 가라앉고 있어"라고 했을 때, 설마 했는데 정말 우리 눈앞에서 배는 가라앉았다. 끔찍한 일이었다. 믿기지 않았다.

그래도 살아 있을 거라는 희망을 놓지 못했다. 죽었을 리가 없어, 살아 있을 거야, 하면서도 오랜 기다림은 아이가 죽었을 거라는 생각으로 지배당하게 했다. 살아 있을 거라는 생각은 서서히 꺼져갔고, 시간이 흐를수록 자식을 찾아가는 유가족을 보면서 '유가족이라도 되게 해달라'고 바랐다.

긴 기다림 끝에 15일 만에 아이가 바다에서 왔다. 그때는 미쳤던 거 같다. 힘들었을 아이를 생각하니 너무 가슴이 아파 울부짖다가, 또 한편으로는 이렇게라도 돌아온 게 감사했다. 펜스에 걸려 있던 아이는 동거차도 어민들이 펜스를 끌어 올리다 발견했다고 한다. 아이의 몸이 너무 상해서, 아이 아빠는 가족이 안 보는 것이 좋겠다 생각했다. 그래서 나는 천으로 싸인 아이를 손으로 만져서 확인했다. 정신이 없었기에 그렇게 보냈다. 하지만 아이의 마지막 모습을 보지 못한 게 두고두고 아쉬워 한동안 남편을 원망하기도 했다.

집에 폭탄이라도 떨어진 듯, 화목하던 가정은 온데간데없이 흩어졌다. 그땐 가슴에 오직 지성이밖에 없었다. 다른 자식을 담을 수가 없었다. 정부와 싸우고, 사람들과 싸우면서 더더욱 사는 것이 재미없어졌다. 영혼 없이 집안일을 했다. 사람도 싫었다. 우울감은 극에 달했다. 아이와 언제 만나나 날짜만 세며 죽음을 생각했다. 2014년 그해는 죽을 것 같은 고통이 나를 휘감고 있었다. 남편도 미친 듯이 세월호를 알리겠다고 밤낮없이 매달렸다. 나는 이러다가는 내가 미치겠구나 싶어 장롱에 고이 모셔둔 운전면허증을 꺼내 도로 연습을 시작했고, 가족협의회 활동에 본격적으로 나섰다.

신을 원망하다

모든 부모가 그렇겠지만 나 역시 부모로서 지성이에 대한 기대가 컸다. 하나님의 간섭을 받는 아이였던 우리 지성이는 다른 시선으로 사물을 볼 줄 알았고, 생각이 깊었으며 성품도 올곧았다. 혹시 아이가 교만해질까 특별히 대하지는 않았다. 이럴 줄 알았더라면 그럴 필요가 없었는데 말이다.

그래도 아이를 향한 사랑이 보였으리라. 그런 아이를 어이없이 잃고 나니 하나님이 원망스러웠다. 팽목항에서 아이를 기다리던 때, 새벽에 잠이 오지 않아 잠자리인 천막에서 나와 바닷바람을 맞으며 5분 정도 걸어서 기도터인 등대 길을 찾았다. 아무도 없는 기도터에 앉아 하나님께 따졌다. 이게 뭐냐고? 왜 나한테 이런 일이 생기냐고? 대답은 없었다. 유명하다는 기도원에도 올라갔다. 금식 기도원이었다. 올라온 이유를 쓰라기에 "세월호 부모입니다. 하나님께 화가 나서 따지러 왔고, 이유를 알고 싶어왔습니다"라고 썼다. 그 쪽지를 들고 강단에 오른 기도원 원장은 위로가 아닌 비난의 말을 하며 성도들이 자기 말에 호응하기를 바랐고, 성도들은 아멘으로 화답했다. 생각 없는 목사와 성도란 사람들이 있는 곳에 더 이상 앉아 있고 싶지 않아 그길로 나와버렸다. 3일 만에 내려왔다. 오히려 아픔을 간직한 채 내려와야 했다. 내려오는 날이 국회에서 단식 농성을 하는 날이었다. 남편은 나를 데리고 국회로 갔다. 금식을 하고 왔기에 단식은 충분히 할 수 있겠다 싶어 12일을 했다. 오랫동안 기도했는데, 이제는 하지 않는다. 응답이 없기 때문이다

이후 기독교 모임에 나갔다. 의무적인 끌림이었다. 그 속에서 활동하는 고마운 작은 교회는 많았지만 큰 교회는 움직이지 않았다.

교회만은 정의롭게 우리의 힘이 되어주리라고 믿었는데 실상은 나약한 모습뿐이었다. 그 안의 사람들 생각도 제각각이었고 아무런 움직임도 없었다. 실망스러웠다. 기대할 게 없었다. 나는 교회를 비난하기 시작했다. 사회적 아픔이 있는 곳에 아무런 미동도 보이지 않는 모습이 끔찍했다. 교회를 대하는 나의 태도는 점점 더 경직되어갔다. 그러나 한편으로는 그 시간이 나의 신앙을 돌아보는 계기가 되었다.

활동을 하다

참사 당시 늦둥이 아들이 초등학교 5학년이었다. 돌봐야 하는 아이가 있어 처음에는 소극적으로 공방에서 리본을 만드는 것으로 활동을 시작했다. 이후에는 『금요일엔 돌아오렴』(창비, 2015)이라는 책이 나와서 알리러 다녔다. 2015년부터는 가족협의회 활동에 참여했고, 〈416TV〉, 합창단, 증언 등 활동 범위를 넓혔다. 그리고 남는 시간은 공방 활동으로 빽빽하게 채웠다. 시간이 비면 생각이 많아 견딜 수가 없었다. 그렇게 몇 년을 쉼 없이 활동하니 조금씩 지쳐갔다.

어느 날 아이를 보니 중3이었다. 내가 너무 아이를 방치한 건 아닌가 싶었다. 그렇다고 이제 와서 아이를 너무 조이고 싶지도 않았다. 그때는 그런 마음이 들었다. 우리는 점차 대화가 없어졌다. 나는 나름 자유를 줬다고 생각했는데, 아이는 사춘기여서인지 말수가 더욱 줄었다. 남자아이라서 그런가 보다 했다. 불만을 가슴속에 품고 있었던 것이다. 어느 날 아이는 지성이 누나만 챙기다가 갑자기 자기한테 왜 신경을 쓰냐며 내 손길을 거부했다. 그래도 꾸준히 1년 정도를 노력하니 감사하게도 다시 관계가 회복되었다. 크고 작은 일들이 있었지만 나름 최선을 다해서 살아온 시간이었다.

〈416TV〉는 내가 이전에는 한 번도 경험해보지 못한 일들을 하게 했다. 촛불집회 현장 한가운데로 차를 운전해 들어가야 했고, 카메라를 들고 서 있어야 했으며, 최루액 물대포도 맞아야 했다. 집회 현장, 청문회 현장에서 카메라를 잡고, 합창단으로 대중 앞에 서고, 증언을 위해 사람들 앞에 서는 일들이 오랜 시간 주부로만 살아온 내게는 큰 스트레스였다. 그래서 성과는 얼마나 있었을까? 진상규명은, 안전사회는 얼마나 진행되었을까? 이태원 참사만 봐도 알 수 있다.

쉼

교회에서도 나는 투쟁하는 기분이었다. 리본을 달고 성가대에 설 때마다 리본의 무게가 얼마나 무거웠는지 모른다. 쉼이 필요했지만 쉴 수 없었다. 평생 습관적인 교회 생활을 해왔던 터라 싫증도 났고, 거기에 투쟁의 삶까지 더해지니 나는 서서히 지쳐갔다. 코로나로 인해 교회 모임이 멈췄을 때에야 나에게 쉼이 주어졌다.

나에게 저절로 주어진 쉼은 숨을 쉬게 해주었고, 무거운 짐을 내려놓게 했다. 먼저 교회 생활과 오랜 신앙생활로 인해 생긴 습관적인 행동을 멈췄다. 본이 되고자 열심을 냈던 마음을 내려놓았다. 아이들과 함께 예배할 수 있는 가정예배로 전환해서, 이 시간이 아니면 평생 할 수 없다는 생각으로 부모가 해줄 수 있는 말씀을 나누는 시간을 3년 가졌다. 그러면서 점점 더 진짜 신앙인으로 살고 싶어졌다. 이제는 마음도 많이 진정되어 다시금 하나님을 적극적으로 찾게 되었다. 8년이 걸렸다.

활동도 1년 쉬었다. 스트레스로 몸과 마음이 병들어가고 있었다. 쉬면서 그림 전시회도 하고, 봉사활동도 하고, 그동안 돌아보지 못한 가족도 챙기고, 친인척도 챙기며 시간을 보냈다. 투사의 삶을 조금 내려놓은 시간이었다.

트라우마

그날 이후 나는 이렇게 살아가고 있다. 불안 증세로 상담을 오랫동안 받았고, 항상 죽음을 가까이한 채로 산다. 뉴스에 나오는 아이들의 죽음이나 전쟁, 기근, 코로나, 사고로 인한 사람들의 죽음이 이전보다 더욱 아프게 다가온다. 푸른 나뭇가지에서 잎이 떨어지는 모습만 봐도 너무 가슴이 아프고, 나뭇가지에서 떨어져 뒹구는 낙엽을 밟으면 인생의 마지막을 보는 느낌이다. 인생의 풍파로 세상을 알아버렸다. 그럼에도 불구하고 여전히 살아가고 있다.

세상에 버려진 내 인생에 찾아온 희망

정순덕

순영이를 잃고 교회에 다니기 시작했고,
2015년 진도 팽목항 고난기도회 때 예수님을 영접했다.
416생명안전공원 예배팀 엄마 중 맏언니로,
언제나 겸손하고 다정한 미소로 함께한다.

지난날 나는 가끔 교회에 나갔다. 주님을 떠나 세상에서 내가 하고
싶은 대로 하며 살고 싶었다. 그래서 오랫동안 방황하며 살았다. 그
러던 어느 날 아들이 학교에서 수학여행을 가는데 자기는 가기 싫
다고 했다. 나는 고등학교 시절의 마지막 여행이니 다녀오라고 했
다. 아들은 착했다. 그것이 나와 아들의 마지막이 될 줄은 꿈에도
몰랐다.

2014년 4월 16일, 사랑하는 아들을 잃고 다시 아들을 만나야 한
다는 간절함에 끌려서 그해 5월 말쯤 언니가 다니는 교회에 나갔
다. 모든 것을 다 잃고서야 오랜 방황을 마치고 다시 주님 품으로
돌아온 것이다.

2015년 고난주간에는 팽목항으로 내려갔다. 전국에서 내려온 목
사님들, 장로님들과 함께 진도 어느 중학교에서 예배를 드렸다. 그

5장 ● 끝나지 않은 길: 가족 이야기 425

때 유가족들에게 세족식을 해주었는데, 주님을 생각하니 가슴이 너무 아파서 숨을 쉴 수가 없었다. "주님, 주님의 따뜻한 손길로 만져 주소서" 하고 마음속으로 기도했다. 그러자 아팠던 가슴이 조금 시원한 느낌이 들었다. 나는 "주님, 감사합니다"라고 외쳤다. 주님은 살아갈 소망이 없던 나에게 다가오셔서 칼로 심장을 도려내는 듯했던 통증을 조금씩 녹여주셨다.

그렇게 나는 살아계신 주님을 영접하면서 하루하루 조금씩 분노와 절망감을 내려놓고 다시 희망을 바라보게 되었다. 주님의 은혜는 위대하고 그 어떤 말로도 표현할 수 없을 만큼 황홀했다. 그 아픈 시기에 오직 예수님만 생각할 수 있게 해주셨다.

그래도 옆에 없는 아들이 너무나 보고 싶었다. 만질 수 없다는 허무함에 눈물로 하루하루를 보냈다. 그러다 하루는 베란다 창가에 앉아서 울면서 하늘을 쳐다보며 아들의 이름을 불렀다. 그때 분명 옆에는 아무도 없었는데 마치 마주 보며 이야기를 나누는 것같이 생생한 음성이 들렸다. "나 (여기) 와 있다" 하셔서 깜짝 놀랐다. 또 어떤 날 아침에는 아들 방에서 찬양을 하고 있는데 "네 죄 때문에 내가 죽었다. 회개하라"는 음성이 들렸다. 너무나 생생했다. 그리고 들리는 주님의 말씀은 "내가 너를 사랑한다"였다.

소파에 앉아 있던 어느 날은 "천국이 하늘나라에만 있는 것이 아니라 이 세상에도 천국이 있다" 하신다. 또 하루는 꿈속에서 예수님이 십자가를 지고 힘겹게 언덕을 오르신다. 어떤 날은 너무 행복한 생각이 든다. 그럴 때는 아들이 곁에 없는데 내가 이렇게 행복해도 되나 싶은 생각이 번뜩 든다. 광화문에서 아들의 사진을 보고 울고 있는데 어떤 목사님이 "지금 흘리고 있는 그 눈물은 예수님의 눈물입니다"라고 했다. 예수님도 나처럼 이렇게 눈물 흘리셨을 것이다.

예은이 엄마의 권유로 2015년 1월부터는 예배 부스에 나가 우는 자 옆에서 함께하는 많은 목사님과 형제들을 만났다. 유가족들과 함께 지금까지 진실을 향해 달려올 수 있었던 것은 자기 일처럼 함께해준 촛불집회 시민들 덕분이라고 생각한다. 참으로 고맙고 감사한 마음뿐이다.

이 세상에서
내가 제일 사랑하는 아들
수학여행 아침까지도
함께 잤던 아들
때로는 애인같이, 때로는 친구처럼
엄마밖에 몰랐던 아들

이제는 볼 수도 없고
만질 수도 없지만
언젠가 다시 만날 그날을 위해
나의 인생을 새로운 희망으로 다시 채워봅니다.

그 희망은 신기하게도

이 세상에서 오는 희망이 아닌

내가 알지 못하던 하늘에서 오는 희망입니다.

영원히 빼앗기지 않을 희망입니다.

세상에서 버려진 줄만 알았는데

내 인생을 향해 희망을 버리지 않는

그분이 계십니다.

그 어떤 상황에서도

희망을 잃지 말고

새로운 희망을 발견하게 되시길

기도합니다.

분노를 넘어 삶으로

김영래
남은 날이 많다고 생각해 아들에 대한 사랑을 듬뿍 표현하지 못하고
아들이 떠난 지금 너무 미안해서 미안함만 가득한 4반 동혁 아빠.

동혁이는 태어난 지 100일 이후부터 아빠 품에 안겨 주일예배를 늘 지키는 아이였다. 정확히 말하면 내가 동혁이를 안고 예배를 드렸다. 초등학교 전까지는 구역모임에도 같이 나갔다. 많은 성도와 기도하고 찬양하며 신앙생활을 함께했다. 내가 성가대에서 찬양하고 기도할 때 우리 동혁이는 한결같이 활짝 웃어주며 아빠를 자랑스러워했다.

여러 가지 사정으로 이혼한 후 동혁이, 예원이는 내 품에서 자랐다. 내가 출근하는 주말이면 동혁이는 어린 예원이 손을 꼭 잡고 서울에 있는 교회에 가서 예배를 드리고 돌아오곤 했다. 신실하게 신앙생활을 했던 동혁이는 누구보다 하나님을 사랑했고, 하나님이 계시냐고 물으면 자신 있게 그렇다고 말했다. 단원고등학교에 입학하고 나서는 학교 앞 명성교회 고등부 모임에 나가 신앙생활에 열심을 냈던 아이였다. 그랬던 아이가 2014년 4월 16일에 차디찬 바다

에서 엄마, 아빠 사랑한다는 말을 친구 휴대폰에 영상으로 남겨놓고 끝내 돌아오지 못했다.

참사 소식을 듣고 재혼한 아내와 함께 진도 팽목항에서 동혁이가 살아 돌아오기만을 기도하고 또 기도하며 하나님께 매달렸다. 하지만 우리 동혁이는 수학여행을 떠난 지 일주일 만에 누구보다 좋아했던 바다에서 자는 듯한 모습으로 호흡 없이 우리 곁으로 돌아왔다. 어이없는 참사에 하나님이 원망스러웠고 참사 이후에 벌어지는 더 어이없는 상황은 교회를 왜 다녀야 하는지조차도 잊어버리게 했다.

많은 선량한 그리스도인들이 달려와서 친구들과 함께 떠난 동혁이를 위해 기도해주었다. 하지만 일부 대형교회의 유명한 목사들은 우리 아이들과 유가족들에게 막말을 쏟아내고 사실을 왜곡하며, 우리의 아픔과 억울함에 공감조차 해주지 않았다. 우리는 가슴이 갈기갈기 찢기는 아픔을 느꼈다. 광화문 예배 시간에는 확성기를 틀어놓고 예배를 방해하는 그들의 어처구니없는 행동에 분노가 절로 나왔다. 솔직히 그때 내 심정은 달려가서 그들을 죽이고 싶었다. 마음껏 분노를 표출하고 동혁이한테 가고 싶은 마음이 굴뚝같았다.

만약 동혁이라면 이런 상황에서 결코 그런 결정을 하지 않을 것을 잘 알기에 참고 또 참았다. 하나님의 자녀답게 신실했던 동혁이의 성품과는 어울리지 않는 행동임이 분명하다. 동혁이를 만나려면 나도 천국에 가야 한다. 그러려면 나 역시 하나님의 자녀답게 신실하게 살아야 한다. 부모로서 참기 힘든 고난 앞에 늘 무릎 꿇을 수밖에 없는 나약한 인간이지만 다니던 교회와의 인연은 유지했다.

2015년 새해가 되자 목회자분들이 아이들이 미처 가보지 못했던 제주도 수학여행을 부모들이 대신 가보는 게 어떻겠냐고 제안해주셨다. 아이들이 갔어야 했던 곳을 한 곳 한 곳 다닐 때마다 자식이 정말 보고 싶고 만지고 싶고 원 없이 안아주고 싶다는 생각이 절실했지만, 그 아들이 이제 내 옆에 없다. 세상으로부터 자식을 지키지 못한 아빠는 그저 눈물만 흘릴 뿐이었다. 그때 옆에 있던 목사님들이 한마음으로 위로해주고 함께 눈물도 흘려주셨다. 간간이 웃게도 하셨다. 세상에는 이런 목회자도 있다는 사실이 차가웠던 내 마음을 조금이나마 누그러뜨렸고 그것이 계기가 되어 우리 가족은 조금씩 일상을 되찾아갈 수 있었다.

제주도 수학여행 이후 우리는 다시 교회에서 예배도 드리고 동혁이를 위해 기도도 하고 찬양도 부르며 열심히 신앙생활을 하고 있다. 동혁이가 하나님 곁에 있다는 걸 믿기에 천국 가는 그날까지 남은 가족들과 예배드리고 찬양하며 부끄럽지 않게 살겠다고 동혁이와 마음으로 약속도 했다. 내가 섬기는 안산한양교회 목사님은 동혁이와 아이들 그리고 세월호 부모님들을 위해 지금까지 끊임없이 기도해주시고 투쟁 현장에도 오셔서 힘을 더해주셨다. 지금도 항상 아이들과 부모들을 위해 진실한 마음으로 기도해주셔서 예배시간마다 큰 위로를 받고 있다.

부모님이 돌아가시면 고아가 되고, 부부 중 한 명이 먼저 죽으면 홀아비 혹은 과부라고 한다. 그러나 자식이 먼저 떠나면 호칭 자체가 없다. 그 말인즉 자식이 부모보다 먼저 세상을 떠나면 그 어떤 말로도 형용할 수 없다는 뜻이다. 자식을 먼저 떠나보낸 아비가 되어보니 그 절절한 이야기가 무슨 뜻인지 알 것 같다. 운전하다가도 울컥 눈물이 나고, 밥을 먹다가도 문득 아이가 생각나서 숟가락질을 멈추게 된다.

늘 무기력한 나를 보고 예원이가 이렇게 묻는다. "아빠한테는 오빠만 자식이에요? 나는 아빠한테 뭐예요?" 뒤통수를 세게 한 대 맞은 기분이었다. 아차, 나는 동혁이 아빠이기도 하지만 내 딸 예원이 아빠이기도 하지. 늘 나를 지켜주는 아내를 보며 이 사람도 행복하려고 재혼했을 텐데, 미안한 마음이 들었다. 동생을 살뜰히 챙기던 동혁이는 천국에서 우리가 어떻게 살길 바랄까?

아마 동혁이는 우리 모두 후회 없이 잘 살고 천국에서 다시 만나자고 응원할 것이다. 짧은 삶이었지만 가족을 지극히 사랑했던 우리 동혁이처럼 나 역시 열심히 살아보려 한다. 특히 신앙생활에 더 마음을 두고 늘 기도하고 찬양하며 기쁘게 살 것이다. 많은 것을 누리지 못한 동혁이를 내 심장에 품고 두루두루 세상을 보고 맛난 것도 먹고 웃으며, 때때로 아들이 보고 싶을 때는 원 없이 울고 그렇게 주님 안에서 살고 싶다.

세월호 참사가 남긴 숙제는 대한민국에서 태어난 우리 모두의 아이들을 안전한 나라에서 마음 놓고 살아갈 수 있도록 하는 것이라고 생각한다. 나는 언제나 동혁이와 주 안에서 함께하기에 오늘도 힘을 내서 일하고 먹고 사랑하며 살 것이다.

무엇이 나를 평안케 할 것인가?

김성실

가끔 그 무엇으로도 위안받지 못하는 삶이지만
공감과 위로가 주는 마음에 감동하며 진실을 찾아 함께 살아가려 하는 동혁 엄마.

시간이 흐른다고들 한다.

아니 시간이 달려간다고들 한다.

그런 시간 속에 인생이 있고 삶의 의미도 있다고 한다.

그러니 시간을 헛되이 보내지 말아야 한다는 뜻 아닐까?

우리에게 시간은 의미를 잃었다.

세월호 참사 이후 우리는 충격과 상처와 상실감으로

그날이 반복되고 또 반복되기만 한다.

주일이면 교회를 찾아 예배당 두세 번째 줄 끝자리에서

때로는 눈을 반짝이다 때로는 몰래 하품도 하며

찬양만큼은 온 맘 다해 하던 아이가 있었다.

작은 일에도 미소 지으며 웃음이 많았던 아들,

내일이 기대되고 가족을 너무 사랑했던
착한 것이 능력이었던 아들이었다.
우리는 이유도 모른 채 그 아들을 바다에서 잃었다.
그런 우리가 뭘 하며 시간을 보내야 했을까?
무능함과 소외됨의 현실은 날이 갈수록 깊어졌다.

우리 아이는 특별한 아이도 아니고, 나쁜 아이도 아닌데, 왜?
우리 아이를 어디에 쓰시려고?
천국에 가기에는 이곳에서의 삶이 너무 짧고 억울한데?

황망해하는 우리 곁에 수많은 손길이 달려왔다.
감사하고 든든했다.

앞서간 활동가들은 유가족에게 말했다.
과거의 사건들과는 차원이 다르다.
이번에는 다르다.
꼭 진실을 밝힐 수 있다.
그러니 힘내고 버텨라, 우리가 안다.

시간에 묻히고 새로운 사건에 해결해야 할 것들이 쌓여서
이 일이 과거사가 되어가는 걸 느끼며 유가족은 묻는다.

왜 안 밝혀지는 거죠?

그들은 다시 말한다.

정권이 바뀌어야 밝힐 수 있다고.

그런가 하고 또

목 놓아 외치고 외쳐서 드디어 정권이 바뀌었다.

그런데 원하는 건 이루어지지 않았다.

왜 그런지는 모른다.

유가족인 나의 눈에는

모두가 밝히고 싶어 하지 않는 것 같다.

그때 우리는 무엇이 옳은지, 어떤 게 정의인지도 모르고

단지 책임 있는 어른들이

아이들을 왜 죽게 버려뒀는지 궁금했다.

그렇게 큰 배가 왜 침몰했는지 알고 싶었다.

하지만 답을 들어야 할 곳에서

우리는 무시당하고 외면당했다.

한쪽에서는 끝까지 투쟁하라고 하고

다른 한쪽에서는

우리를 왜곡하고 여론을 이용해 그만하라고 했다.

진실을 알려달라고 투쟁이란 이름으로 거리에서 소리치며
서러움에 가슴이 찢어져 갔다.
투쟁에 익숙한 활동가들은
우리가 몰랐던 불평등한 사회를 보게 하고
불완전한 사회구조에 희생된 약자들과 연대하게 하여
우리의 본능적인 분노를 더 단단하고 오래 가도록 키워줬다.

끝없이 이어지는 투쟁이 내 삶을 온통 뒤덮어서
우울하고 생기를 잃어가는데 나는 알지 못했다.
끝이 있다고 생각했는데 끝은 보이질 않았다.
나는 투쟁가로 살고 싶지 않았다.
나는 활동가를 직업으로 삼고 싶지 않았다.
내 그릇은 아내와 엄마로 충분했다.
그저 나는 선한 어른 한 사람이고 싶었다.
그러나 내 안에는 어느새
분노 덩어리가 똬리를 틀고 쇠창이 되어 나를 찔렀다.
그러면서 나를 부정하고 살 것을 강요했다.

아들을 제대로 오롯이 사랑 안에서
천국으로 보내는 것마저도 허락되질 않았다.
애도는 뒷전이고 분노와 원망으로

마음이 메말라가고 몸은 지쳐갔다.

불신으로 입에는 원망만이 남아서

우리는 충분한 애도조차 하지 못했다.

애도의 자리에서 우리는 분노해야 했다.

소소했던 과거의 일상은 잿더미가 되었고

이전의 보통 일상과 귀한 인연들은

주춤주춤 멀어져갔다.

우리는 아이만 잃은 것이 아니다.

남은 가족들의 삶도 희망을 저당 잡혔다.

일상을 잃었고 인생의 궤도를 이탈했다.

한동안 하늘을 원망하고

오로지 내 편에서 함께 원망해주는 곳만 찾아다녔다.

그것만이 내 동력이 되었고 목적이 되었다.

내 편, 우리 편 편 편 편.

편짜기에 우리는 철저히 저울질당하고

우리도 사회를 저울질했다.

이런 부조리한 인간사를 조율하지 않는

주님까지 원망의 대상이 되었다.

그 편이 맞는 걸까?

그 편은 무엇이 기준일까?

무조건 편드는 것,

자기반성은 없고 정의는 상대에게만 강요하는 것은 아닐까?

내 믿음의 정의와 공의는 무조건 내가 옳은 건가?

회의도 생기고 마음에 불안도 일어났다.

그럼에도 분기탱천에서 벗어나지 못한 어느 날

섬기던 교회를 다시 찾았을 때 깨달았다.

고운 마음으로 살뜰히 기다려주는 목자가 있었다.

말없이 우리의 움직임 뒤에서 기도하고

빈자리를 채우며 예배하는 사람들이 드러내지 않고

기다리고 있었다.

그 기다림 덕분에 우리가 다시 그 예배의 자리에 갔을 때

우리가 품고 있던 분노는

찬양으로 눈물이 되고

말씀으로 말랑거리게 됐다.

"네 아들을 제일 잘 기억하는 너희들이 증거 되어야 한다."

"너희의 소중한 아들을 먼저 데려와서 미안하구나."

"살아내야 한다. 내가 너희를 부를 때까지

너희는 더 가치 있는 삶으로 나아가야 한다."

"충분히 그리워하고 아파하고 그리고 충분히 사랑하다 만나자."

그렇게 살기로 했다
인간의 소관이 아닌 일에 자책하며 분노하던 것에서 돌아서
그동안 멈췄던 사랑을 다시 보기로 했다.
악쓰고 우느라 돌보지 않았던 남은 가족을 돌보기로 했다.
여전히 우리는 진실을 알아야 하고 현실은 답답하지만
잃었던 웃음을 되찾기로 했다.
내 뜻과 주님의 뜻이 다르고 나는 조급하기도 하고 갈급하지만
하늘의 시간에 순응하고 때를 기다리기로 했다.

주님이 뜻하지 않은 곳에서 나를 깨우시고 붙드심을 알았다.
주관하는 것이 내가 아님을 알게 하셨다.

주님께서 길을 짠하고 열어주든
그저 믿고 물 위를 걸어가야 하든
그게 어떤 형태든
삶의 문제에 담대하고 두려워하지 않기로 했다.

분명 내 아들과 함께하시는 주님을 생각하며
나는 오늘도 세상일은 세상에 질문하며

진실이 드러날 때까지 세상을 품으며 살아가고 싶다.

균형을 잃어 기울어진 내 삶을 굽어보는 주님의 뜻과
하나씩 찾아가는 현실의 일상이 하모니되어
평안이 함께하길 오늘도 마음 모아 기도한다.

비극에서 희극을 보는 것

박요섭

416생명안전공원 예배팀에서 음향을 맡고 있다.
아무리 힘들어도 가족이 활동하지 않으면
아무도 대신 활동해주지 않는다고 믿으며 오늘도 힘을 낸다.

비극적 참사

나는 4.16 세월호 참사 희생자 부모다. 비극적 참사가 발생하기 전으로 되돌아갈 수만 있다면 나는 무엇이든 할 수 있다. 내 영혼을 갈아 넣는 일도, 생명을 던지는 것도 단 1초의 망설임 없이 실행할 수 있다. 그러나 그 모든 것이 불가능하다는 사실을 너무나도 잘 알고 있는 나 자신이 밉고 원망스러우며, 참으로 나약하다는 생각에 자괴감이 든다.

비극을 더 비극적이고 악의적인 결말로 이끌리게 하는 유혹은 많다. 그에 더하여 세상의 시선과 강요도 너무 많고 가혹하다. 말도 안 되는 참사 앞에 '희생자다움'을 요구하고, '유가족다운' 것이 실제로 존재하는 것처럼 이야기하고 강요하기도 한다. 이런 강요를 하는 집단은 하나같이 세상의 권력과 이권을 다 가지고 갑질하는 자들이고, 세상이 변화되는 것을 그 무엇보다도 싫어하는 자들이다. 종교인도 마찬가지다.

악을 악으로 갚지 말라는 성경 말씀을 묵상하다 보니 여러 가지 고민을 하게 된다. 한없이 착해지기만 하라는 것 같기도 하고, 아니면 무능해지라는 것 같기도 해 혼란스러웠다. 하지만 시간이 지나면서, 참사 전에는 보이지 않던 것들이 보이기 시작하자 생각이 조금은 정리되었다. 이렇게 말씀의 뜻을 해석하는 것을 교회에서는 깨달음으로, 은혜로 포장하며 이야기하겠지만, 내게는 직접 겪지 않았다면 결코 이해할 수 없었을 성경 말씀의 뜻을 이해하는 과정이었다. 악을 악으로 갚지 말라는 것은 악에 지지 말고 세상을 변화시키라는 것, 그것이 내가 이해한 성경 말씀의 뜻이다. 사회적 참사와 억울한 일들이 두 번 다시 발생하지 않도록 싸우고 또 싸워서 바꿔나가는 것이 무고한 이들의 희생을 헛되지 않게 하는 것이다. 악을 악으로 갚지 않는 것, 그것이 악에 최대한의 타격으로 보복하는 것이며, 그것이야말로 진정한 선의 통쾌함이 아닐까 싶다.

우리는 희생자들에게 빚진 자들이다. 희생자들이 우리에게 세상을 바꾸는 책임을 맡겼다. 그러니 결코 물러나서도 적당히 타협해서도 안 된다. 우주보다 귀한 한 생명 한 생명의 희생이 고귀해지도록, 우리는 늘 생각을 가지런히 하고 흔들림 없이 전진해야 한다. 그 책임과 사명은 무수한 삶의 시간을 요구하며, 극한의 상황으로 우리를 밀어붙일지도 모르지만, 어떤 일이 있더라도 우리가 지켜야만 하는 약속이고 명분이다. 이것이 악을 악으로 갚지 말라는 말씀에 대한 나의 이해다. 악의 본질을 깨트리는 것이 진짜 복수다.

희극으로

비극과 희극은 너무 상반되어 같은 시간과 삶에서 동시에 존재할 수 없다고 생각했다. 비극적 일과 삶의 방식은 늘 슬프고 우울해서, 한동안 웃는 모습조차 죄를 짓는 거라 오해하며 살았다. 그러던 중 어느 날부터인가 내 옆자리에서 묵묵히 자리를 지키며 연대하는 분들이 보이기 시작했고, 날이 갈수록 그들에 대한 고마움이 커졌다. 그분들이 덜 힘들게 우리 옆에서 오랫동안 같이 있어 주게 할 버팀목이 무엇일까 고민하다, 한번 입장을 바꾸어 생각해보게 되었다.

비극적인 일 앞에서 눈물과 공감, 그리고 분노가 잠깐이지만 폭발적 힘을 갖는다는 것을 우리는 안다. 그런데 이 시점에서 잠깐 고민해봐야 한다. 왜 역사 속의 많은 사람이 슬픈 일과 정신적으로 힘든 일들을 길게 경험하기보다는 최대한 짧게 경험하려 했는지 말이다. 폭발적 힘이 되는 감정들은 순간적으로 응집되어 분출하나, 그만큼 오래 지속되기는 너무 어렵다. 인생을 살아가다 보면 자연스레 알게 된다. 폭발적 힘이 되는 일들이 우리의 삶에서 연속성과 지속성을 가지려면, 중간에서 계속 버티고 연결해주는 연결고리가 필요하다. 그것이 무엇일까? 나는 다음과 같이 답하고 싶다. "사회의 변화를 계속 이끌어 가는 힘에는 희극적 요소가 있어야 한다."

삶은 온통 최악의 상황이고, 아무런 희망도 없는 구렁텅이에 빠진 사람들에게 삶을 포기하지 않고 견디고 버티게 하는 힘은 역설적이게도 세상이 변화할 것이라는 믿음이다. 그 믿음을 가능하게 하는 것, 희망을 잃지 않게 하는 것이 희극적 요소다. 비극 속에도 희극이 적당히 섞여 있어야 우리 같은 희생자 가족도, 그리고 우리 곁에 함께 있어 주는 소중한 분들도 비극을 견딜 수 있고 버틸 수 있다.

다시 한번 함께 고민해보자. 사람들이 우리 옆에서 가슴 치며 함께 울어주는 일을 얼마나 오랫동안 지속할 수 있을까? 비극만으로는 결코 오래갈 수 없다. 더 그렇게 하고 싶어도 몸이 병들고 마음이 다쳐서 오래가지 못하는 것을 자주 보게 된다. 그래서 조심스럽게 동의를 구하며 정중히 말씀드리고 싶다. 우리 옆에 있는 귀한 분들이 오래오래 남아 있게 하고 싶다면, 길고 힘든 싸움의 끝을 꼭 보고 싶다면, 먼저 그분들이 우리 옆에 조금 더 편하게 있게 할 방법을 고민해보자.

상황과 사람에 따라 다르겠지만 때로는 시답잖은 농담도 하고, 때로는 고맙다는 미소로 대한다면, 그분들은 우리 옆에 더 오래 남아 있을 것이다. 그것이 질긴 '싸움의 기술'이다. 오래오래 지치지 않고 싸워 좋은 결과를 만들어낼 수 있는 방법이다. 같이하는 이들에게 고마워하고, 그분들도 우리처럼 버틸 수 있게 배려하는 것이 결국 우리 자신을 지키는 힘이다.

비극은 비극으로 끝나지 않아야 한다. 오늘 우리가 던져져 있는 이 비극을 결국 희극으로 끝나게 할 힘은 '연대'다. 그 연대의 힘으로 우리 아이들의 희생을 헛되지 않게 하는 숭고한 싸움을 계속해 갈 수 있고, 우리의 마지막 목적지인 새로운 세상, 안전한 세상에 도달할 수 있을 것이다.

그러니 삶의 벼랑 끝에서도, 깊고 어두운 터널 속에서도, 한줄기 빛을 바라보며 뚜벅뚜벅 걸어가자. 설령 이 길의 끝이 다시 비극으로 끝난다 해도 실망하지 말자. 역사 속 순교자들의 비극이 결코 최종적 비극으로 끝나지 않았다는 것을 우리는 잊지 말아야 한다. 그무슨 일이 있어도 우리가 지금껏 함께 걸어왔던 길, 그리고 함께 걸어갈 길에 새겨질 우리의 발자국만큼은 결코 헛되지 않을 것이다.

요즘은 뭐라도 해보려고 한다

오순이

416합창단과 416생명안전공원 예배팀에서 조용하지만 꾸준히 헌신한다.
포기하지 않게 하는 힘을 물으니 한마디로 답한다.
"애들이죠!"

글을 써달라는 요청을 받고 못 쓰겠다고 얘기는 했지만, 나만 빠지는 건 아니다 싶었다. 자신이 없어서 그랬지만, 요즘은 뭐라도 해보려고 한다.

다른 일을 시작해보려다가도, 그 일을 하게 되면 지금 하고 있는 여러 활동을 못 하게 될 것 같아 망설여진다. 별로 큰 역할을 하는 것은 아니지만 다른 일 때문에 제쳐둘 수는 없는 일이다.

진상규명과 아이들의 억울함을 알리기 위해 여러 활동을 한다. 합창단에 가서 노래도 부르고, 예배팀이나 다른 활동으로 여러 사람을 만나 진실을 알리려고 애쓰고 있다. 하지만 우리의 갈 길은 아직도 멀기만 하다. 더디기만 한 현재의 상황과 복잡한 내 머릿속이 나를 더 힘들게 한다. 같이하는 사람들에게도 늘 미안한 마음이 앞선다. 내가 큰 도움이 되지 않는 것 같아 미안하다. 그러나 멈출 수는 없다. 이것마저 하지 않으면 안 된다.

우리 시찬이에게 제일 미안하다. 언제쯤에야 시찬이에게 제대로 된 이야기를 해줄 수 있을까? 그 생각을 하면 가슴이 답답해 견딜 수가 없다. 그래도 하루하루를 살아내는 중이다. 시간이 더 지나면, 시찬이와 아이들에게 새롭게 해줄 말이 생길지도 모르니까.

안부[1]

최순화

416합창단 단장, 416가족협의회 대외협력부서장으로 활동 중이다.
고통에 공감할 줄 모르는 사람들의 교회를 떠났지만,
세상에서 함께 아파하며 연대하는 사람들 가운데서 하나님을 만났다.
세상이 그의 교회다.

아이야!

2,278번의 별이 뜨고 지는 동안

날마다 너의 안부가 궁금했고

오늘도 2,279번째 너의 안부를 묻는다.

잘 지내고 있는 거지?

바람이 전해주는 너의 안부

햇살이 전해주는 너의 안부

구름이 전해주는 너의 안부

---

1   2020년 7월 11일 안산 화랑유원지 416생명안전공원 부지 "옐로 스케치"에서 낭독
     한 글.

빗방울이 전해주는 너의 안부를
매일 전해 들으면서도
여전히 너의 안부가 궁금해
하늘을 쳐다보곤 해.

너의 어린 시절 뛰놀던 발자국도
너의 학창 시절 노닐던 발자국도
고스란히 간직하고 있는
여기 416생명안전공원이
이제 너희를 품에 안을 준비를 하고 있어.

어떻게 하면 좀 더 따뜻하게
품어 안을 수 있을지
고민에 고민을 거듭하며
준비하고 있단다.

아이야!
언제쯤이면 별과 별로서
너희를 만날 수 있을까?
우리가 아직 별이 되지 못한 건
이 땅에서 할 일을 다 하지 못했기 때문이겠지.

그래서 열심히 일하고 있어.

우리가 별이 되어 너희를 만나러 갈 때까지

우리가 길을 잃지 않도록 계속 그렇게

반짝거려줄 거지.

이제는 안녕

기억해줘요 울어도 좋으니
비록 떨어져 있어도
마음엔 언제나 함께이니
기억해줘요

기억해줘요 아름다운 사람
다시 만난 그제서야
웃을 수 있으니
지금처럼 기억해줘요

널 만날 때까지 멈출 수 없는 노래
널 안을 때까지 기억하려는 노래
함께 기억해 함께

그리움 그 끝은 잊는다는 너의 말
용서해주기를 잊어주기를
다만 나는 너를
그리움 그 끝은 잊는다는 너의 말
용서해주기를 잊어주기를
다만 나는
　_길가는 밴드作

그 겨울 지나

그 겨울 지나 다시 봄 다시 봄 세월이 간다
그러나 그댄 내 님
그리워라 그리워라

주의 품에서 다시 봄 다시 봄 거기서 만나
끝나지 않은 사랑
그리워라 그리워라
끝나지 않은 사랑
지금도 그리워라
　_길가는 밴드作

포기할 수 없는 약속

세월호, 그 곁에 남은 그리스도인들의 이야기

Copyright ⓒ 416생명안전공원 예배팀 2023

1쇄 발행 2023년 4월 3일

엮은이   416생명안전공원 예배팀
펴낸이   김요한
펴낸곳   새물결플러스

편 집   왕희광 정인철 노재현 이형일 나유영 노동래
디자인   황진주 김은경
마케팅   박성민 이원혁
총 무   김명화 이성순
영 상   최정호 곽상원
아카데미   차상희

홈페이지   www.holywaveplus.com
이메일   hwpbooks@hwpbooks.com
출판등록   2008년 8월 21일 제2008-24호
주 소   (우) 04118 서울시 마포구 마포대로19길 33
전 화   02) 2652-3161
팩 스   02) 2652-3191

ISBN 979-11-6129-254-0 03230

책값은 뒤표지에 있습니다.